EL FIXER

EL FIXER

MIGUEL ÁNGEL VEGA

AGUILAR

El papel utilizado para la impresión de este libro ha sido fabricado a partir de madera procedente de bosques y plantaciones gestionadas con los más altos estándares ambientales, garantizando una explotación de los recursos sostenible con el medio ambiente y beneficiosa para las personas.

El Fixer

Primera edición: febrero, 2021

D. R. © 2020, Miguel Ángel Vega

D. R. © 2021, derechos de edición mundiales en lengua castellana:
Penguin Random House Grupo Editorial, S. A. de C. V.
Blvd. Miguel de Cervantes Saavedra núm. 301, 1er piso,
colonia Granada, alcaldía Miguel Hidalgo, C. P. 11520,
Ciudad de México

penguinlibros.com

ISBN: 978-607-319-467-9

Impreso en México – *Printed in Mexico*

ÍNDICE

PRÓLOGO

Decidí trabajar como *Fixer* y meterme hasta el tuétano en el Cártel de Sinaloa para financiar la producción de mi tercera película: *Antes que amanezca*, película que yo escribí, produje y dirigí entre abril y mayo de 2014.

Creía —y así fue— que con ese tipo de vínculos me contratarían medios internacionales y sólo entonces podría aspirar a ganar lo suficiente para sacar adelante el proyecto.

Con esta idea en mente contacté a amigos, familiares y conocidos que podrían conectarme con pistoleros, punteros, buchonas, cocineros de droga y hasta achichincles que me podrían llevar con quienes lideraban la organización criminal más poderosa y violenta del mundo.

De esa manera ingresé a un ambiente rodeado de avaricia, venganza, envidia, violencia desconfianza y traición, con un afán delirante por lograr acceder a permisos que me permitieran documentar rutas y *modus operandi* del tráfico de droga de México a Estados Unidos.

Pero no resultaría tan fácil salir ileso de tal osadía, pues entrar y salir de esa atmósfera me exponía cada vez más a que, tarde o temprano, pudiera ser víctima de un ataque armado —como realmente ocurrió—, condenándome a una paranoia terrible en la que el temor se convirtió en el pan de cada día, y la desconfianza se volvió una sensación que dormía conmigo de noche y deambulaba a mi lado de día.

De esta manera abrí accesos para Vice, Nat-Geo, Discovery Channel, Skynews, Univisión, RT, M6, Netflix, TF1, Channel 4, CBS, Al Jazeera y History Channel; siempre al filo de la navaja y consciente de que si algo fallaba, durante o después de cada asignatura, el error podría costarme la vida.

Durante esta travesía descubrí que quienes realizan mi labor son conocidos como *Fixers*, una especie de mercenarios que se mueven en zonas de alto riesgo y por ese solo hecho son contratados para ingresar hasta lo más oscuro de la criminalidad con tal de lograr accesos a los cuales un periodista extranjero difícilmente podría acercarse.

Y aunque sin un *Fixer* sería casi imposible realizar proyectos de alto impacto, su figura es muy poco conocida al momento en que escribo esto: noviembre de 2020. Incluso cuando la audiencia se pregunta cómo hizo el corresponsal o reportero para entrar y salir ileso de semejante acceso, pocas veces se menciona que fue gracias a un *Fixer*, y todo el crédito termina en la solapa del corresponsal.

Por eso escribo este libro; para vindicar la figura del *Fixer* y mostrar cómo ellos son quienes realmente abren los accesos para que una producción realice su trabajo de forma segura y profesional, aunque antes enfrenten una serie de peligros, amenazas, esperas y temores en su odisea hacia las entrañas de la ilegalidad, topándose en su marcha con mentores, villanos, aliados, amigos y traidores que facilitan el acceso o lo bloquean.

Fueron años de lucha los de mi odisea para terminar mi película hasta que, a finales de 2019, por fin logré concluirla. No obstante, seguí trabajando como *Fixer*, esta vez para garantizar su distribución en cines y evitar que acabara enlatada entre sombras, sin que nunca viera la luz del sol.

Pero justo en vísperas de la fecha de estreno, la pandemia por Covid-19 llegó para arruinarlo todo, dejando el proyecto a la deriva. Sin embargo mantengo el propósito de estrenar *Antes que amanezca*, sólo espero que su exhibición sea cuestión de tiempo.

Pero más allá de lo que acontezca, terminar *Antes que amanezca* y haber sobrevivido al peligro vivido han representado un triunfo, pues no sólo logré el cometido, sino también conocí y trabajé con gente sumamente talentosa que en otras condiciones jamás habría conocido. Todo gracias a mi personaje: *el Fixer.*

Miguel Ángel Vega

1

Vivir para contarla

La persecución

¿Nos estaban siguiendo?

Había visto por lo menos a un par de *punteros* moverse en moto a pocas calles de nosotros, deteniéndose de vez en cuando bajo la sombra de algún sauce llorón mientras llamaban por radios y teléfonos para reportar cuántos éramos, el tipo de vehículo que conducíamos, las calles por donde circulábamos.

Los dos periodistas rusos con quienes trabajaba no parecían notar aquel movimiento, e indiferentes grababan todo lo que miraban, eso incluía a gente del pueblo, aun cuando les había dicho en varias ocasiones que no lo hicieran, porque en las comunidades de Sinaloa la gente es arisca y se molesta —con justificada razón— cuando un desconocido llega y sin pedir permiso empieza a grabar a medio mundo con atolondrada precipitación, como si se tratara de animales jurásicos.

—Nos van a pegar un buen susto —les advertí.

Pero los periodistas se hacían de oídos sordos ante mis señalamientos y seguían grabando todo lo que miraban; a mí empezaba a molestarme aquella negligencia, pues sabía que sus acciones podrían meternos en problemas.

Varias veces estuve a punto de ponerles un ultimátum, espetarles que si seguían con la misma actitud renunciaría al proyecto aunque tuviera que regresar en camión a Culiacán; pero al cabo de varios minutos ni ellos dejaban de grabar ni yo terminaba de mandarlos al diablo.

No supe cuándo las calles empezaron a sumergirse en un profundo silencio y en una angustiosa soledad. En lo alto de los cables de electricidad una parvada de pájaros levantó el vuelo repentinamente y entonces vi pasar dos camionetas a gran velocidad por una calle paralela a nosotros, mientras la poca gente que aún seguía en la calle se metía apresurada a sus domicilios, cerrando puertas con cerrojos y seguro, como si presintieran que algo muy malo estaba a punto de ocurrir.

En ese momento supe que nos iban a levantar. Los dos periodistas rusos, tal vez agobiados por el mismo presentimiento, dejaron de grabar y miraron todo alrededor con desconfianza. Yo, en cambio, enfilé hacia la salida del pueblo, atento a cualquier situación que pudiera presentarse, pero sobre todo temeroso de lo que creía nos podría ocurrir.

De pronto quedamos maniatados y con una incertidumbre brutal que nos sofocó con la duda. Por instinto tomé mi teléfono para ver si tenía señal. Pero era inútil, en aquel pueblo ubicado en medio de la sierra de Sinaloa no llegaba la señal. Estábamos solos.

Lo que sucedió después ocurrió en segundos; justo al dar la vuelta en uno de los callejones del pueblo, un grupo de al menos 20 sicarios nos salió al paso y encañonándonos con rifles y pistolas nos hicieron detener el auto; un pistolero corrió hacia mí y, apuntándome con una .38 súper, abrió la puerta con violencia mientras me gritaba que bajara del auto. Despacio y callado, descendí del vehículo con las manos en alto, pero el sicario me jaló con rabia al exterior, lanzándome a mi izquierda, mientras preguntaba a qué cártel pertenecíamos.

—Somos periodistas —dije con la cabeza ligeramente inclinada hacia el suelo y los brazos doblados hacia arriba, como formando un rombo.

—¡Identifícate! Demuestra que son periodistas, porque si no lo son, aquí mismo se mueren.

Mirando intermitente el cañón del arma y luego el rostro del pistolero, bajé despacio mi mano derecha y la metí por debajo de la camisa, a la altura del pecho, para extraer el gafete de prensa que colgaba de mi cuello; se lo extendí al agresor, quien, sin dejar de apuntarme, lo tomó y empezó a leer la información.

Era mayo de 2016. El sol, como una gran bola de hielo naranja, caía suave en la distancia. Y si el sicario jalaba el gatillo, todo terminaría en menos de un segundo. Caería en un sueño profundo y a partir de ese momento ignoraría todo acontecimiento posterior: los sicarios huirían a gran velocidad, se alertaría a la policía sobre el asesinato de un periodista, llegaría el ejército y los servicios periciales, se llevarían mi cuerpo, me sepultarían y todos mis colegas exigirían justicia por mi homicidio. Pero yo ya no me daría cuenta de eso, pues estaría sumergido en el sueño eterno de la muerte. Ya no sería director de cine, ni tendría hijos, ni un hogar, ni un balcón desde donde admirar la luna y las estrellas. Nunca nadie leería los guiones de cine que escribí, ni la novela inconclusa que por años había trabajado ni los cuentos que por ahí tenía guardados, pues mi computadora seguro sería vendida y tal vez formateada, y todo se perdería por siempre, para siempre.

Justo entonces y acaso por inercia me pregunté ¿cómo demonios había terminado ahí?

Cuatro meses antes mi padre había fallecido; dos semanas atrás me había terminado mi novia, seis meses antes un desalmado secuestró mi película de vampiros que entonces tenía inacabada. Siendo realista, yo era lo más parecido a un muerto, pero aún con planes y futuro. Por eso no podía morir y dejar tantos cabos sueltos. Podía estar muerto en vida, pero no morirme definitivamente. Me dolía la vida por cada una de mis pérdidas, pero más me dolería la muerte. Por eso no podía, ni debía, morir.

Irónicamente había esquivado la muerte tantas veces en sus más improbables emboscadas y de pronto caía en ese extraño embudo de mala suerte que me conducía a la tragedia. Más adelante sabrán cómo terminó esa pesadilla, cuánta angustia nos costó y, si aún tenemos corazón, poco faltó para que nos lo arrancaran.

Por eso entonces me preguntaba una y otra vez: ¿Cómo había terminado ahí?

ÉRASE UNA VEZ

Empecé a trabajar como *Fixer* por necesidad. Había gastado todo el dinero en mi segunda película, *Cáliz*, que yo mismo escribí, dirigí y hasta distribuí, a finales de 2008, pero con tan mala fortuna que resultó un fracaso en taquillas.

Derrotado y sin un solo centavo, me encontré de pronto deambulando por las calles de Culiacán sin rumbo fijo y sin un plan inmediato, pues aposté y perdí. Por difícil que fuera esa realidad, debía aceptarla. Tal vez volvería a reportear y a cubrir de nuevo nota roja. Tal vez acabaría siendo reportero el resto de mi vida. Nada malo en ser periodista, pero mis demás sueños y mi corazón no estaban en el periodismo, sino en dirigir cine.

Y sin embargo, terminaría siendo el periodista quien rescataría al realizador de la pobreza absoluta.

Con esta idea regresé a mi departamento ya entrada la noche. Harto de deambular por laberintos que no conducían a ninguna parte, me encerré en las penumbras de mi habitación en espera de un alivio, o acaso una señal, que me arrancara de tajo de aquella pena. Una estancada humedad, como arena movediza, me envolvió en medio del ejército de minutos que indiferentes pasaban frente a mí como pompa fúnebre.

Ya casi amanecía pero no tenía ganas de dormir, aunque tampoco quería estar despierto. En realidad no tenía ganas de nada y sólo me preguntaba qué había fallado.

Acaso fue el título de la película: ¿*Cáliz*?

Éste no decía nada al espectador, y hasta hubo quienes la asociaron con lo religioso. ¿Era acaso ese absurdo título el culpable de aquella catástrofe? O quizá fue la temporada de estreno? (diciembre de 2008; además competí contra *King Kong*, y claramente el enorme gorila me aplastó sin misericordia). O fue la suerte que, con alevosía y ventaja, confabuló contra mí en un complot premeditado desde el inicio del proyecto. O tal vez fui yo el verdadero culpable de mi fracaso pues, con mi obsesión idiota por ser algo para lo que quizá no nací, había insistido en ganar una batalla que estuvo perdida desde el principio.

Ya había salido el sol cuando recibí una notificación en el celular, un correo electrónico de un periodista estadounidense que dijo llamarse Mitch Koss. En la misiva, explicaba que él y otros periodistas irían a Culiacán para grabar un documental sobre narcotráfico y necesitaban un guía que hablara inglés. La propuesta me confundió; por una parte me sentí halagado, pero al mismo tiempo me asaltó una gran desolación. Era abismal la diferencia entre ser director de cine y ser guía de periodistas. Pero por el momento no estaba en condiciones de aspirar a más. Al menos con lo que me pagaran, si es que había remuneración alguna, cubriría la renta del mes y comería caliente durante algunos días.

Resignado ante aquella realidad, acepté el empleo y al día siguiente recibí la primera de varias llamadas de Mitch para discutir sobre las necesidades de la producción. Nada del otro mundo, querían conocer los mausoleos del panteón Jardines del Humaya, visitar la capilla de Malverde y hablar con un policía corrupto para que detallara la forma en que el Cártel de Sinaloa corrompe las corporaciones policiacas. También les interesaba cubrir una escena de crimen para ilustrar la violencia en Culiacán y entrevistar a algún académico que desentrañara la *narcocultura*. A mi parecer no era mucho lo que se debía hacer, considerando que como reportero conduje varias investigaciones de alto impacto, incluyendo el ingreso como encubierto en la penitenciaría de Culiacán para documentar cómo se compra y vende todo tipo de drogas dentro del penal. También denuncié el caso de dos indígenas que fueron sentenciados a 15 años de prisión por tráfico de drogas, "sólo por pedir un aventón a una camioneta que iba cargada de marihuana". Gracias a mi investigación se develó una serie de inconsistencias en el juicio y ambos indígenas fueron puestos en libertad dos meses después de publicarse el reportaje. Siempre vería ese trabajo como uno de mis más grandes triunfos como reportero.

Aquel bagaje periodístico me hizo concluir que conseguir lo que Mitch necesitaba sería relativamente fácil. Llamaría a antiguos colegas de nota roja para que me conectaran con algún policía corrupto, quienes además estarían alertas para informarme sobre algún hecho violento. Lo demás sería la misma inercia del oficio.

Pronto —muy pronto— descubriría que tratándose de crimen organizado y corrupción, las cosas nunca son tan fáciles como parecen.

* * *

La asignación era para Current TV, una cadena de televisión por cable que producía la serie *Vanguard*, y el tema de su próximo episodio giraba en torno al tráfico de droga. Yo nunca había escuchado de esa televisora, aunque en el fondo me daba igual que fuera Current o uno de los grandes monstruos de televisión en Estados Unidos, para el caso era lo mismo. Y sin embargo, siempre es importante destacar para quién se trabaja. No es lo mismo decir que se investiga para el Blog del Narco que para el *New York Times*, sin demeritar el trabajo que hacen los primeros.

Poco a poco Mitch fue explicándome que la producción tenía varias semanas trabajando el tema, y Culiacán sería la tercera ciudad que visitarían. Anteriormente estuvieron en Tijuana y Ciudad Juárez, ahora tocaba el turno a la capital del estado de Sinaloa.

En aquel tiempo no me identifiqué como *Fixer* ni como productor local, y cuando llamaba a mis antiguos compañeros de nota roja les decía que estaba apoyando a unos periodistas estadounidenses y como colega les estaba brindando el apoyo. En el fondo, me sentía avergonzado de ser guía de reporteros luego de darme a conocer como director de cine. Por eso, cada que mis excompañeros preguntaban qué hacía con periodistas gringos cuando debía estar preparando mi próximo proyecto, improvisaba un monólogo barato y explicaba que la trama de mi siguiente película giraba en torno al narcotráfico y por ello investigaba sobre el tema. Luego cuestionaban cómo le había ido a mi película en cartelera, y yo sólo respondía con una larga pausa, para luego inventar un desperfecto técnico dentro del sistema de programación para películas independientes. Luego cambiaba el tema de la conversación y supongo que mis compañeros, muchos de ellos amigos de corazón, entendían el silencio y ya no insistían. Tal vez en el fondo sabían que mi carrera era una apuesta con el destino y yo, bien o mal, había buscado el éxito hasta las últimas consecuencias. Lamentablemente, no siempre el viento sopla en favor de uno, como no soplaba el viento en favor de los sinaloenses por aquellos meses.

Culiacán estaba viviendo una guerra sin precedente. Nueve meses antes habían arrestado a Alfredo Beltrán Leyva, el Mochomo, uno de los líderes indiscutibles del Cártel de Sinaloa, provocando una fractura al interior de esa organización, pues tras el arresto, Héctor Arturo Beltrán fue exprofeso a Culiacán a reclamar airadamente a Joaquín *el Chapo* Guzmán y a Ismael *el Mayo* Zambada por la detención de su hermano. El Barbas, como era conocido, reclamó que cómo era posible que nadie notificara sobre la presencia de los soldados cuando el cártel tenía la ciudad atiborrada de punteros, policías, halcones, pistoleros e informantes.

Por más que trataron de calmarlo fue imposible, y el Barbas calificó la detención como una entrega; entonces declaró la guerra al Cártel de Sinaloa. En pocas semanas sus pistoleros comenzaron a pelear la plaza a gente del Mayo, el Chapo y de Víctor Emilio Cázares Salazar, quienes, como nunca, se unieron para repeler la invasión. Fue durante el tiempo en que Arturo Beltrán se autoproclamó Jefe de Jefes, y decidido, enfrentó al cártel más poderoso del mundo.

Fue una guerra cruenta que, tan sólo en 2008, cobró la vida de más de mil personas, entre ellos Édgar Guzmán López, hijo del Chapo, lo que anticipaba una guerra aún más violenta.

Pero aun cuando Culiacán parecía arder en la peor violencia de su historia, yo no me sentía inseguro y consideraba que los periodistas de Current tampoco debían estarlo, ya que el plan era no meternos en problemas. Simplemente los movería por los diferentes lugares a que hicieran sus entrevistas y fin de la historia. Después regresarían a sus ciudades igual que llegaron y todo volvería a la normalidad.

Justo una semana antes de iniciar la producción, hice un viaje a Los Ángeles para asistir a la boda de un amigo. Estando allá, Mitch insistió en que visitara las instalaciones de Current para conocer al resto del equipo. Me pareció un buen pretexto para romper el hielo, y al día siguiente me dirigí al 6769 de la avenida Lexington, en Los Ángeles, muy cerca de Hollywood, para conocer a mis futuros compañeros.

Cuando llegué, Mitch ya me esperaba en el lobby. Pasamos a la oficina y me presentó con la directora de contenidos y presentadora de *Vanguard*, Laura Ling, una chica muy atenta y sumamente amable. Esa tarde comimos en un restaurante de comida peruana, muy cerca de su oficina; al regreso discutimos el plan de cobertura. Cuando terminamos, todo parecía estar listo para encontrarnos en Sinaloa, que desde tiempos de Pedro Avilés y Eduardo *Lalo* Fernández era considerada como la *cuna del narco*.

Ésa fue la primera y única vez que estuve en las instalaciones de Current, pues tres años después la empresa cerró sus puertas, aunque en realidad se mudaron a Nueva York bajo el nombre de Al Jazeera.

La visita a Current, sin embargo, resultó legendaria, porque sin saberlo me topé con varios periodistas, productores, directores y corresponsales con quienes, muchos años después, realicé investigaciones de alto impacto y con quienes eventualmente forjé una profunda amistad.

THE ROOKIE

Es lógico que en tu primera vez como *Fixer* no sepas todo lo indicado, sólo sabes que quieres hacer mucho y hacerlo bien. De hecho no sabes que eres un *Fixer* y, por consiguiente, desconoces cómo cobrar. Esto vuelca el asunto del dinero en un tema tabú y, hasta cierto punto, te hace creer que una remuneración puede ser improbable.

Aun así, yo estaba dispuesto a dar lo mejor y preparé los accesos correspondientes para que todo saliera bien. Ése era el plan. Pero hay veces en que del plan a la realidad hay una distancia infinita. Sin embargo, debíamos seguir adelante para lograr lo planeado. Al menos ésa era nuestra estrategia cuando el equipo llegó a la ciudad.

Entonces dimos arranque al proyecto. Era domingo por la tarde y luego de los acostumbrados saludos pasamos directamente al hotel Lucerna, donde se hospedarían los periodistas. Cenamos y nuevamente rompimos el hielo para finiquitar los últimos detalles de la cobertura. Todo quedó listo para que Laura, Mitch y Jennifer Olivar iniciaran al día siguiente.

Lo primero que programamos fue una entrevista con el profesor Guillermo Ibarra. Laura quería saber sobre la economía flotante de Sinaloa y también entender sobre la narcocultura que se respira en la ciudad. Yo, mientras tanto, seguiría pendiente de algún hecho violento que ocurriera para, en el momento de recibir el aviso, dirigirnos a la escena del crimen. También monitorearía la entrevista con el policía corrupto, pero ésta empezó a complicarse. Aparentemente nadie quería hablar con nosotros porque, para los agentes, era imposible que un exreportero de nota roja que se había convertido en director de cine de pronto anduviera haciendo entrevistas para periodistas gringos.

—Capaz que son DEA —argumentó un municipal.

Esos señalamientos son siempre un inconveniente, no importa cuántas veces se prometa que se omitirán nombres y se cambiarán las voces, y que además se les cubrirán los rostros de tal forma que ni sus madres los reconozcan; si el policía no te conoce, no se deja entrevistar. Menos en aquel año en que, como anoté, Culiacán atravesaba por una terrible violencia, producto del arresto del Mochomo, y estaban matando policías como nunca.

Años más tarde, cuando me hice de otros contactos, me enteré de que Arturo Beltrán Leyva había recuperado una libreta con nombres, direcciones y números telefónicos de los policías que estaban en la nómina del cártel al momento del arresto de su hermano. Como ninguno, alertó sobre la presencia militar, y ordenó ejecutar a cada uno de ellos; al tener en su poder la libreta, le resultó fácil ubicar a quienes "traicionaron a su hermano".

Por ese motivo, ningún policía quería hablar con nosotros, pues en el fondo tenían miedo. Y sin embargo, debíamos avanzar con el plan de cobertura; por fortuna, el doctor Ibarra nos dio una pauta para iniciar con él.

Llegamos a la oficina del académico poco antes de las 11 de la mañana, él mismo nos recibió. Conocía al doctor desde hacía unos años, gracias a un contacto que alguna vez tuve. El contacto se fue pero el doctor se quedó, y yo mantuve amistad con él. Por eso fue que, al verme, me saludó con gusto, aunque no pudo evitar preguntar por mi película. No me gustaba ser cuestionado sobre aquel fracaso que inútilmente intentaba ocultar, pero entendía que no había dolo en la observación. Así que le expliqué que a *Cáliz* no le fue tan bien como esperaba; el doctor entendió la respuesta y no preguntó más.

Después, salimos al patio, y ahí, bajo una pingüica, hicimos la entrevista. No hubo necesidad de traducir, pues el doctor Ibarra hablaba inglés excelentemente, y todo fluyó de manera natural. Después pasamos al cementerio Jardines del Humaya, donde los narcomausoleos a lo lejos empezaban a mostrar su opulencia fúnebre.

Desde la entrada, la vista era singular, impresionante por la masa de cruces y cúpulas que a la distancia parecían impenetrables, pero conforme uno avanzaba se bifurcaban viejos pasillos y corredores por donde parecían deambular los espíritus de sicarios asesinados. El silencio se colaba entre columnas y paredes de mármol, cantera y ónix, formando un estilo que no terminaba por ser griego, ni románico, ni barroco, ni religioso, era una mezcla art déco, con gótico, clásico, moderno y religioso, en una capirotada arquitectónica que ni los mismos arquitectos podrían explicar.

Laura decidió grabar un clip con Mitch, y yo aproveché para apartarme y no salir a cuadro.

Entre las tumbas y un silencio abismal me pregunté qué diablos hacía ahí. Periodista no era. No estaba dirigiendo ni produciendo, no era el corresponsal ni el encargado. Era, en cambio, una extraña mezcla de chofer y guardaespaldas, guía, traductor, secretario particular, gerente de locaciones y puente para quienes proveen los accesos. Era todo y era nada a la hora de grabar. Y no obstante, muy dentro de mí, seguía siendo un director de cine que alguna vez fue reportero y posiblemente volvería a serlo, cuyo único atributo para el proyecto era hablar inglés y conocer la ciudad.

Años después, en la primera hoja de llamados que recibí, una de las reporteras se refirió a mí como *Fixer*. El crédito me gustó por su ritmo fonético, lo hacía sonar como título para película de Hollywood, aunque tiempo después supe que ser *Fixer* implicaba más que ser guía, traductor, productor o facilitador, pues la misma faceta exigía un amplio dominio sobre el tema y, sobre todo, tener accesos que nadie más gozaba.

Debo aclararlo: toma bastante tiempo generar contactos para acceder a sitios que ni siquiera un periodista local consigue, como también toma unos segundos que alguien pida el teléfono a tu contacto y de pronto lo piratee. En ese momento un *Fixer* puede pasar a segundo término, y el trabajo, en algunos casos lograrlo puede hasta costarte la vida. Aunque el (o la) pirata diga que consiguió tus datos con "sana" maldad. Lo que no pueden quitarte es la experiencia, pues un buen *Fixer* no sólo consigue opción *A*, *B* y *C* con fuentes distintas para asegurar accesos a plantaciones de mariguana, amapola, cocinas de heroína, cristal o fentanilo, así como encuentros con sicarios, armas, narcos, punteros, tratantes de blancas, etc.; también está informado sobre la temática y tiene accesos en el gobierno, sin contar con que posee toda la experiencia en materia de seguridad. Lo consigue todo, o casi todo. Y en caso de que la persona a entrevistar esté muerta, un buen *Fixer* es capaz de conseguir ¡hasta una ouija e invocar al espíritu con tal de lograr su objetivo! Con esto quiero decir que un buen *Fixer* vuelve posible lo imposible. Y si algo falla, el *Fixer* está ahí para arreglar lo que se va atorando.

En aquel tiempo, como escribí, yo ignoraba todo esto, y en todo caso era el novato de una mezcla de chofer y un guardaespaldas, con guía, traductor, secretario y productor; algo así como un pitcher que también juega como short stop y tercera base, cátcher, jardinero central y además es guardia de seguridad, chofer, secretario y hasta gerente general de un equipo.

Laura y Mitch ya casi terminaban de grabar. De vez en cuando Laura se volvía hacia mí con cierta indulgencia, como excusando la espera. Quizá mi lenguaje corporal sugería enfado, aunque en realidad me sentía atrapado en un sentimiento existencial que indistintamente se interponía entre *el ser y no ser.*

De pronto, miré alrededor y con sorpresa noté que era el mismo cementerio donde grabamos la última escena de *Cáliz*, a mediados de 2005. Desde entonces no regresaba ahí. Había más tumbas, pero también menos árboles y un cielo más opaco. Lo más triste era que, cuando estuve ahí, tenía un futuro que lo prometía todo. Eran tiempos en que conjugaba en todos los aspectos de mi vida la palabra ilusión como si fuera un verbo. Pero el tiempo había pasado y ahora todo era diferente.

Luego de grabar el cementerio pasamos al segundo acceso más fácil: la capilla de Malverde. Fue aquélla la primera ocasión que visité a Malverde. Entonces no lo sabía, pero en los próximos años volvería allí varias veces, siempre descubriendo información nueva, lo cual provocó que en ocasiones investigara si aquel hombre realmente había existido.

Mientras recorría los pasillos del cenotafio nos topamos con un joven estadounidense que, curioso, se acercó a nosotros para preguntar qué hacíamos en el cementerio. Yo en cambio me cuestioné qué hacía un gringo en la tumba de Malverde. Bien pudo ser un agente encubierto de la DEA, un socio del Cártel de Sinaloa o quizás un vendedor de armas que buscaba relacionarse con el medio. Las variantes eran infinitas, pero lo que verdaderamente me inquietó fue concluir que si yo pensé que aquel joven era un agente encubierto, qué pensaría un narco real en un caso como éste.

Años después, ya curtido de historias, contactos y accesos, descubrí que el principal temor de los narcos, pistoleros o incluso punteros era toparse con un agente encubierto de la DEA. Hasta la fecha sigue siéndolo: un agente encubierto es el *Boogeyman* de los narcos.

* * *

El convenio tácito de la espera: hay quienes lo toleran, otros lo ignoran, unos más lo critican, aunque al final todos lo desprecian. Si el convenio tácito de la espera se extiende a niveles insospechados, el *crew* vive un estado de ira y delirio emocional que termina en breves paroxismos que desembocan en rabia, resignación o renuncia. Lo viví alguna vez con Myles Estey, en Culiacán, en 2016; con Romain Bolzinger, en Ciudad Juárez, en 2018 y también en 2019, con John Holman, en Mexicali. Nuestros contactos nos hicieron esperar hasta la locura y aunque al final logramos lo pactado, el acceso y los personajes nunca fueron como los visualizamos, así que debimos conformarnos y tragarnos días de desesperación para lograr el acceso. Aprendí que cuando se espera, sólo resta creer que todo saldrá bien y, finalmente, también es parte del trabajo. Pero en medio de tanta espera es fácil caer en un estado de catalepsia emocional en el que el periodista queda reducido a una especie de zombi que camina de un lado a otro, siempre con la mirada al suelo, mientras cada que puede pregunta si hay noticias sobre el acceso. Si la negativa persiste lo invadirá el silencio y se irá igual que llegó. Para no perder la cordura, el periodista, productor o corresponsal llamará a familiares, esposas, novias o amigos, o se entretendrá leyendo noticias en la web, hojeando un libro o mirando videos en busca de algo que lo arranque momentáneamente de la locura total. La insoportable carga de la presión, en tanto, sigue cayendo sobre el *Fixer*, que en tal situación se convierte en una mezcla de inepto e idiota, zombi, fraude e ineficiente (profesional e intelectualmente hablando), además de adquirir manías disléxicas al no saber qué responder en situaciones diversas, mientras da vueltas en su propio eje al tiempo que cae en una espiral mental y casi mortal.

Así me sentí en la primera asignación de este proyecto; moviendo todos los hilos posibles para salir lo más pronto de aquel cataclismo que me tenía enganchado a una manía recurrente por tomar el teléfono una y otra vez, en busca de nuevos mensajes o llamadas que de antemano sabía que no tendría. En instantes como ésos el *Fixer* sueña con sufrir un ataque cardiaco, epiléptico y hasta un ataque armado con tal de salir de esa situación. Los minutos son como horas y las horas como días que provocan un delgado dolor mental.

Para entonces la llamada del policía corrupto era un caso perdido y Laura lo sabía. Era el amargo sabor de la derrota. Pero la vida sigue, y como paliativo recorrimos la ciudad para grabar aspectos del municipio y así matar el ocio. Por si la espera no fuera suficiente, Culiacán cayó en un periodo de paz municipal que, si en los récord Guinness estuviera registrada esa categoría, seguro se habría roto el récord mundial, pues parecía insólito que en tres días no hubiera un solo homicidio. Y no es que deseáramos la ejecución de un ser humano, pero en una ciudad donde en promedio matan a tres personas diarias, si en 72 horas no había siquiera uno, era sin duda un récord, si no mundial, al menos regional.

Al fotógrafo de nota roja Arturo Tolosa, quien me pasaba información sobre hechos violentos, parecía no extrañarle aquella tranquilidad, todo lo contrario.

"Vas a ver que en cualquier momento van a reportar muertitos por donde sea", decía.

La palabra "muertito" destacaba entre todas. Años después, durante una cobertura que hice con Mariana van Zeller y Adam Desiderio en Jalisco, el término habría de causarles molestia, ya que para ellos era de mal gusto referirse a un cadáver como *muertito*, pues demeritaba a la víctima con un calificativo que unía lo trágico con lo tierno.

"Es que minimiza a la víctima", argumentaba Mariana, mientras yo trataba de explicarles que esta palabra no sugería dolo ni desdén en su aseveración.

Y entonces Adam y Mariana se rompían la cabeza tratando de encontrar una traducción exacta, pero no encontraban nada: "little dead", "the dead dude", "deceased dude", "the little finish", "desused pal", "dead beat".

"El hecho de que no exista una traducción literal para *muertito* no quiere decir que sea irrespetuoso referirse así a una víctima", explicaba, aunque sin convencerlos. Al final ambos rompían en carcajadas por la ocurrencia de los mexicanos, que modificábamos un término trágico con un sustantivo que no era negativo ni positivo, sino maniáticamente chistoso.

Tampoco a mí, al principio de mi carrera como reportero, me agradaba llamar así a las víctimas, y durante mucho tiempo me resistí, hasta que un día el editor del diario donde trabajaba me dijo que llamara a la policía municipal para corroborar el número de "muertitos" por actos violentos durante la noche anterior.

Incómodo por la petición, llamé al departamento de policía de Culiacán y con cierto recelo pregunté si tenían reportes de víctimas de la noche anterior, a lo que la portavoz respondió con tremenda naturalidad: "Hubo tres muertitos anoche; el primer muertito fue por arma de fuego, el segundo muertito se ahogó y el tercer muertito se suicidó".

Entonces comprendí que el término estaba muy arraigado entre policías y reporteros de nota roja, y por consiguiente no había dolo en la expresión.

Por eso, cuando Tolosa se refería a las víctimas así, lo hacía con tanta naturalidad que resultaba imposible pensar que minimizaba o se burlaba de los cadáveres.

"Mira, carnal, en cuanto haya un *muertito*, te aviso en chinga", me dijo y luego colgó.

Esperanzados en tener noticias pronto, quedamos a la espera. No obstante llegué a confesarle a Laura que, dadas las circunstancias, era posible que no hubiera un solo homicidio durante su estadía en Culiacán. Ella asintió, pues comprendió que no podíamos hacer nada.

Con tan pocas opciones nos dirigimos hacia la calle Juárez, donde operan las cambiadoras de dólares. Esta calle de Culiacán es una especie de Wall Street urbano, por el fuerte movimiento de dinero que ahí circula y que incluye a autos de lujo orillándose para cambiar una cantidad desconocida de dólares, aun cuando en la ciudad difícilmente se miran extranjeros. La zona es un impresionante carnaval de dólares protagonizado por al menos 80 jovencitas que se mueven como corredoras de bolsa en Nueva York.

Ciertamente esta práctica tiene años, y para los sinaloenses es normal ver a las chicas esperando clientes bajo parasoles de colores. Si un periodista tiene paciencia, puede notar cómo las cambiadoras de dólares esperan días, incluso semanas, sin que un solo cliente se arrime, hasta que un día de tantos la suerte cambia drásticamente.

Una de esas chicas confesó que el secreto consiste en tener paciencia, pues en el momento menos indicado un desconocido se detiene, saca un maletín oscuro e indica que necesita cambiar 500 mil dólares. Y justo ahí la paciencia rinde frutos, pues cambiar esa cantidad representa una comisión de cinco centavos por dólar, lo que reditúa una ganancia aproximada de 25 mil dólares. Un ingreso así equivale a lo que un empleado mexicano ganaría durante cinco años de salario mínimo.

Esos "peces gordos" caen una vez cada tres meses, por eso a las chicas no les molesta esperar tanto tiempo sin cambiar un solo billete.

A Laura le fascinó la historia, y la idea de cubrir una transacción así se le incrustó hasta el fondo del corazón. El problema era que llegar con una cámara de video a la calle Juárez equivaldría a llegar con una bomba al aeropuerto JFK: todo mundo corre en el segundo en el que ven el artefacto. La misma situación vuelve imposible una cobertura así con las cambiadoras. Intentamos grabar desde el interior del auto, pero resultó peor pues ellas y el resto de la gente corrían a ocultarse detrás de otros autos, como si se tratara de un ataque armado; se cubrían el rostro e incluso se tiraban al suelo con tal de no ser grabadas. Como protesta empezaron a apuntar el número de placas de mi vehículo y a grabar con sus celulares nuestro auto mientras gritaban imprecaciones y nos amenazaban con localizarnos para darnos un escarmiento. Laura sugirió marcharnos pues comprendió que no sólo era imposible grabar una transacción así, sino riesgoso para mí, pues terminada la asignación ellos volverían a Los Ángeles, en cambio yo me quedaría en Culiacán. Tiempo después aprendí que no existe reportaje que valga la vida de una persona. Todo *Fixer* debe de saber *ipso facto* que la seguridad siempre es primero.

Así que nos dirigimos a La Lomita, una iglesia que está en lo alto de una colina, donde puede apreciarse toda la ciudad. "Desde ahí los atardeceres son fantásticos", le dije a Mitch, quien pareció encantado con la idea.

Para entonces, la entrevista con el policía corrupto estaba acabada. Supongo que Laura y Mitch lo tenían claro, pues desde el día anterior habían dejado de considerar esa posibilidad. El acuerdo irrefutable de la espera había alcanzado su etapa final y era el momento justo de botarlo todo. Para calmar la frustración fuimos a cenar a una taquería del centro de la ciudad. Para quienes no conocen Culiacán, la comida es espectacular, quizá sea lo único que realmente puede maquillar la frustración de una larga espera allí.

Al día siguiente le sugerí a Laura que habláramos con Ismael Bojórquez, director del periódico *Ríodoce*, un semanario especializado en temas de narcotráfico. Él había sido mi jefe durante mi época como reportero, y aunque perdí su contacto durante mi aventura como director de cine, sabía que podría contar con él. Por eso le llamé ese mismo día para solicitar una entrevista en torno al narcotráfico. Como supuse, al inicio Ismael se negó. No le gustaba ser entrevistado. Nunca explicó por qué, sólo que no le agradaba dar entrevistas. Debí recordarle nuestra amistad y el tiempo que trabajamos en *Noroeste*, pues no parecía convencido.

"Ultimadamente, qué chingados haces con periodistas gringos cuando deberías hacer cine." Su observación me caló hasta los huesos. Tenía razón, ¿qué chingados hacía como *Fixer*?

Por ello estaba enojado conmigo: por mi mala estrella, por mi falta de tacto al poner todos los huevos en una sola canasta y perder, por no anticipar la derrota más grande. Pero qué más podía hacer, si trabajaba como *Fixer* no era por gusto, sino por necesidad.

Aquel momento inevitablemente me hizo recordar cuando se estrenó *Cáliz*, un 5 de diciembre de 2008. Esa noche fui a ver la película a un cine de la Ciudad de México. Aunque nervioso, me sentía orgulloso de haberla puesto en cartelera. Justo antes del inicio me detuve afuera de la sala donde la proyectarían para, desde la oscuridad, vivir las reacciones del público. Sin embargo, cinco minutos después de que iniciara la función, sólo tres personas habían entrado a la proyección. Aparecía gente por montones al fondo del pasillo, pero todos seguían de largo e ingresaban a otras funciones. Un delgado temor empezó a invadir mi corazón, aunque presentí que aquel momento representaba el inicio del fin, tenía la esperanza de que eso cambiara. Había invertido cada centavo que tenía, todo mi esfuerzo, todo mi amor, pero de pronto todo cuanto soñaba se empezó a tambalear en el insondable hueco del fracaso. Pensando que tal vez imaginaba cosas, esperé la siguiente función. Creía que tal vez la suerte podría cambiar. Pero no ocurrió. Nadie entró a ver *Cáliz*. Quería tener paciencia, pero la derrota era inevitable. Me dije que tal vez ese cine no funcionaba y que quizás en otro la suerte cambiaría. Decidido, salí y me dirigí a otro complejo. Pero el resultado fue el mismo.

Terminé sentado en la banqueta de Plaza Universidad, en la Ciudad de México. Miraba los autos pasar en todas direcciones y las luces del tráfico ir y venir, filtrándose en mi soledad y entre las sombras de mi fracaso. Desesperanzado miré la vasta bóveda celeste cuando de pronto un grupo de jóvenes pasó en una limosina gritando improperios, celebrando tal vez un cumpleaños, una unión o cualquier otra alegría. En cambio yo, como una sombra deforme, los contemplaba viviendo una felicidad artificial mientras caía en un abismo cruel donde no había nada: ni gente, ni autos, ni calles, ni luz, ni sombras, ni tiempo, ni espacio, ni masa, ni peso, ni memoria, ni pensamientos, ni tristeza, ni alegría, nada.

Es difícil describir la nada.

* * *

Ismael accedió a la entrevista, aclaró que lo hacía sólo en nombre de nuestra amistad "y nada más". Quedamos de vernos en las oficinas de *Ríodoce*, un pequeño local acondicionado como recepción, oficina, redacción, hemeroteca y sala de juntas; todo en una misma habitación. Pero lo que tenía de sencilla aquella redacción lo derrochaba en excelencia, pues sus reporteros sabían moverse en un ambiente históricamente peligroso, lidiando a cada momento con el fenómeno del narco que inevitablemente había absorbido a todo medio de comunicación en ese tipo de cobertura; así que la línea editorial de *Ríodoce* no tuvo de otra más que reportar lo que sucedía en Sinaloa: violencia, corrupción y narco.

Esa realidad eventualmente llamaría la atención de medios internacionales, incluyendo Current TV. Neófitos del narco aún, nos vimos con Ismael. El encuentro resultó fructífero, pues como periodista no sólo conocía la temática, sino que también resultó muy elocuente al responder a cada pregunta. Laura quedó encantada con él, pues nos proporcionó información útil respecto a la impunidad que prevalecía en Sinaloa, sobre todo en aquellos crímenes relacionados con el narco, además de ofrecer datos clave que la ayudaron a entender mejor la guerra hacia el interior del cártel. Terminada la entrevista, acordamos reunirnos para cenar y seguir disertando sobre el tema, siempre y cuando no se presentara antes una situación extraordinaria.

Después pasamos a la morgue para hablar con un médico forense de la Fiscalía General del Estado; el cielo estaba nublado, lejano, como si estuviéramos dentro de un sueño. Era acaso la nostalgia por estar de nuevo cerca de algo desconocido. Cuando llegamos a la Oficina de Servicios Periciales, el cielo había empezado a clarear, la noche se nos había escapado; en el lobby de la oficina, el médico forense nos recibió. Luego de una serie de preguntas nos explicó sobre el grado de violencia que se vivía en Sinaloa en aquellos meses, y expresó su temor como especialista en esta área, pues la inseguridad empezaba a rebasar a toda la población. A mitad de la entrevista, el radio portátil del médico forense anunció una balacera. Todos guardamos silencio; algo malo estaba pasando pero no lográbamos precisar qué era.

"¿Qué pasa?", preguntó Laura.

No supe qué responder, pues las voces de la transmisión de la policía hablaban en clave y lo hacían muy rápido, así que yo no alcanzaba a decodificar la conversación. Del otro lado de la línea parecía ocurrir una revolución, los ruidos evidenciaban un hecho violento. El médico forense exclamó que acababan de matar a una persona. Acaso por instinto se apartó de nosotros y comenzó a caminar al exterior.

"Parece que mataron a un señor de edad avanzada", agregó mientras aceleraba el paso.

Todo ocurría demasiado rápido. Yo, Laura y Mitch, por inercia, nos fuimos tras él; los otros peritos también salieron, todos corrimos hacia afuera. Una vez en el estacionamiento, los peritos se dirigieron a una camioneta pick up Nissan, otros a una van blanca que tenía los sellos del Departamento de Servicios Periciales de Sinaloa en los costados. Mitch por su parte había dejado de grabar porque no entendía lo que ocurría hasta que, arrollado por la adrenalina, volvió a encender la cámara y empezó a grabar la secuencia otra vez.

El médico forense y los peritos subieron a sus unidades para ir a la escena del crimen, y sólo hasta entonces corrimos a nuestro auto para ir tras ellos; el médico forense me dijo desde su camioneta:

—Confirmado: acaban de matar a un hombre de edad avanzada en la colonia El Palmito.

La sangre se me heló:

—¿Qué pasa…? —preguntó confundida Laura al notar un gesto de terror en mi rostro.

—¡El homicidio es en la colonia donde viven mis padres, y la víctima es una persona de edad avanzada… ¡Temo que se trate de mi padre!

* * *

La respiración agitada, la duda a flor de piel, el temor abriéndose como herida… yo estaba consciente de que las tragedias llegan de la nada, en cualquier momento y en cualquier lugar. Por eso tenía miedo. Me aterraba que la víctima fuera mi padre. Porque aun cuando él nunca había estado involucrado con la mafia, existen confusiones, equivocaciones o daños colaterales. El corazón empezaba a temblarme con un salvajismo inesperado, como presintiendo lo peor; sin embargo, debía mantener la calma. Pero ¿cómo?

Tres cuadras antes de llegar a la calle donde crecí, la camioneta del médico forense viró a la derecha y entró por una de las calles perpendiculares hasta topar con un grupo de policías, periodistas y fotógrafos que se amontonaban afuera de un consultorio médico. Explosión de miradas. La policía para entonces ya había cercado el consultorio con una cinta amarilla. La camioneta de los peritos se detuvo en el primer espacio que encontró y atrás de ellos se detuvo la van de Servicios Periciales. Aparqué el auto justo enseguida, de un brinco bajé y corrí a donde los policías estaban checando datos y les pregunté por la identidad de la víctima. Seguía nervioso, pues aunque la probabilidad que se tratara de mi padre había decrecido, cabía la posibilidad que fuera un familiar, quizás un tío, un primo, un vecino…

En ese momento sonó mi teléfono… era mi hermano Octavio regresándome la llamada.

—¿Estás en casa de los viejos? —pregunté a quemarropa.

—Sí.

—Y mi padre, ¿está contigo?

—Lo tengo aquí a lado.

Entonces sentí un alivio reparador.

Tuve que colgar porque Laura y Jennifer llegaron junto a mí (evidentemente les había transmitido mi temor y desesperación, les urgía saber que todo estaba bien); un policía se nos acercó para informarme el nombre de la víctima: Esteban Nidome Atondo, 59 años, médico de profesión.

Según comentaron algunos testigos, dos hombres armados llegaron hasta el consultorio y entraron violentamente; al verlo le dispararon tres veces mientras atendía a su primera paciente, una mujer embarazada. El doctor, especializado en ginecología, cayó de bruces al suelo, y no bastando con ello, uno de los asesinos se acercó a él, todavía vivo, y le disparó dos veces en la cabeza para después salir huyendo con rumbo desconocido. Los asesinos, como es de suponerse, nunca fueron arrestados y el crimen quedó impune.

Años después, trabajando en otro documental sobre narcos, me enteré de que los asesinos del ginecólogo lo ultimaron porque murió una paciente durante su parto. Aparentemente, el esposo de ella era un sicario del Cártel de Sinaloa y había asesinado al médico por su incapacidad para salvarle la vida a su mujer.

Aquél era el rostro de la violencia. Ese Culiacán donde la vida no vale nada y a nadie le importa, pues por casi nada un día pueden matarte. Cuando esto ocurre, la gente, con su afán enfermizo por estar en el chisme, sale a la calle para de alguna forma ser parte del homicidio, como si se tratara de un espectáculo que vale la pena apreciar.

Entre todas esas miradas, Laura caminaba por la escena del crimen buscando información. No concebía que un doctor fuera asesinado con tal facilidad. Veía a los curiosos que llegaban, pero no terminaba de asimilar a la multitud sonriendo y bromeando ante la muerte. De pronto, fijó los ojos en un niño de unos cinco años que, curioso, se asomaba al interior del consultorio, y extrañado miraba el cuerpo sin vida del doctor, apenas cubierto con una manta azul. Era la muerte. El rojo intenso de la sangre esparcida por el piso blanco del lugar por donde caminaban peritos, agentes de policía y el médico forense a quien minutos antes estábamos entrevistando.

En ese momento, un automóvil Sedán negro se paró frente al consultorio. Del vehículo descendió una mujer de aproximadamente 50 años. Trémula, miró a los policías, a los reporteros y a la gente amontonada alrededor. Por unos segundos se detuvo, confundida tal vez, o asustada, no lo sé, de pronto quiso correr al interior del lugar, pero un desconocido la frenó en su carrera. Forcejearon un poco, pues aquella persona intentaba por todos los medios posibles que ella no viera el cuerpo sin vida y la sangre en el suelo. Pero fue inútil, pues la mujer casi sabía de sobra lo ocurrido: la cinta amarilla, los cuchicheos de la gente, los vehículos forenses, todo delataba lo que había sucedido. Por eso se retorcía para zafarse del desconocido, quien más que evitar que corriera al interior, la sujetaba como si en realidad fuera él quien no quisiera apartarse de ella. Derrotada, la mujer emitió un desgarrador llanto de dolor que llenó de un duelo espantoso cada milímetro de la calle: era la esposa del médico. Quedó paralizada por la realidad y, de no haber sido por aquel hombre que la contuvo, habría caído al suelo, como si hubiera sido fulminada por un rayo.

* * *

Casi oscurecía cuando regresamos al hotel, después de varias horas de investigación. Inmersos en nuestros pensamientos, circulamos por las calles. Pero el sonido de aquel grito adolorido seguía martillando mi memoria. Tuvimos nuestra escena del crimen pero para ese momento yo ya no la quería, pues el precio había sido demasiado alto: la vida de un hombre que dedicó su tiempo a traer vidas a este mundo y que terminó como víctima de la ira de un sicario.

El pecado imperdonable del galeno fue no ser Dios, no salvar la vida de una mujer mientras daba a luz.

Su final, como muchos otros, no sólo fue cruel, sino también absurdo. Y sin embargo, ésa era la existencia que vivíamos. Eso era lo más cruel de todo, como lo era para la esposa del médico, quien pasaría varios años asimilando lo ocurrido. Cuesta entender esa realidad: la negación. La fulminante muerte. Nadie parece notarlo, pero cuando un asesino mata a una persona no sólo corta de tajo la existencia de la víctima, también mata una parte de la esposa, otra parte de los hijos, un gran trozo de los padres, deja un vacío en los amigos. Al final resulta ser un genocidio que nadie ve. Por eso los sicarios rezan este dicho: "De que lloren en tu casa a que lloren en la mía, mejor que lloren en la tuya".

Tal vez por ello los cementerios están llenos de jóvenes que vivieron la vida en el carril de máxima velocidad, decididos a no morir de viejos; muchos, sin duda, lo lograron.

Pero ¿un médico? No sólo no tenía sentido, además era aberrante.

A lo lejos, el horizonte sugería una belleza espléndida: era la hora en que el cielo se funde en mil colores, que mutan entre sí hasta formar amarillos que de pronto se convierten en naranjas, magentas, ocres, grises y azules, mientras el sol cae en el ocaso de un día tristemente bello.

De repente sonó el teléfono, arrancándome de aquellas conclusiones. Era Tolosa.

—¡Carnal, hay dos ejecutados en Villa Universidad!

La noticia me tomó por sorpresa. Tuve que detener el auto y orillarme para escuchar el doble crimen. Aparentemente dos jóvenes habían sido ejecutados mientras platicaban dentro de un auto, en el estacionamiento de un supermercado. El reporte preliminar decía que un grupo de sicarios llegó y los taladró a balazos. Apenas colgué el teléfono solté la noticia a mis compañeros: "Mataron a otras dos personas afuera de un supermercado".

Por un momento nos olvidamos del duelo anterior; a pesar de tantas horas sin parar, la adrenalina nos mantenía a tope, así que decidimos enfilar a gran velocidad hacia la nueva escena del crimen. Culiacán mostró entonces su verdadero rostro: el rostro de la violencia que periodistas extranjeros pocas veces ven. Era cierto, los días anteriores habían sido maquillados con una calma inusual, pero ahora la ira develaba su verdadera forma. Era el Culiacán de las noticias y diarios de todo el mundo, y nosotros en medio de aquel espectáculo sangriento. Comprobamos con horror el motivo por el cual periodistas internacionales lo piensan dos veces para venir a Culiacán, cuando lo hacen se preguntan si es que volverán con vida a sus hogares. Temer es parte integral de nuestro oficio, pues salimos de nuestras casas, pero no sabemos si volveremos. Vivimos conscientes de ello; no obstante, resulta casi imposible aceptar que en cualquier momento te pueden llegar a matar y al mismo tiempo seguir viviendo la cotidianidad. Es una locura. Aprendemos a vivir con la muerte como parte de nuestras vidas, no como una sentencia, sino como una posibilidad, algo que puede ocurrir. Nada más.

* * *

Cuando llegamos a la escena del doble crimen la policía ya había acordonado el área. Podía mirarse a los agentes resguardando el área mientras los fotógrafos trabajaban desde todos los ángulos posibles, y hasta el mismo médico forense que entrevistamos esa tarde realizaba el peritaje. Y claro, las decenas de curiosos no podían faltar.

Los cuerpos de las víctimas, dos jóvenes menores de 25 años, yacían inertes dentro de un Ford Mustang color azul de modelo reciente. Había casquillos de AK-47 regados por todas partes, en ventanas y vidrios frontales del auto se miraban múltiples orificios de bala.

Laura estaba impresionada ante el suceso. Esta escena, a diferencia de la anterior, tenía todas las huellas de crimen organizado. También había impactos de bala en las paredes de las casas contiguas al auto, en primer plano el auto balaceado, y dentro de éste los cuerpos de las víctimas, destrozados a tiros. Un agente de la policía del estado nos pidió salir del perímetro acordonado, pues Mitch y Laura, seducidos por lo impactante del homicidio, habían entrado al área restringida en un afán por lograr tomas más cercanas. Escoltados por el agente, caminamos hacia el resto de los reporteros. Mis compañeros grabaron lo que necesitaban.

* * *

Dos días después Mitch, Laura y Jennifer regresaron a Los Ángeles. Mis servicios habían terminado. Mitch me extendió un sobre con mi pago, acompañado de un apretón de manos. No se logró el acceso con el policía corrupto, pero todo lo demás fue ganado. Ésta había sido mi primera victoria, pero también mi primera derrota.

También representó mi primera despedida con un *crew* como *Fixer*, tantos otros equipos de televisión llegaron, y todos invariablemente se fueron; por lo demás, las despedidas siempre son tristes.

Terminada mi primera asignación en esta nueva profesión, me mudé a Los Ángeles. Sabía que quedarme en Culiacán sería deprimente, así que aproveché aquel pago para exiliarme por un tiempo y planificar lo siguiente que haría con mi vida, pues momentáneamente aquella ciudad ofrecería un nuevo inicio. Después de todo, era la capital mundial del cine, y el cine era el mundo donde yo quería habitar.

VOLVER

Luego de una breve estadía en Los Ángeles regresé a México decidido a grabar una serie de televisión que había escrito durante mi estancia en el extranjero, *Nacido en Culiacán*. La suerte, sin embargo, no estuvo de mi lado y por segunda vez perdí mi inversión, me quedé sin dinero, sin trabajo y con el proyecto inconcluso.

A pesar de aquellos anacronismos del destino, la fortuna no me abandonó del todo, pues a los pocos días recibí una llamada de Ismael Bojórquez para proponerme que escribiera una nota sobre la extradición de Vicente Zambada Niebla, hijo del narcotraficante Ismael *el Mayo* Zambada, arrestado un año antes en la Ciudad de México.

Dada mi situación precaria, accedí. Sin embargo, noté con alarma que el tiempo parecía dar vueltas en una extraña repetición de eventos casi idénticos, pues año y medio antes Mitch Koss me había llamado para ofrecerme trabajo justo cuando perdí mi dinero en la distribución de *Cáliz*; ahora Ismael hacía lo mismo, y bajo circunstancias similares.

Como ocurrió en el pasado, esta vez tampoco tuve opción.

Así fue como a principios de 2010 inicié una larga relación laboral con *Ríodoce*, que eventualmente se convirtió en mi casa, y quienes trabajan ahí se volvieron mi familia.

Días después me integré a mi nueva faceta, aunque le aclaré a Ismael que no cubriría nota roja, sino lo relacionado con información generada en Estados Unidos, o bien, temas que tuvieran que ver con crimen organizado. Mi conclusión era que si mantenía la distancia con fuentes y medios locales, evitaría salir a la calle, donde podría llegar a toparme con amigos y conocidos. No quería ver a nadie, pues temía tener que dar una cansada explicación sobre lo que había sido de mi carrera como director de cine, lo mismo que el desenlace de mis dos películas, *Cáliz* y *El robo*. Aunque supongo que para entonces ya muchos sabían del fracaso de ambos proyectos. Por eso quería mantener el menor contacto con amigos, colegas y con la población en general. Sobreviviría en mi soledad mientras planeaba retomar *Cáliz*. Pero debía esperar a que mi reputación mejorara, pues a mis últimos proyectos profesionales no les había ido bien, y esto provocaría que pocos confiaran en mí.

Aun así, sentía la esperanza de que mi suerte cambiaría y entonces llegarían mejores tiempos. También tenía la opción de migrar de nuevo a Estados Unidos donde, por falta de oportunidades, me dediqué a la compra y venta de oro para mantenerme. Con los ingresos produje la serie de televisión, pero luego de perderlo todo, de nuevo quedé con las manos vacías, eso me hacía pensar si emigrar era lo mejor para retomar mi carrera como director de cine. Pero sin dinero era imposible aventurarme otra vez a lo desconocido. La realidad es que necesitaba apoyo y un buen equipo profesional que no me abandonara y soñara conmigo en hacer cosas grandes. Pero antes debía encerrarme y enfocarme en un plan integral. Era una especie de autocastigo, aunque la idea final sería emerger y lograr el triunfo.

No obstante, terminé de editar los tres primeros capítulos de la serie e hice una presentación especial en un teatro de la ciudad. Las críticas fueron buenas, pero yo no estaba feliz, pues la serie aún estaba inconclusa.

Sin otra alternativa que la espera, me volví a encerrar de una manera tan intensa que ni el fantasma del amor pudo interrumpir mi plan magnánimo. Cuando la necesidad me obligaba a salir de mi encierro, por agua o alimentos, trataba de aminorar todo contacto con la gente y optaba por los sitios más apartados de donde yo vivía en un afán tremendo por evitar amigos y conocidos. Sin embargo, siempre surgía en el camino un inoportuno que aparecía de la nada, por más improbable que parezca.

"¿Escribes para *Ríodoce* o tienes un homónimo?", un día me preguntó un amigo de la universidad con quien accidentalmente me topé.

¡Claro que era yo! Siempre yo. El fugitivo, el cobarde, el apostador, el idiota, el equilibrista, la víctima de mí mismo, el victimario también, el sádico, el tramposo, el aprendiz de suicida, el creador de sueños, de planes, de viajes, de tardes, era yo y siempre yo. El que por más que intentara y deseara escapar de sí mismo no lo lograba. Porque a donde quiera que fuera siempre cargaba conmigo. Por eso me ocultaba como ladrón. Por eso la gorra, los lentes oscuros, la prisa y la mirada clavada en el suelo. Por eso el silencio, la rabia y la calma desbordada. Por eso manejaba hasta el culo del diablo por un vaso de agua: para pasar desapercibido.

Me despedí de aquel viejo conocido con ganas de desintegrarme. Pero al cabo de un rato no sucedió y volví al encierro de mi departamento, pero con la firme intención de nunca más emerger, igual que Zaratrustra, Jean-Baptiste Grenouille, Diógenes y muchos otros que se apartaron del mundo, así me apartaba yo. Sin embargo, y como era de esperarse, me fue imposible mantener semejante encierro. No podía porque debía comer y beber, y también mantener comunicación con el mundo exterior, especialmente con *Ríodoce*, que por aquel entonces me pagaba 400 pesos por nota y constantemente me monitoreaban para saber en qué estaba trabajando. Aunque la paga era poca, al menos me alcanzaba para solventar la renta, comida, teléfono… Además, cada 15 días me entregaban un vale de gasolina para movilizarme por la ciudad.

De vez en cuando Andrés Villarreal, de las pocas personas con quien mantenía contacto, me llamaba para sacarme de mi encierro y salíamos por unos tragos a algún bar de la ciudad. Otras veces me contrataba para dirigir un comercial que a su vez le ofrecían a él, y entonces volvía a mantener un esporádico contacto con el mundo exterior.

Fue durante una de esas salidas que conocí a la Flor (no voy a decir el nombre verdadero y por cuestiones obvias he decidido cambiar algunas fechas, lugares y circunstancias). Terriblemente encantadora, intentó sacarme de mi encierro y aliviar mis manías solitarias. Sin embargo, no contó con mi terquedad, y al cabo de varias semanas se resignó ante mi realidad y terminó por encerrarse conmigo.

"Let it be", solía decir.

Durante algún tiempo compartimos el ostracismo, y aunque mantuvimos rutinas y obligaciones cotidianas, la vida siguió su curso. Me reportaba al periódico una vez al mes; saludaba a todos e Ismael aprovechaba para mofarse y enfatizar en mis planes fallidos de ser director de cine. "¡Y tú que ya te hacías en Hollywood y ve dónde acabaste!", decía muerto de risa.

Nunca supe por qué le causaba tanta gracia ese comentario; en cambio mataba mis ganas por ir al periódico e interactuar con mis compañeros, pues su mofa me provocaba un hueco agrio en el estómago. Saber que a mis 39 años debía reiniciar mi vida y sacar de entre las cenizas mis ganas por salir adelante era terrible.

Pero al menos tenía a la Flor, que casi a diario me devolvía un poco de vida.

LA MUERTE SE ASOMA A LA PUERTA

Los meses posteriores pasaron rápido. Fue un tiempo de espera que no aportó mucho y sólo mis sueños invencibles siguieron tejiendo esos planes secretos para dedicarme al cine.

Sobreviví con estoicismo aquella espera, y dada mi precaria economía debí conformarme con un kilo de arroz, otro de lentejas, una bolsa de soya deshidratada, calabazas tiernas, medio kilo de papas, de tomate, chile, cebolla y dos garrafones de agua para beber cada dos semanas. Cuando la suerte era condescendiente compraba un buen queso y un tinto, y por breves instantes arañaba la felicidad. Por las tardes iba a correr al jardín botánico como una forma para mantenerme activo, pero también para no pudrirme en mi sedentarismo. La Flor seguía yendo y viniendo, pero sólo saciábamos instintos, y entonces se iba igual que llegaba. Mientras tanto, yo aprovechaba aquellas ausencias para leer, ver películas, escribir y envejecer. En ese tiempo que me dio por pensar que la ilusión por hacer cine era lo único que me mantenía vivo, y que yo en realidad era una especie de Dorian Gray (o acaso un vampiro) que rejuvenecía gracias a la ilusión. Tal vez debía pulir el guion de vampiros que escribí para el protagonista de mi serie de televisión.

Llegó entonces mi segunda asignación. Se trataba de unos periodistas de la revista *Der Spiegel*, de Alemania. Me contactaron para documentar los mitos del Cártel de Sinaloa en Culiacán; sus costumbres, rutinas y pasiones. Nunca supe cómo llegaron a mí, sólo recuerdo que un día me contactó una fotógrafa estadounidense llamada Janet Jarman para explicarme que necesitaban un periodista bilingüe que los moviera por la ciudad y tradujera las entrevistas. Accedí por el ingreso, pero no precisamente por la emoción de volver a ser ser chofer, traductor y facilitador. Y porque parecía una cobertura breve, algo similar a lo hecho con Current TV.

Tomamos el panteón Jardines del Humaya como punto de partida para que vieran la magnificencia del narco en su etapa *post mortem*. Si bien es cierto que los narcos llegan a poseer tigres de bengala que ocasionalmente sacan a pasear al parque o llevan a la playa, también es normal que compren Aston Martin, Ferrari o incluso Lamborghini, que raramente conducen en Culiacán. Otros lujos son caballos pura sangre que compran hasta en un millón de dólares, pero que jamás montan, los mantienen en establos de lujo hasta que las bestias se mueren de tristeza por tanto encierro. Eran lujos innecesarios, pero con facilidad podían sufragarlos. En medio de aquellos excesos, un buen día la muerte sorprende a la mayoría, ya sea de manera violenta o de forma natural, y entonces sus familias se gastan millones de pesos en tumbas de un lujo excesivo que sólo los narcos podrían costear.

Aquellos mausoleos terminan siendo admirados por gente de toda índole, incluyendo periodistas extranjeros, como aquellos alemanes, que veían las criptas con asombro y las comparaban con pequeñas catedrales en su afán por exhibir un lujo superior al de cualquier otra tumba en el mundo. No obstante, aquella pomposidad nunca sería apreciada por sus moradores, sino que la construcción terminaba siendo un refugio para que la familia consolara su dolor.

Casi al oscurecer y en medio de una soledad ambigua, terminamos de recorrer los pasillos del cementerio. Entonces nos topamos con un albañil de piel parda y curtida que se acercó a nosotros para narrarnos leyendas sobre los narcos de Sinaloa. Caminamos sin una dirección definida y atentos escuchamos las historias del albañil. Durante esa visita noté por primera vez que la mayoría de las tumbas pertenecen a jóvenes menores de 30 años, exhibidos en fotos en las que se les mira portar radios, rifles y chalecos a prueba de balas. Tiempo después, al ver a alguna madre limpiando la tumba de su hijo muerto, me acerqué a preguntar por la ocupación del vástago y ella me respondió que había estudiado en la universidad o trabajaba en empresas de bienes y raíces.

—Pero en las fotos se ve a su hijo en autos lujosos, ¿cómo hacía para conseguirlos?

—Eran prestados —se apresuraba a responder la madre.

Y luego el silencio. Entonces la mujer regresó para seguir removiendo el polvo de la tumba, aunque la explicación parecía hacer eco en el silencio y en lo falso de su aseveración. Tal vez de nada servía la verdad o la mentira, pues el hijo ya estaba muerto y nada podría regresarlo, fuera víctima o victimario. De vez en cuando un padre se sinceraba conmigo para explicar que ellos miraron venir la muerte de su hijo, pero decidieron ignorarla, pues el muchacho tenía cosas que ellos nunca pudieron darle y preferían hacerse de la vista gorda, hasta que un día cualquiera recibían una llamada anunciando la muerte del hijo pródigo. Sólo entonces se arrepentían de no haber cuestionado la riqueza repentina del caído.

Tiempo después, analizando la forma en que el narcotráfico ofrece dinero fácil, poder y lujo, descubrí lo fácil que es ingresar a sus filas y soñar con tenerlo todo. Hasta que un día cualquiera la muerte sorprende a esos jóvenes de una manera cruel y violenta.

Una vez muertos, de nada sirven lujos, ni el placer de tenerlo todo, ni el dinero, pues entonces se avecina una intensa avalancha de olvido, seguida por la ausencia de los falsos amigos y el llanto incontenible de la familia. Cuando eso ocurre, los familiares construyen una gran tumba para solapar su culpa y desconsuelo. Y si no tienen dinero, se conformarán con una gaveta y un nicho, donde un rotulista dibujará nombre y fecha del deceso del difunto, y acaso se agregará una imagen de la Santa Muerte. Al final todas esas víctimas serán sólo un número que alimentará las estadísticas de homicidios que almacena inútilmente la fiscalía del estado. En su lugar, sólo quedará la impunidad en todo su esplendor. Los muchachos, por su parte, habrán logrado su meta de no morir de viejos, endebles y miserables, y en las inscripciones de sus tumbas serán jóvenes por siempre. Así yacerán en su muerte, mientras su partida sólo dolerá a sus padres, hermanos, esposas, hijos, y tal vez a algunos amigos de la infancia.

Haciendo de lado tales conclusiones, los alemanes, el albañil y yo continuamos el recorrido, hasta toparnos con una tumba recién construida, donde unos jóvenes bebían una botella de Buchanans y fumaban marihuana.

Platicaban entre ellos, pero al vernos llegar callaron y nos miraron con recelo. A leguas se notaba que algo andaba mal. Nosotros saludamos, pero ellos no devolvieron el gesto. Por unos instantes estalló una tensión que paralizó nuestra calma, entonces nos dimos cuenta de que no éramos bien recibidos. Seguimos de largo con la mirada al suelo, mientras los ojos de los desconocidos se clavaban en nosotros.

Como periodista, y como local, pocas veces intuyo la muerte, pero en aquel momento advertí que ese sitio hedía a tragedia. Nada más certero que el instinto que nos indicaba alejarnos de ahí. Mientras avanzábamos me percaté de reojo que los bultos emergían por encima de las cinturas, sugiriendo la presencia de armas y violencia. Inevitablemente me volví hacia uno de ellos, y en sus ojos llorosos leí las ganas contenidas de matarnos a mansalva ahí mismo. El mensaje estaba claro.

Cuando llegamos a mi Honda Civic no tuve que explicarle a Janet ni a los alemanes que debíamos irnos, apenas nos despedimos del albañil y de inmediato nos largamos.

Aquel incidente que me hizo concluir que, aun cuando la asignación parezca ser fácil, nunca debe de darse por sentado que somos inmunes al coraje y al dolor de los demás, y que en un arranque de ira todo puede suceder. Días después, agobiado por aquel encuentro, regresé a la tumba donde los desconocidos tomaban cerveza en el panteón Jardines del Humaya, para apuntar datos sobre la persona que ahí había sido sepultada. Quería saber quiénes eran los pistoleros que nos topamos aquel día, para al menos tener idea de a qué estuvimos expuestos. Luego de apuntar el nombre del desconocido y hacer algunas indagaciones, caí en cuenta de que el muerto era gente de Arturo Beltrán Leyva, y quienes lamentaban la tragedia eran los sicarios que nada pudieron hacer para salvarle la vida.

Aquéllos eran los últimos vestigios de una guerra que ya había sido ganada por los ejércitos del Chapo Guzmán y del Mayo Zambada, lo que quedaba de los Beltrán Leyva eran apenas los rescoldos de células de sicarios, incluyendo zetas, quienes llegaron a Culiacán cuando el Barbas declaró la guerra al Cártel de Sinaloa.

Según se dijo, fueron llegando poco a poco y se instalaron en distintas casas de seguridad. Después tomaron por sorpresa a los sicarios sinaloenses, asesinando a varios de ellos. Como tenían ubicados a policías y pistoleros, la tarea se tornó fácil. Los de Sinaloa se reorganizaron y empezaron a repeler la agresión aunque no resultó sencillo, para acabar con ellos fue necesaria la ayuda del ejército, según trascendió en reportes de inteligencia estadounidense, incluso durante el juicio del Chapo. Es decir, el Cártel de Sinaloa se valió del ejército mexicano para ubicar a los pistoleros enemigos que se parapetaban en distintas casas de seguridad a lo largo y ancho de Culiacán. La fórmula fue simple: los soldados empezaron a catear todas las casas del municipio, incluyendo almacenes, negocios y casas abandonadas, mientras que los punteros indagaban en casas de huéspedes y hoteles para definir quienes vivían en cada lugar, y mediante un trabajo de campo e inteligencia se ubicó a cada uno de los contras. Una vez identificados, los altos mandos del ejército informaron al Cártel de Sinaloa quiénes eran y dónde estaban los enemigos. El siguiente paso fue vigilar sus movimientos a través de cientos de punteros, y una vez ubicados informaron a las diferentes células de pistoleros que en la primera oportunidad los ejecutaron a todos. Pocas semanas después vi la foto del pistolero que encontramos al lado de la tumba del panteón Jardines del Humaya; lo había rociado a balazos la policía del estado. Cuando llegaron los paramédicos el sicario seguía con vida, pero los policías no permitieron que fuera atendido y en los siguientes minutos murió desangrado. Fue aquella muerte el principio del fin, y pocos meses más tarde los sicarios de los Beltrán Leyva fueron aniquilados de la faz de la tierra.

* * *

Después de *Der Spiegel*, llegó Sylvio Heufelder, esposo de Jeanette Erazo, una escritora y etnóloga alemana a quien semanas antes había llevado con sembradores de amapola. A diferencia de su mujer, Sylvio únicamente deseaba recoger impresiones populares sobre los capos que forjaron el Cártel de Sinaloa, aunque en el fondo tenía un plan oculto que tarde o temprano revelaría: entrevistar a Joaquín *el Chapo* Guzmán.

Cuando finalmente develó su intención, yo apenas tuve oportunidad de volver la mirada al suelo y negué con la cabeza. Sabía que aquello era imposible, incluso podría ser hasta peligroso, pero Sylvio era exageradamente optimista y estaba seguro de que, con mucha paciencia, lo lograríamos. Traté de hacerle ver todas las improbabilidades, desventajas y consecuencias de su plan, pero Sylvio seguía insistiendo. Ponía como ejemplo la entrevista que hizo a Fidel Castro, en Cuba, y a Víctor Carranza, en Colombia, cuando todos le decían que era imposible; sin embargo, logró ambos encuentros. Pero en este caso era diferente, pues se trataba de uno de los hombres más buscados del mundo.

En el fondo, aquel alemán era igual de obstinado que yo. Amante de lo imposible, no aceptaba un *no* como respuesta, lo cual me hacía recordar aquella frase célebre de Jorge Luis Borges: "Un caballero sólo se interesa por causas perdidas".

Me veía reflejado en su terquedad, pues también yo me resistía a las negativas cuando realizaba mis películas, mi labor se cifraba en probar lo contrario. Tanto la terquedad como el optimismo hacían que me viera reflejado en él y sólo por eso acepté el reto. No supe cómo, pero días más tarde empezamos a analizar diversas alternativas para lograr nuestro objetivo.

* * *

Por aquel entonces la Flor había logrado sacarme de mi encierro y, valiéndose quién sabe de qué artificios (y paciencia), me convenció para que saliéramos a bares, antros y cafés. Había invadido mi soledad de una manera tan sutil que ni siquiera yo me había dado cuenta; todo bajo el argumento de *Let's be alone together.*

Una noche, mientras ella dormía, me descubrí observándola, y justo en ese momento me di cuenta de que sentía por ella algo muy parecido al amor. Esa realidad me aterró hasta la ignominia y entonces ya no pude estar tranquilo. Anteriormente había hecho que la llevara a su casa y de alguna manera se las ingenió para pasarme a su domicilio, casi sin darme cuenta, también me presentó con su familia. Después empecé a interactuar con sus amistades, y como no queriendo la cosa empezamos a salir con ellos; discretamente terminamos convertidos en una pareja casi formal.

* * *

Por aquel tiempo ya había estrechado más la relación con algunos de sus amigos. Era una cercanía sincera, pero que también tenía un interés particular, pues muchos de ellos eran originarios de Badiraguato y estaban emparentados con traficantes como Rafael Caro Quintero, Ernesto Fonseca Carrillo, Miguel Ángel Félix Gallardo y Héctor *el Güero* Palma.

Yo consideraba este parentesco como una posibilidad para lograr entrevistar al Chapo, y por ello empecé a intimar más con sus amigos. Hasta que un día y de la nada, Sylvio me soltó el exabrupto de que me olvidara de la entrevista porque iríamos a Creel, en Chihuahua, a entrevistar al padre Pato, de esa sindicatura. La noticia me tomó por sorpresa pues teníamos un plan más grande y transcendental, pero Sylvio dijo que ya no era necesario. No entendía el cambio repentino: si su mujer ya había hablado con el padre Pato, entonces ¿por qué entrevistarlo de nuevo?

—Un encuentro con el Chapo va a requerir de más tiempo y no lo tenemos —objetó Sylvio.

—Pero hay avances, ¡podemos lograrlo! —comenté.

No dijo nada al respecto, y dos días después abordamos el tren Chepe rumbo a Creel, un antiguo pueblo minero anclado en las entrañas de la Sierra Tarahumara.

El recorrido fue largo al tiempo que interesante y extremadamente hermoso, pues el tren recorría una de las cordilleras más vastas del mundo a través de túneles y puentes que cruzaban ríos caudalosos y acantilados imposibles, barrancas impresionantes y bosques impenetrables que seducían por su encanto inverosímil y la idea fantástica de estar haciendo un viaje al centro de la tierra.

De vez en cuando el tren se detenía, y entonces parecía que el tiempo hacía lo mismo. Durante una de esas pausas Sylvio reveló el verdadero propósito de viajar a Chihuahua: encontrar a quien amagó a su mujer con un cuchillo en la garganta para asaltarla.

Esta revelación cimbró mi incredulidad. ¿El motivo de toda aquella farsa de entrevistar al Chapo y hacer un documental sobre el Cártel de Sinaloa era en realidad una venganza?

Le exigí a Sylvio que se sincerara respecto a su meta, y entonces detalló más la situación: quería realizar de nuevo las entrevistas que su mujer había perdido cuando fue asaltada en Ciudad Juárez por un desconocido que, tras amagarla con un cuchillo de cocina en la garganta, le robó el bolso donde guardaba dinero, celular, libreta y grabadora donde tenía las entrevistas, todas elementales para terminar su libro *Drugs corridor Mexico*.

Por eso, Sylvio estaba entrevistando a las mismas personas que su mujer, por eso el viaje a Creel y el encuentro con el padre Pato, aunque yo sentía que su verdadero interés no era rehacer las entrevistas, sino ir a Ciudad Juárez en busca del hombre que había amagado a su mujer con un cuchillo en la garganta.

Me aclaró que era una cuestión de honor y debía enfrentarlo solo, por eso nunca contempló que lo acompañara hasta la frontera, pues era ahí donde aterrizaría el plan que lo hizo viajar exprofeso desde Alemania hasta México.

* * *

Nunca supe si Sylvio estuvo enteramente consciente de lo que hacía y del infierno al cual se dirigía. O si le importaban un carajo las consecuencias, o le ganaba su inmensa sed de venganza. Llegué a pensar que su plan era un acto chovinista para redimir su honor germano. No lo sabía. Lo que sí tenía claro era que estaba metiéndose en camisa de once varas, y de seguir, podría acarrear consecuencias fatales. Aunque Sylvio contaba con entrenamiento militar y era fuerte y hábil, nada de lo que conocía (o creía conocer) podría compararse con enfrentar a una organización criminal. Por otra parte, llegaría a la ciudad más peligrosa del mundo; además, al no hablar la lengua, ¿cómo diablos se movería por el territorio? Debía de considerarse que la zona atravesaba por una guerra terrible entre los dos cárteles más violentos de México, el de Juárez contra el de Sinaloa. Estando él en medio, sería lo más parecido a un suicidio. Era un extranjero que no hablaba la lengua, y encima estaba buscando a: *a)* un pistolero sin rostro; *b)* un inmigrante sin nombre; *c)* un psicópata sin antecedentes; *d)* un drogadicto sin identidad. ¿Qué haría?

Por más que traté de hacerle entender lo anterior y lo improbable de su misión, Sylvio seguía obstinado con su plan. Le expliqué una y otra vez sobre el ejército de punteros, halcones y pistoleros que vigilan y patrullan la ciudad las 24 horas del día y que al menor indicio de peligro encienden los focos rojos para reportar a cualquier sospechoso, lo que sigue es un comando armado yendo por la persona sospechosa para interrogarla, y si la respuesta no convence a los sicarios, torturan a la persona hasta sacarle la verdad. Pero Sylvio no consideraba eso. Era terco como una mula y por más explicaciones que le daba resultaba imposible hacerlo cambiar de opinión.

—Una cosa te aseguro, voy a encontrar al bastardo que amagó a mi esposa con un cuchillo.

¿Cómo lo haría? Era un misterio. En una ciudad habitada por tres millones de personas, además con una comunidad flotante de hasta 50 mil migrantes centroamericanos que diariamente llegan a la frontera con la intención de cruzar a Estados Unidos, la meta era similar a encontrar una aguja en un pajar.

No lo pude detener, y tras la entrevista con el padre Pato, Sylvio tomó el tren a Ciudad Juárez y se fue a lo desconocido. Ésa fue la primera vez que sentí temor de que algo malo le sucediera a alguien con quien alguna vez trabajé. Le deseé buena suerte y sólo le pedí que se reportara cada que pudiera para saber que todo estaba bien. Obvio, no lo hizo.

Pude imaginar a Sylvio deambulando por las calles de Ciudad Juárez. Caminando en la oscuridad entre punteros y halcones que lo mirarían como ánima errante en medio de una soledad peligrosa y donde nadie lo reportaría porque lo que menos representaba era peligro; tan sólo sería un viejo alemán buscando venganza. Sufriría los inconvenientes de no hablar español, pero se haría entender con señas, incluso mostrando una foto de su mujer como única guía; sin embargo, nunca pude visualizarlo logrando su objetivo.

Al paso de los días Sylvio se desvaneció de mi radar. Igual que llegó, se fue, y la vida siguió su curso. Le mandé algunos mensajes de texto pero ya no respondió; emails tampoco. Estuve a punto de escribir a su esposa cuando Sylvio nuevamente se comunicó; estaba en Múnich sano y salvo. Me agradecía el apoyo y la entrega, y me mandó una foto que alguna vez me tomó mientras abrazaba a la Flor. Le mandé saludos y un fuerte abrazo. No le pregunté si había encontrado al bastardo que había amagado a su mujer con un cuchillo de cocina en la garganta, ni qué fin tuvo su plan inconsciente de venganza en Juárez, pero el solo hecho de saber que estaba bien y de vuelta en Alemania era suficiente para mí.

El Chapo

Joaquín Guzmán era un mito en Culiacán: todos sabían quién era pero nadie lo conocía ni lo había visto nunca. Adorado por muchos, aborrecido por otros, el Chapo es, en el mejor de los casos, lo más parecido a un fantasma, con la única diferencia de que el capo es de carne y hueso. De vez en cuando surgían rumores de que había comido en un restaurante de Culiacán, y *cuando llegaba*, su gente confiscaba teléfonos e impedía la salida a todo el mundo. Al terminar, devolvían los aparatos, pagaba *la cuenta de todos* y el capo se iba igual que llegaba. Desaparecía. Los amantes de mitos y leyendas sugerían que era capaz de estar en varios sitios a la vez, creciendo con ello su ya de por sí hinchado mito.

"Domina el don de la ubicuidad", llegó a aseverar un clérigo de Durango, y entonces medios de todo el mundo enloquecían reproduciendo el comentario.

Esa mitología atrajo a periodistas, escritores, productores, corresponsales y documentalistas de toda partes que, seducidos por la gloria de entrevistar al capo más buscado del planeta, buscaron caminos y accesos que condujeran hasta él. Y naturalmente, poco a poco todos llegarían hasta mí también. ¡Todos!

Pero yo no quería ser puente de nadie: ni intérprete, ni chofer, ni guía, ni nada. Yo quería enfocar mis metas en dirigir cine y aterrizar mis proyectos, sobre todo la siguiente serie con la que había comenzado a trabajar: *Nacido en Culiacán*. El problema es que sin dinero y sin apoyo era imposible lograr mi objetivo.

Y aun cuando tenía otros 12 guiones escritos además de esta serie, de qué me servían si no podía producirlos. Eran tan sólo un montón de letritas en la pantalla blanca de mi MacBook. Podrían ser guiones brillantes, pero si nadie los leía y no lograban su cometido, eran como oro sumergido en el fondo del océano. Si quería realizarlos, necesitaba aliados. ¿Pero quiénes? Inevitablemente concluí que no importa qué tan decidida o determinada esté una persona para aterrizar un plan, si no hay cómplices, no hay nada.

Lo peor es que yo sabía que no encontraría apoyo en Culiacán. Para lograrlo debía migrar. La pregunta era ¿a dónde? A Los Ángeles definitivamente no. Terminaría comprando oro en Inglewood, Watts, South Central y Boyle Heights; asistiría a festivales de cine donde platicaría con productores que me darían sus tarjetas de presentación pero nunca responderían mis llamadas, ni correos electrónicos ni nada, y yo en cambio me pudriría en una espera interminable que nunca me llevaría a ningún lugar.

Tal vez debía migrar a Barcelona, allá tendría más oportunidades para iniciar desde cero. O tal vez mi destino era establecerme en la Ciudad de México, donde la industria del cine era fuerte. O quizá Bogotá, la ciudad con fama de tener las mujeres más hermosas del mundo y con una industria cinematográfica sólida. No lo sabía. De lo que sí estaba seguro es que sería una de esas ciudades en la cual, de alguna manera, retomaría mi carrera como director de cine. Pero sin dinero ni conocidos ni nada el plan se antojaba imposible. Debía, al menos, juntar dinero suficiente para irme, y la única opción viable era seguir laborando como *Fixer*. Sólo con un ingreso así lograría mi objetivo; mi plan sería trabajar durante cinco o seis meses a lo mucho, y entonces migraría.

Lo que siguió fue una cadena de casualidades que me hicieron pensar en Dios como el autor intelectual de todo. No podía ser de otro modo, pues por una extraña casualidad llegó por esos días a Culiacán un periodista peruano que quería investigar la leyenda de Joaquín *el Chapo* Guzmán. Sin embargo, no venía conmigo, sino con Javier Valdez, también periodista de *Ríodoce*. Debido a que —casualmente— Javier había viajado hacía unos días a la Ciudad de México para presentar uno de sus libros, le recomendó al peruano que me buscara. Por una extraña casualidad que aún no logro asimilar, el día que el periodista peruano me contactó coincidió con la mañana en que decidí seguir trabajando como *Fixer*. Por ello, cuando el peruano me explicó que el proyecto podría alargarse hasta por un año, estuve a punto de rechazarlo, pero recordé que, casualmente, tenía los contactos necesarios para acceder a la gente del Chapo —gracias a que Sylvio decidió irse de Ciudad Juárez para consumar su venganza— y por ello miraba factible la posibilidad de terminar en menos de seis meses.

Todas esas casualidades influyeron para que aceptara el trabajo.

El peruano, por consiguiente, lo encontró todo planchado y no tuvo necesidad de invertir tiempo, ni esfuerzo, ni dinero, ni nada. En todo caso, comencé a contactar a las personas que nos enlazarían con el capo sinaloense para explicarles en qué consistía el proyecto: quiénes éramos y qué accesos necesitábamos.

Como ese grupo de contactos estaba integrado por amigos y familiares de la Flor, fue imposible ocultarle mi estrategia. El problema fue que la Flor lo confió a una de sus primas, que a su vez se lo contó a una de sus hermanas; ésta no pudo guardar el secreto y al día siguiente lo compartió con su mejor amiga bajo la condición de que no lo platicara "a nadie más", pero la petición fue imposible porque la amiga acabó por decírselo a su cuñada, que a los minutos lo contó a quién sabe a quién hasta que toda la familia y amigas de la Flor terminaron por enterarse. Al final el plan, supuestamente confidencial, se convirtió en un secreto a voces que hasta los vecinos de la Flor supieron y comentaban entre sí hasta cuando iban a comprar tortillas.

Decían: "¿Ya sabes que el novio de la Flor trabaja con un peruano que quiere entrevistar al Chapo?" Y las tortilleras entonces preguntaban si había oportunidad de salir en alguna parte de la entrevista, "aunque sea allá al fondo, como un puntito que nadie ve".

* * *

Guillermo Galdós era el periodista peruano que había llegado a Culiacán.

Tenía una habilidad nata para conectar con la gente gracias a su buena labia; además era bromista y gracioso hasta en su forma de andar. Le ayudaba hablar español (y vaya que hablaba hasta por los codos), además era sencillo y lo suficientemente afable para caer bien a todo mundo.

Pero lograr la entrevista con el Chapo iba a requerir mucho más que unas cuantas bromas y una buena conversación, necesitaríamos algo más elaborado para convencer a los amigos de la Flor, que serían quienes nos acercarían al capo.

Sin embargo, como sus amigas habían propagado nuestro plan por toda la colonia y hasta gente que ni conocíamos sabía lo que queríamos hacer, esa cadena de chismes cerró muchas de las puertas, pues los amigos de la Flor se enteraron del chisme y se cerraron por temer que algo saliera mal. Era natural, ellos no confiaban en Galdós. Traté de abogar por él, pero no funcionó, al contrario, se presentó una serie de obstáculos que no anticipé. El principal fue el temor. Tenían miedo de meterse en problemas si algo salía mal.

"¿Pero qué podría salir mal?", les preguntaba.

Según ellos, ¡todo! Y me lo reprochaban airadamente cuando los veía, y ejemplificaban un posible arresto del Chapo después de la entrevista.

—¡A ti te conocemos y no hay bronca, pero al peruano no, y si el compa no es quien dice ser, entonces nos carga la chingada a todos! —decían.

Para ellos, Galdós podría ser un agente encubierto de la DEA, y como he dicho antes: nada aterroriza más a un narcotraficante que estar cera de un agente encubierto. Otro argumento fue que la misma personalidad de Galdós lo hacía parecer una persona que no respetaba acuerdos. Fue precisamente esa desconfianza la que poco a poco me colocó en una posición incómoda, porque el señalamiento ya no sólo lo involucraba a él, también a mí, pues me ponía como un enemigo en potencia, incluso como un traidor, lo cual implicaba que tarde o temprano los amigos de la Flor también se cuidarían de mí.

Si eso ocurría, el distanciamiento sería inmediato. Tal situación me obligó a actuar rápido, pues perder esos contactos significaba perder su confianza, y con la confianza perdida se cierran todas las puertas; una vez cerradas, jamás vuelven a abrirse.

Así que di vueltas y vueltas al asunto sobre cómo vindicarme con los amigos de la Flor, pero no se me ocurría nada. Sabía que necesitaba un aliado, ¿pero quién? Debía de ser un amigo o un familiar de la Flor, alguien que no fuera tan cercano, pero sí un conocido en común y al mismo tiempo que me conociera lo suficiente como para confiar en mí. Por otra parte, debía de ser alguien con la capacidad de enlazarme con gente del capo. Entre las opciones que consideré estaba una vecina de la Flor, exmujer de un sicario, pero me detenía porque era demasiado chismosa. También pensé en una prima de la Flor, amante de un narco "pesado", pero me detenía que fuera demasiado guapa. Otra opción fue uno de sus excuñados, quien aparentemente trabajaba para gente del Mayo. Todos representaban una posibilidad, aunque el verdadero problema sería acercarme sin levantar sospechas y que la persona elegida lo mantuviera en secreto. Además, si elegía a una de las amigas, la Flor podría encelarse. No tuve otra opción que de nuevo confiarle a ella mi plan, aclarándole que bajo ninguna circunstancia lo volviera a comentar ¡con nadie!, a menos que fuera absolutamente necesario. No tan convencida, accedió.

Por aquellos días, una amiga de la Flor la invitó a una fiesta de 15 años; el festejo lo harían en una hacienda de acceso exclusivo, en la cual amenizaría tambora, norteño y mariachi, y al parecer echarían la casa por la ventana.

No estaba muy animado en acompañarla, pero cuando dijo que el padrino sería uno de los grandes del Cártel de Sinaloa, accedí. Sería una buena oportunidad para encontrar al aliado que buscaba, incluso hasta pensé que podría toparme con el mismo Chapo, que, en palabras de la Flor, "era posible que tal vez lo encontrara ahí".

* * *

La hacienda era hermosa, como una pintura de Pissarro. Los jardines, la fachada, incluso las palmeras se erigían como guardias reales por encima de las bardas, formando parte de un diseño único que a su vez coloreaba con luces que cambiaban de tono cada determinado tiempo, y por lo general lo hacían al ritmo de la música.

Aunque la hacienda estaba en medio de la nada y su acceso era difícil, la Flor pudo encontrar el camino porque ya había estado ahí por lo menos un par de ocasiones.

Cuando llegamos había camionetas y autos de lujo estacionados en la entrada mientras pistoleros, punteros y encargados de seguridad se confundían con los invitados que entraban y salían. Quizás en otro tipo de fiesta los pistoleros habrían mostrado toda su artillería como en las películas, pero no ahí, tal vez por tratarse de una fiesta familiar.

Caminamos hacia la entrada por una vereda de cristal que cambiaba de color a cada paso y que de alguna manera jugaba con las luces que iluminaban jardines y fachada, en un ritmo interminable de colores que danzaban en el suelo y el cielo, como auroras boreales.

Una vez adentro y justo antes de llegar a una mesa finamente arreglada, nos abordó la anfitriona, una señora joven y guapa que amablemente agradeció que los acompañáramos aquella noche. Intercambió algunas palabras con la Flor mientras yo, detrás de ellas, analizaba el lugar y la opulencia de la decoración. Sin embargo, tenía un ojo en el gato y otro en el garabato, pues en mi inocencia trataba de ubicar a los sicarios, que sin duda estaban ahí.

Quizás ellos ya me habían ubicado a mí, incluso me podrían haber estado investigando mediante las placas de mi auto, aunque seguramente se habrían tardado, pues en Culiacán es regla investigar quién entra y sale de cada lugar. Por ejemplo, si un desconocido se muda cerca de donde habita un narco poderoso, su gente envía a la policía a investigarlo: quién es, de dónde viene, a qué se dedica, quién es su familia, etcétera. Si es considerado inofensivo, lo dejan en paz, pero si nadie sabe quién es ni de dónde viene, lo investigan aún más. Eso hicieron conmigo cuando empecé a interactuar con los amigos de la Flor: una noche de tantas una patrulla se detuvo frente a mí y sin mayores preámbulos me preguntaron quién era y a qué me dedicaba. Les dije mi ocupación y les mostré mi gafete de prensa y una identificación oficial. Por el retrovisor pude ver que los agentes se iban a su patrulla para cotejar la información, luego tomaron fotos a mis dos credenciales. Como nada debía ni nada temía, no me dio miedo, aunque después me enteré de que era una forma de intimidación. Años más tarde, la misma gente del cártel me explicó que cuando una persona sospechosa se acerca a gente que trabaja de cerca con los capos, son en realidad ellos quienes envían a la policía para que investigue al que empieza a moverse cerca; si no representa peligro, lo dejan en paz, pero si el hombre puede resultar un problema, lo matan. Por eso, cuando los amigos de la Flor insistían en que a mí "ya me conocían, pero a Galdós no", era literal. Y era verdad, si había llegado hasta esa fiesta era porque sabían quién era y porque no representaba peligro para ellos, de otro modo no estaría ahí, ni aun siendo novio de la Flor.

De pronto cuatro pistoleros entraron al salón. Escoltaban a un hombre a quien entonces no pude identificar, pero muchos años después, al ver su foto en los diarios, supe que se trataba de Dámaso López Núñez, el Licenciado. Sus guardaespaldas lo protegían como a un mandatario, lo rodeaban a cierta distancia y en forma de diamante, es decir, uno adelante, otro atrás, y los otros dos a los lados, siempre listos para actuar a la mínima señal de peligro. El Licenciado por su parte ni siquiera tomaba en cuenta a sus pistoleros, pues cada que se detenía los sicarios también lo hacían y se distribuían en posiciones estratégicas mientras se llevaban la mano debajo del saco, donde seguramente guardaban sus armas.

Cuando pasó al lado de nosotros se detuvo a saludar a la anfitriona, mientras la Flor y yo nos apartábamos para dirigirnos a nuestra mesa. Ésa había sido mi única oportunidad de conocer a uno de los narcos más emblemáticos de aquella época.

La fiesta continuó durante el resto de la noche y yo mantenía los ojos abiertos mientras buscaba al aliado que habría de acercarme a Joaquín *el Chapo* Guzmán. La celebración transcurrió entre música, alcohol e invitados que entraban y salían, y que según la Flor "eran gente muy importante". Pero de qué me servía que lo fueran si no tenía acceso a ninguno de ellos. Era como estar en Nueva York y no tener dinero ni para comer. No supe en qué momento un joven regordete de barba cerrada, de unos 24 años, se detuvo al lado de nosotros y amablemente nos saludó de mano a todos los que estábamos sentados en la mesa. Era natural, pues en Sinaloa la gente se saluda de mano, más si son personas de rancho, que muchas veces resultan más educadas y humildes que la gente de la ciudad.

El joven intercambió algunas palabras con la familia que estaba a un lado de nosotros. Y mientras esto ocurría, la Flor me hacía todo tipo de señas con el gesto de algo que no pude interpretar. Hasta que el joven de barba cerrada se retiró la Flor me dijo al oído que se trataba del Mayito Gordo, hijo de Ismael *el Mayo* Zambada.

"¡Es Ismael Zambada Imperial!", dijo.

Entonces no lo sabía, pero año y medio después de aquel encuentro, la foto de aquel joven aparecería en medios internacionales al ser arrestado por la Armada de México, muy cerca del poblado El Salado, donde operaba.

En aquel momento pensé que no podría tener mejor aliado y por eso me levanté de inmediato para abordarlo, pero la Flor me contuvo argumentando que su escolta podía detenerme, además yo no podía andar por la fiesta diciendo a todos que era periodista y que quería establecer un contacto para entrevistar al Chapo.

"Vas a hacer que nos echen de aquí", me reclamaba.

El resto de la noche resultó infructuosa. Buscaba entre la concurrencia al Chapo, aunque era tanto el gentío que la meta parecía imposible, además de que en aquel entonces no sabía bien cuál era su apariencia física. Había fotos de él cuando lo presentaron ante los medios después de su arresto en Guatemala y otra más mientras sostenía un AR-15 al lado de don Juan Gutiérrez Ortega, el Comandante, pero se trataba de imágenes viejas. De ahí en fuera no existían más fotos, de modo que podría ser cualquiera.

Me levanté para ir al baño, aunque en el fondo sólo quería toparme con el Mayito Gordo o con el Licenciado —entonces aún desconocía que era Dámaso—, pero el hecho de que estuviera bien protegido me sugería que podría ser una buena conexión. Al pensarlo en la actualidad, creo que pude haberme encontrado con el propio Chapo, pero como no lo conocía bien tal vez había pasado frente a mí mientras yo buscaba al Mayito Gordo.

La música tronaba a todo lo que daba y la gente bailaba, iba y venía en hordas interminables que parecían llegar de todas partes para presumir su ropa y accesorios de Armani, Prada, Dolce&Gabbana, Louis Vuitton, Chanel, Tori Burch. En medio de aquellos lujos, yo me perdía en un mundo que parecía de lo más normal, exageradamente amable, aunque al mismo tiempo hostil y peligroso. Eran los tiempos en que el Chapo, sus hijos, el Mayo y todos los narcos de Culiacán eran ninguno y todos al mismo tiempo; cuando todas las familias más poderosas de Culiacán aún se reunían y convivían entre ellos sin que nada les preocupara, pues entonces todo estaba controlado.

Pero eso cambiaría en pocos años, y aquellos festejos se volverían cada más lejanos y dispersos, aunque en aquel momento nadie lo sabía; ni ellos como narcos, ni yo como periodista.

* * *

Durante los días posteriores, Galdós y yo redactamos una carta que haríamos llegar al Chapo a través de los amigos de la Flor. También incluiríamos a las personas que nos pudieran conducir a él. Era la forma más directa y segura para contactarlo y precisar nuestras intenciones, y, sobre todo, decirle quiénes eran los extranjeros: Galdós, periodista de Channel 4, y Angus McQueen, director y productor ejecutivo del proyecto. En la misiva, redactada a conciencia, se ofrecía un espacio para que el capo diera réplica a todo lo que se decía de él. Sería desde un lugar seguro elegido por él y bajo las medidas de seguridad que su gente considerara pertinentes. Esto representaría una oportunidad única para que respondiera ante las acusaciones hechas por el gobierno estadounidense que lo culpaba de ser el gran responsable de toda la droga que llegaba a Estados Unidos, además de ser el máximo promotor de la violencia que había vivido México entre 2004 y 2010.

Esos argumentos nos hacían concluir que el Chapo aceptaría el espacio para, al menos, defenderse de lo que se decía de él. Como parte del paquete, incluimos links de reportajes hechos por cada uno de nosotros y copias de identificaciones que nos acreditaban como periodistas; todo bien sellado en un sobre manila que entregamos a los emisarios.

Aunque no muy convencidos, los amigos de la Flor tomaron el sobre, diciendo que harían su parte, pero no garantizaban que el capo aceptaría la entrevista. Lo que siguió fue esperar, pero yo no me quedé de brazos cruzados, pues me dediqué a encontrar al aliado que abriría otras puertas si algo fallaba. Por esos días uno de los primos de la Flor fue de visita a su casa (no mencionaré el nombre de este nuevo personaje, sólo me referiré a él como *el Flaco*). Lo conocía de hacía tiempo, y, al igual que Galdós, "hablaba hasta por los codos". Luego de estudiarlo un poco consideré que podría ser un buen aliado porque conocía a gente de la sierra de Badiraguato y parecía estar conectado con la mafia.

A los días le confié nuestro plan y aceptó integrarse. No preguntó nada, ni siquiera si habría paga o si sólo por su buen corazón nos ayudaría. Pronto descubrí que si hay alguien a quien no se le va nada a la hora de cobrar, era precisamente a él. Acordamos hablar los tres, así que cité al Flaco en un restaurante para presentarle a Galdós y explicarle qué necesitábamos. El Flaco desde el principio se mostró convencido de que todo lo podía, y nos prometió enlazarnos con uno de los lugartenientes más cercanos al Chapo en la sierra, además de llevarnos a La Tuna, el pueblo donde nació el narcotraficante y a donde ningún otro periodista había llegado hasta ese momento.

Tal compromiso era imposible de rechazar y sin más le soltamos cinco cartas para que las repartiera entre sus contactos. Pero algo había en sus palabras y en su semblante que no terminaba por cuadrar; tantas promesas y tanta seguridad de lo que conseguiría, aunado a sus aires de invencibilidad, me parecían extraños.

"Ten cuidado", me advirtió la Flor al enterarse de que su primo se integraría al proyecto.

Ya sabía que debía de tener cuidado, pues el Flaco tenía fama de ser aprovechado y abusivo; sin embargo, *era una carta que no podía desechar.*

Los amigos de la Flor confirmarían la advertencia: "Cuidado, porque ése no da paso sin huarache", dijeron. Pero yo estaba hasta el cuello con la presión y me sentía obligado a dar resultados; necesitaba aliados, así que debía de confiar.

Esa noche también fui a visitar a mis viejos y me topé con mi hermano Octavio. A él le expliqué un poco sobre la meta del proyecto, y al terminar de explicarle mis planes exclamó con una burla muy singular si estábamos locos o nos dedicábamos a aprender técnicas para morir. No me gustó la broma y Octavio lo notó, pero me calmó cuando me dijo que él mismo haría llegar una de las cartas al narcotraficante. Su propuesta me confundió. Aunque siempre hemos tenido buena comunicación, desconocía que tuviera esa clase de contactos. Le pedí que mejor se mantuviera al margen, pero entonces aclaró que no sería él quien se lanzaría al ruedo, sino su mujer, pues en realidad era ella la del acceso. Poco a poco me explicó que mi cuñada le arreglaba las uñas a la segunda esposa del capo, doña Griselda López, y gracias a ello había desarrollado una relación de trabajo y amistad con la señora.

Yo apenas podía creerlo, ¡era imposible un acceso más seguro!

"Esa carta le va a llegar directamente a sus manos", presumió mi hermano.

Cuando le conté a Galdós no pudo hacer más que emocionarse. Efectivamente, nadie podía ser más cercano que la esposa; además, el narcotraficante no desconfiaría de ella.

Al día siguiente llevé dos cartas a mi hermano: una para la señora Griselda y otra para cualquier otra persona que pudiera entregarla.

El Flaco, por su parte, también empezaba a mover sus piezas y esa misma tarde nos llevó con un piloto a quien sólo presentó con el apodo de el Chino.

Este último no sólo era una gran persona, amable y afable como pocos, además era todo un personaje. El grupo Los Alegres del Barranco le había compuesto un corrido y lo reproducía a toda hora, incluso lo usaba como tono en su teléfono y como alarma en las mañanas, también era su alerta de mensajes de texto. Más singular aún, el corrido era el timbre de la puerta de su casa, de modo que podía escucharse en todas partes y a todas horas de su vida. Era evidente que le gustaba y cada que podía lo compartía con nosotros, hasta lo tarareaba:

> Reviso mangueras, reviso mi Cessna,
> que otro cargamento va pa'la frontera,
> hay planes de vuelo, pero en un momento
> te cae el gobierno, hay que usar el cerebro,
> a mí si me quieren utilicen alas,
> yo soy el piloto, El Chino me llaman…

Fue precisamente en casa del Chino donde conocí a José Manuel Cepeda, el Chuma, un joven serreño con quien años más tarde desarrollaría una gran amistad; en su casa me quedaba a pernoctar cada que iba a La Tuna; José Manuel no sólo era sobrino del Chapo, ¡vivía enseguida de la casa de la mamá del Chapo! En ese momento, sin embargo, sólo era alguien más dentro del gran laberinto de personajes con quienes eventualmente *interactué*.

* * *

Por esos días llegó Angus McQueen, un escocés amable y por momentos terriblemente solitario, pero determinado y seguro de lo que quería. En pocos días se integró a nuestra meta y, contrario a lo que yo creía, no batalló en entenderse con el Flaco; a veces con señas, otras con gestos, o bien valiéndose de un rompecabezas de español e inglés más mocho que nada. El caso fue que, para bien o para mal, siempre lograron comunicarse. La técnica era la siguiente: cuando uno de ellos iniciaba una conversación, por ejemplo, el Flaco medio pronunciaba una o dos palabras en inglés y Angus le respondía con alguna frase en español. Entonces agregaban más palabras, muchas veces mal pronunciadas, y así seguían durante un par de minutos, que maquillaban con pausas y los típicos "ahhhh" de quien intenta hablar un idioma que no domina. Pronto agotaban todas las posibilidades y, exhaustos, se rendían en un callejón sin salida donde ya no se decían nada e invariablemente recurrían a su lengua natal tratando de explicar lo que querían. Entonces concluían con un "great", o un "sí, amigo", y entonces se apartaban cada quien por su lado, seducidos por la algo falsa idea de haberlo entendido todo, pero sabiendo que ninguno había comprendido salvo un poco.

De vez en cuando se hacían bolas tratando de interpretar algo que era necesario precisar, entonces me llamaban y preguntaban lo que había dicho el otro, y una vez traducido el mensaje me miraban satisfechos de haber confirmado el significado. Entonces el Flaco tronaba los dedos y exclamaba: "¡Sí le entendí, pero quería estar seguro!"

Mientras tanto, las cartas redactadas empezaban a ser entregadas a los contactos, que a su vez las hacían llegar al hombre a quien la DEA quería ponerle las manos encima. Tal ejemplo nos condujo al juego de los seis grados de separación que sugirió el actor Kevin Bacon y que exponía que dos desconocidos están a un máximo de seis personas de separación. Es decir, Galdós no conocía a Joaquín Guzmán Loera, pero me conocía a mí, que tampoco tenía contacto con el narcotraficante, y conocía a mi cuñada que a su vez conocía a la esposa del Chapo. Ello significa que Galdós necesitaba de tres personas para llegar a Guzmán Loera: yo, que lo enlazaría con mi cuñada, ella a la esposa y, al fin, la esposa al personaje. Lo mismo podía aplicarse si se quería llegar a Barack Obama: Galdós no lo conocía, pero no tengo duda de que sí conocía por lo menos a un periodista que en algún momento entrevistó a un senador o un congresista de Estados Unidos que seguro lo relacionaba con el expresidente. Al igual que con Guzmán Loera, eran tres los grados de separación entre el antiguo mandatario y Galdós. Considerando la teoría de los seis grados de separación, era muy posible que esas cartas llegaran al Chapo en muy pocos días.

Cuando el Chino escuchó esa teoría, exclamó:

—No necesita de seis personas para llegar al *señor*, compa Miguel: yo lo conozco, así que olvídese de esos seis grados de los que habla.

Efectivamente, el Chino conocía al Chapo desde hacía años, pues cada que lo necesitaba el capo lo contrataba para que volara con enfermos que no podían pagarse el transporte aéreo de la sierra a Culiacán. Por eso la gente en las montañas quería a Guzmán Loera y lo protegía. No era mito eso de que ayudaba a la gente, sino una realidad. También solía ser contratado cuando había necesidad de mover a su familia o cuando tenía premura para ir a determinado lugar. Esa disponibilidad hizo que el Chino se ganara la confianza del Chapo, y por ello se sentía confiado en hacerle llegar la carta. "¡Y a cambio de nada, compa Miguel, por su pura amistad!", me decía.

El Chino, aquel joven piloto a quien tuve oportunidad de conocer en 2011, no sólo era noble y con un gran corazón, también era amable y servicial. Sin embargo, él representó mi primer error como *Fixer*, pues no supe protegerlo. Pero entonces ignoraba cómo hacerlo. No sabía tantas cosas cuando me inicié en este oficio. Todo empezó cuando Galdós propuso entrevistar al Chino para el documental y él accedió. Pero al acceder no sólo era grabarlo en una entrevista cualquiera, sino para seguirlo a cualquier hora y por donde anduviera, incluyendo su casa, su auto, su avioneta y todo lo que sus pies tocaran. Quizás hubiera funcionado haber cubierto número de placas de su auto, la matrícula de su avioneta, ubicación de la pista donde la guardaba, o al menos haber cubierto su identidad. Pero nada de eso ocurrió, pues al Chino le gustaba el protagonismo y que lo grabaran como si fuera una estrella de rock; yo no supe contenerlo ni advertirle las consecuencias. Aunque nunca dijo nada malo o algo que lo comprometiera, se exponía, y eso enterró su reputación cuando se publicó el documental; quienes confiaban en él lo censuraron al etiquetarlo como piloto de narcos, y a partir de ese momento nadie lo quiso contratar y el Chino perdió su patrimonio. Incluso en el aeródromo donde guardaba su avioneta tampoco lo quisieron porque "había expuesto el lugar como una pista clandestina de narcoavionetas", aunque no fue así, pues realmente hablando, el Chino sólo ofreció un servicio aéreo de la ciudad a la sierra, sin interés de ofender a nadie.

Pero nadie vio con buenos ojos que saliera en un documental de narcos, y menos que emitiera una opinión respecto al tráfico de drogas.

Por eso yo no dejaba de culparme por su infortunio. Y sin embargo, ¿cómo iba a saber las consecuencias? No hizo nada malo, no se delató ni dijo que era narco, porque no lo era, como tampoco acusó a nadie, ni mencionó nombres, apodos o lugares. Por eso el Chino perdió Cessna, Hummer, casa y todo.

Al menos tuvo la ocurrencia de pegarnos la cagada de nuestras vidas, la cual sería una especie de venganza anticipada por su destrucción. Ocurrió cuando fuimos a la sierra por segunda vez; teníamos una reunión con un sembrador de marihuana, primo de la Flor, y debido a que Angus no quería invertir cinco horas de camino a las montañas, prefirió rentar el servicio de taxi aéreo que ofrecía el Chino y estar allá en media hora. Como sólo podían viajar cinco pasajeros, incluyendo los dos tripulantes, Angus pidió al Flaco que se fuera por tierra para que llevara víveres, agua, casas de campaña y todo el equipo de grabación, mientras el resto volaríamos en la avioneta del Chino. El Flaco, sin embargo, no perdería la oportunidad, y aprovechó para decir que su camioneta necesitaba llantas nuevas, mantenimiento, además de 500 dólares para gasolina, caseta y propinas.

"¡No gastas 500 dólares en gasolina y casetas!", le reclamé, pero el Flaco fingió no escuchar, y cuando le insistí me dijo que dejara de cuidar el dinero como si fuera mío.

Como nadie más lo cuestionó, terminó comprando llantas, dando mantenimiento a su camioneta y tomando los 500 dólares para gasolina, mientras nosotros nos dirigimos a una pista privada, cerca de Villa Juárez, donde estaba guardaba la avioneta. Cuando llegamos, estaba todo preparado, luego el Chino nos invitó a subir a su Cessna y entonces arrancó para de inmediato surcar camino en los aires.

Sentado en el asiento del piloto era como un rey en su trono, y mostraba el volante como un cetro mágico que lo hacía invencible, pero también insensible. Y muy pronto habría de demostrarlo cuando, a una altura aproximada de 5 mil metros, la avioneta se fue de pique y a gran velocidad hacia el suelo, como si fuera a estrellarse. Todo ocurrió demasiado rápido, pues de pronto el Chino comenzó a gritar con desesperación que algo estaba fallando con el motor y no podía controlarlo. Galdós y yo no alcanzábamos a entender la gravedad del momento, entonces él se volvió y mirándonos a los ojos nos gritó que íbamos a estrellarnos. El corazón se nos detuvo por un segundo, pero la mente no, y aterrorizados empezamos a buscar una barra o un sujetador de dónde agarrarnos para al menos amortiguar el impacto, que sin duda sería mortal. Angus, aunque no entendía, supuso lo que estaba ocurriendo y bajo el ruido del motor de la aeronave preguntaba desesperado qué pasaba, entonces no pudimos responderle nada, hasta que, tomándome de los hombros y al borde de un infarto espantoso, preguntó con pavor y desesperación qué ocurría:

—Está fallando la avioneta, y vamos a estrellarnos —le grité.

Angus entonces empezó a buscar el cinturón en el asiento, pero no había tal, y loco de terror, como el resto de nosotros, empezó a gritar.

Todo ocurría en un instante; yo me volvía en todas direcciones buscando un escape para al menos saltar de aquel aparato mortal, pero era imposible salir de la aeronave, cada segundo era uno menos de vida; a esas alturas era cuestión de tiempo para que todo acabara. Me volví al frente y pude ver la muerte en la gran velocidad con que caíamos directamente hacía un montículo de piedras que estaban al lado de una enorme parcela de maíz. Fueron segundos de horror y confusión en los que no pensé nada, ni en familia, ni en amigos, ni en la Flor, ni siquiera en el plan infinito de hacer cine, pues buscaba salvarme a como diera lugar. Los gritos iban en aumento, en español y en inglés; alcancé a ver cómo Galdós volvía su mirada hacia el suelo y cerraba los ojos con fuerza en espera del impacto mortal, mientras Angus seguía gritando "¡stop, stop, stop!"

En el último segundo, cuando parecía que todo estaba perdido, el Chino viró el volante de su Cessna con desesperación y alcanzó a controlar la aeronave con una habilidad milagrosa mientras soltaba una carcajada que sonaba más fuerte que el motor:

—¿A poco se asustaron? —nos dijo.

¡Todo había sido una broma! Una maldita broma a costa de nuestras vidas, pues un error mínimo hubiera causado una muerte brutal, nadie hubiera sobrevivido. Pero el *hubiera* no existe. Angus estaba rojo de coraje (y de terror), sólo alcanzó a pedirme que le dijera al Chino que jamás hiciera eso otra vez o se bajaría del avión de inmediato. El Chino ni atención prestó al mensaje, pues seguía riéndose a carcajadas, y Galdós comenzó a secundarlo, aunque su sonrisa era más bien de nervios por la cercanía a la muerte:

—¡Sos un hijo de puta, Chino —le decía.

Angus seguía recuperándose de la impresión, pero insistía: "otra broma de esas" y se bajaría de la avioneta (nunca dijo cómo lo haría).

Lo cierto es que jamás volamos otra vez con él, pues después de esa broma Angus prefirió volver a Culiacán por tierra; aunque fueran horas de carretera, tenía claro que toda espera era mejor que volar de nuevo con el Chino.

Aun así, este último todavía pasó por debajo de unos cables de alta tensión que eran sostenidos por dos postes, para luego elevarse nuevamente por los aires.

—*Stop it, Chino; don't play with that anymore!* —le repetía Angus.

***

Media hora después, sostenidos por el viento y bajo el cielo infinito, volamos sobre la majestuosidad de colinas, pinos y montañas que se extendían varios kilómetros a la redonda como un mar de olas tiesas y picudas donde el horizonte parecía no tener límite. Galdós, por su parte, grababa lo más que podía mientras festejaba estar en las alturas.

El Chino señaló la pista clandestina donde aterrizaríamos; un camino recto y sumamente estrecho que no medía más de 300 metros, aunque lo peor es que estaba situado al lado de un acantilado enorme y profundo, como boca al fondo del infierno.

El Chino bromeó:

—Aerolíneas El Chino a punto de aterrizar; pasajeros, favor de abrocharse los cinturones.

Pero como los asientos no tenían cinturón de seguridad, nos sujetamos con fuerza de donde pudimos mientras empezaba el descenso. Todavía sentimos una ligera turbulencia que nos sacudió la calma y nos hizo contener la respiración, pero llegamos hasta el suelo sanos y salvos y sin mayor contratiempo. Después de todo, él era realmente un buen piloto y, fuera de la broma en que casi perdemos la vida, todo resultó bien. "Gracias por viajar con Aerolíneas El Chino", concluyó.

Bajamos de la aeronave y de inmediato salieron más de 15 hombres fuertemente armados con AK-47, R-15 y M-16, que ya nos estaban esperando. Sabían de nosotros, y aunque nos sentíamos intimidados por las armas, nos acercamos a ellos para saludar y entablar una breve comunicación. Minutos más tarde nos llevaron con la persona que controlaba la zona, un antiguo socio del Chapo a quien conocimos como Kiko. Como el resto de los pistoleros, Kiko era amable y atento, y sin más preámbulos nos invitaron a comer.

Un dato sobre las familias que viven en la sierra es que siempre saludan de mano e indistintamente te invitan a comer; una hospitalidad que no se siente en ninguna parte de México y posiblemente en pocos lugares del mundo. Es parte inherente en ellos, esa tradición se remonta a los tiempos de la guerra de Reforma, cuando las familias mineras fundaron la mayoría de los pueblos que hay en Badiraguato; sin duda, una costumbre que también compartía el Chapo y muchos otros capos de la sierra.

Cuatro horas más tarde llegó el Flaco en la camioneta y una vez instalados nos preparamos para visitar las plantaciones de marihuana.

* * *

Los campos estaban a media hora del pueblo. El viaje debía hacerse en vehículos todo terreno que en la sierra llaman "cuatrimotos", muy útiles en la región, por los caminos desquiciadamente inclinados donde se mueven.

Debido a que no había suficientes motos, subimos dos personas en cada una, y así avanzábamos entre pendientes y desfiladeros. Era tan perturbador el camino que había partes que debíamos bajar por lo intransitable del lugar, en definitiva era más adecuado y seguro que el chofer maniobrara solo la moto en lugar arriesgarnos y sufrir un accidente.

Una vez en lo más alto de las montañas divisamos las primeras plantaciones de *mota*; tres lotes que casi colindaban entre sí y donde la marihuana crecía como si fuera maíz. Aunque era mucho, me sentí defraudado, pues esperaba que las plantaciones fueran gigantes, incluso que los campos se perdieran en la distancia sin encontrarles fin. El dueño de todo, Kiko, me explicó que en el pasado así era, pero los tiempos habían cambiado cuando los militares aumentaron su presencia y empezaron a recorrer la sierra no sólo por tierra, sino también por aire, obligando a los sembradores a trabajar parcelas más pequeñas en lugar de las grandes extensiones que se plantaban en los tiempos de don Rafael Caro Quintero, el más grande productor de marihuana que dio la región.

Pero aun cuando eran campos relativamente chicos, los tres lotes producían casi una tonelada de hierba, pizcada en grupos de hasta ocho personas distribuidas a lo largo y ancho de la plantación. Una vez que pizcaban, ponían a secar la *mota* y entonces la prensaban en tabiques de 20 kilos cada uno, que empacaban con papel aluminio y cinta canela. Trabajar allí era arduo y laborioso, porque no sólo se trataba de tirar la semilla para que la planta creciera sola, sino que había que "desmachar" el plantío, es decir, identificar el arbusto macho de la planta hembra, y una vez ubicado, cortarlo de tajo, de lo contrario polinizaría toda las plantas y echaría a perder la plantación. También el campesino debe de fertilizar el plantío, irrigar la tierra, fumigar y protegerlo de venados y vacas que adoran comérselo. Cuando esto pasa y se vuelven adictas, entonces hay que matarlas, pues una vaca así ya no quiere comer otra cosa que no sea *mota*, igual que los adictos, se vuelve terca y agresiva. Por eso es que dicen los campesinos que plantarla es difícil, pues requiere de atención, disciplina y entrega, y si les funciona, llegan a ganar hasta 150 mil pesos por seis meses de labor, suficiente para sustentar a su familia durante todo ese tiempo.

Durante los siguientes días, pasamos la mayor parte del tiempo con los campesinos, mirándolos atender sus plantas; así llegamos a conocerlos y a entender que, a pesar de sus AK-47, su acento golpeado y su aspecto recio y hasta salvaje, en realidad se trataba de gente noble y pacífica, que viven al día, algunas veces en condiciones terribles (cuando el ejército les destruye sus cosechas); lamentablemente las personas se olvidan de que son ellos el eslabón más humilde de una organización criminal.

Por las noches dormíamos en catres distribuidos en toda la casa que Kiko mandó acomodar para nosotros, y ahí, en medio de una calma absoluta, nos acomodábamos como animalitos recién comprados hasta que el sueño nos vencía. Cuando nos tocaba quedarnos enseguida de las plantaciones, instalábamos casas de campaña y arrullados por los ruidos nocturnos de la sierra dormíamos bajo la luz de la luna.

Nos acostumbramos a sus rutinas y al acento de sus voces, y empezamos a convivir con ellos día y noche, lo mismo que con sus AK-47, que encontrábamos a toda hora, ya fuera en el monte o en la cocina de la casa, en las habitaciones o en las casas de campaña, y hasta al lado de las tortillas y la comida. Era natural, pues los campesinos las dejaban en el primer espacio que encontraban hasta que las tomaban de nuevo para ir a cazar o a patrullar la zona.

Un día de tantos, uno de los campesinos con quien más me acoplé me preguntó si alguna vez había jalado el gatillo a un AK-47; yo le respondí que no. El campesino quitó el seguro a su rifle, cortó cartucho, y entonces me lo extendió.

—Tómelo —me dijo.

Más confundido que temeroso, puse mi Tecate en el suelo, tomé el arma y lo miré fijamente a los ojos. El campesino sonrió complacido y entonces comentó que era hora de saber de qué estaba hecho. Se dio la media vuelta y caminó unos 20 metros al frente, colocó su bote de cerveza encima de un pequeño montículo de tierra; entonces regresó conmigo.

—Tumbe el bote, compa Miguel, si es que puede.

Era una orden más que una pregunta; todavía agregó:

—No tenga miedo, sólo enfoque el objeto y *jálele*.

No tenía miedo, pero pensaba en la patada que me iba dar el rifle al momento de jalar el gatillo. Nunca había tenido un arma en mis manos, y por consiguiente nunca había disparado ni armas cortas ni largas. El campesino abrió otro bote de Tecate y se lo empinó mientras analizaba mi confusión. Yo pensé que vivía una escena de Quentin Tarantino y que algún día debía escribir la anécdota, ya fuera para un guion de cine o para una novela.

—No olvide que tiene un tiro arriba —aclaró.

Me explicó que tuviera cuidado con el rifle porque ya le había quitado el seguro. Alcé el arma, apoyé la culata sobre mi hombro, y cuando tuve el bote en la mirilla jalé el gatillo y un pedazo de tierra estalló a lado del bote; había fallado por unos centímetros.

Levanté la lata de cerveza que había puesto en el suelo y, sin soltar el rifle, caminé al blanco mientras levantaba otro bote en el camino; acomodé los dos en el mismo montículo, uno enseguida del otro. Regresé a mi posición inicial y nuevamente apunté, respiré hondo; el campesino me miraba intrigado, con la Tecate en la mano.

Disparé tres veces seguidas, y el bote reventó con el primero, mientras que el segundo y tercer tiro erré por mucho, pues con el impacto del primer disparo moví el rifle y el último tiro me golpeó en el pómulo derecho. El campesino soltó una carcajada, no como burla, sino por la emoción de haber tenido los huevos de jalar tres tiros seguidos.

—Está bien, compa Miguel, pero todavía le falta. Un día véngase un fin de semana para acá y le damos un entrenamiento pa' que ni un *pinchi* venado se le vaya.

Ese ofrecimiento lo habría de recordar años después, cuando tres pistoleros mataron arteramente a Javier Valdés, en mayo de 2017, y yo viví una terrible paranoia.

A los pocos días entrevistamos a Kiko y le entregamos uno de los sobres para que lo hiciera llegar a gente del Chapo. Sólo entonces regresamos a Culiacán para dar seguimiento a las cartas. Agotados por el viaje, esperábamos al menos tener alguna buena respuesta de nuestros enlaces para entregar las cartas, pero cuando los busqué, todos me dijeron que aún no tenían noticias: ni buenas ni malas, y por consiguiente debíamos esperar. Era normal, no íbamos a tener el sí de la noche a la mañana, pero el hecho de mantener los contactos era una ganancia.

Debimos conformarnos con un contacto de Javier Valdez, un anciano solitario que en su momento fue uno de los sicarios más fieros del Cártel de Guadalajara.

En realidad se llamaba Adolfo y tendría quizá 70 años. En su juventud, según me contó, fue gente de Pedro Avilés y de don Eduardo *Lalo* Fernández, los primeros dos grandes capos del narcotráfico, y quizá los fundadores de lo que hoy conocemos como Cártel de Sinaloa. Don Adolfo dijo que cuando era joven conoció al Chapo, "pero sólo de lejos", pues mientras el viejo coordinaba plantíos de marihuana en la sierra de Sinaloa, el Chapo ya era el poderoso capo que todos conocieron. Esa lejanía, sin embargo, ofrecía una perspectiva muy general sobre la leyenda de Guzmán Loera y prometía a la historia un ángulo fresco, es decir, la visión de un sicario.

Como otros personajes que entonces conocimos, don Adolfo era amable y pasivo, aunque reconocía ser un matón violento que debía decenas de asesinatos.

Para cuando tuvimos contacto con él, sin embargo, ya era un hombre acabado y sin ganas de vivir. Aun así quería sacar fuerza para ayudarnos, pues su plan sería dejar un testimonio de lo que fue su vida. Con ese último objetivo y otros planes que se guardaba, se acopló a nosotros y nos explicó la historia de su vida.

Tenía el bigote blanco, la mirada triste y una expresión nostálgica que parecía brotarle desde el fondo de las entrañas. Tenía la mano derecha inservible, pues cuando era joven las hélices de una avioneta se la destrozaron durante una borrachera. Aun así, inservible y viejo como estaba, quería regresar a las andadas, como pistolero, como mula, como sembrador o "como lo que fuera", pero algo quería hacer para salir de la pobreza.

—A estas alturas, lo único que resta es morir. Y cuando eso pase, morir con la frente en alto y sin lloriqueos, al cabo las lágrimas no sirven de nada —decía con nostalgia.

Nunca lo vi sonreír ni tampoco entristecerse más de lo que ya estaba, pero era claro que quería morirse, no de viejo, sino a balazos, y tal vez por eso soñaba con ese último viaje a la frontera para jugarse el todo por el todo. Como él mismo confesaría en más de una ocasión, "para morir nacimos, y un pistolero debe de morir a balazos; nunca debe de morirse de viejo. Al menos así no enfrentaré la preocupación inútil de quién te sepulta, y si te tiran a una fosa común, pues ya estaría de Dios y pa' qué hacer tanto enredo".

Casi para despedirnos hizo un movimiento extraño, como si quisiera agregar algo, pero se quedó callado y al final no dijo nada, entonces nos fuimos. Tiempo después me confesó que quiso pedirnos dinero, pues "no tenía ni para el camión", aunque fue más fuerte su vergüenza que su hambre y por eso no articuló palabra. Era triste la escena porque en su época él tuvo dinero, propiedades, avionetas y mujeres que no sólo le robaron el corazón sino también todo lo que poseyó. En poco tiempo su suerte cambió y fue cuando mujeres, familia y amigos se esfumaron. En medio de aquel abandono se quedó solo, pobre, viejo y con una mano inservible. Desgraciadamente su vida ya no tenía mucho que ofrecer y sólo esperaba la muerte.

Esa noche, recostado en la cama, pensaba en el destino atroz de don Adolfo. Ciertamente era un genocidio el que había cometido, y había tenido el dinero suficiente como para producir tres películas, incluso una serie de televisión; sin embargo, ya viejo, cansado, solo y pobre, don Adolfo era la misma encarnación de la derrota y por eso deseaba con ahínco que pronto acabara todo. Pero por alguna razón incomprensible que casi rayaba en la exageración la muerte seguía evadiéndolo, acaso como un castigo cruel por sus acciones.

De pronto, una llamada me arrancó de mis pensamientos. Al ver el nombre de mi hermano, rápido contesté. Esperaba esa llamada desde que regresé de la sierra, y ahora, en la soledad de mi habitación, y esperando el arribo de la Flor, por fin me comunicaba con mi hermano, quien no se anduvo por las ramas y de un tirón me soltó la noticia:

—Doña Griselda quiere verte para hablar contigo, así que jálate para acá —dijo a quemarropa.

—¿Ahorita?

—¡Ahorita! —respondió.

* * *

Doña Griselda López Pérez era una mujer de carácter fuerte pero amable. En aquel tiempo aún era esposa del Chapo, con quien había procreado cuatro hijos: Ovidio, Joaquín, Édgar y una hija, y según mi pronóstico, era mi principal vía para lograr la entrevista.

Me recibió en el negocio de manicure y uñas donde trabajaba mi cuñada, en la colonia Guadalupe, cerca de La Lomita. Había visto imágenes de ella en periódicos y revistas, pero en persona era mucho más guapa que en fotos.

No era mal hablada aunque lo pareciera, por su voz gruesa que inconscientemente levantaba hasta hacer cimbrar la conversación, y por esa razón se imponía; era imposible olvidar que estaba ante la mujer de uno de los hombres más buscados del mundo. Pero aun cuando parecía de carácter bragado, había en ella una tristeza lejana que le brotaba desde el otro lado de aquellos ojos castaños y se acentuaba cuando inesperados silencios la asaltaban en medio de un extraño paroxismo que escondía bajo su risa estridente y su voz telúrica.

Apenas cinco años antes le habían matado a balazos a su hijo Édgar, durante la guerra contra los Beltrán Leyva. Y aunque para muchos ya debía haberse recuperado, la realidad es que una madre nunca se levanta de una pérdida así, aunque pase una eternidad.

Platicamos de diferentes cosas, entre comentarios chuscos y silencios con que maquillaba su tristeza, y entonces bromeaba de todo y de nada, aunque en el fondo su duelo parecía estar en el aire que respiraba, se le colaba por las cuencas de los ojos y los poros de la piel. De pronto, y sobreponiéndose a esa tristeza, abordó el tema:

—Leí la carta y yo no le vi ningún problema, pero cuando la pasé a mis hijos, hicieron una rápida investigación y descubrieron una serie de inconsistencias que no les gustó nada.

Yo me quedé pasmado. No supe cómo interpretar lo que decía:

—¿Qué tipo de inconsistencias? Todo está en la carta, incluso información mía.

—El problema no eres tú, sino ellos —dijo doña Griselda mirándome a los ojos.

Algo que no sabía y que ni Galdós ni Angus explicaron en su momento es que cada proyecto que nace conlleva una serie de pasos antes de aterrizarse, y el primero consiste en redactar la propuesta para luego presentarla ante un canal de televisión. Si la empresa lo considera viable, lo financia de inmediato, o de lo contrario pide replantear el proyecto para una nueva consideración. Pero eso no lo explicaba la carta, todo lo contrario, Galdós y Angus pregonaban que eran periodistas de Channel 4, en Londres, cuando la realidad era que no trabajaban ahí, pues sólo se planteaba grabar algunas imágenes para luego hacer un *pitch* y proponerle el reportaje a la televisora, que a su vez tendría que valorarlo. Estaba claro: decían ser algo que no eran, lo cual complicaba todo porque ahora la gente a la que queríamos llegar tenía elementos para cerrarnos las puertas. Por eso fue que, al leer la carta y no observar nada extraño, doña Griselda nos dio luz verde para hacer la entrevista, pero cuando pasó la misiva a sus hijos para verificar la información, uno de ellos le dio los nombres de Galdós y Angus a un hacker para confirmar que realmente trabajaran para la Channel 4, y al descubrir que ninguno de ellos pertenecía a esa cadena de televisión, los focos rojos de la familia se encendieron y canceló todo; hasta comentaron que Galdós y Angus podrían ser agentes encubiertos de la DEA y consideraron tomar acciones más drásticas. La señora Griselda intervino de inmediato para decir que a mí me conocía perfectamente, y si harían algo contra nosotros, que no me involucraran, por respeto a mi cuñada. La familia del capo, en un intento vano por ofrecernos la duda, contactó a otro hacker, éste en Inglaterra, para que hiciera una nueva investigación sobre ambos periodistas, incluso llamó a un par de empleados que eventualmente confirmaron que, efectivamente, nadie en el canal conocía ni a Galdós ni a Angus.

—Debes de tener cuidado, porque si esos dos son DEA, la gente de por acá se va a ir tras de ti —dijo doña Griselda, no como amenaza, sino como advertencia.

Cuando le reclamé a Galdós aquella omisión, rechazó el señalamiento, incluso argumentó que ahí estaban los créditos de los reportajes que habían hecho y que gente de diferentes canales de la televisión inglesa podía corroborar. Sólo entonces reconoció que "no eran propiamente del *staff,* sino *freelancers*", y que ciertamente apenas presentarían el proyecto a la televisora, incluso tenían todos los correos electrónicos que probaban lo que decía y sólo era cuestión de tiempo para que se aprobara el trabajo.

—Pero de eso a ser agentes encubiertos, ¡claro que no somos gobierno! ¡Ahí están nuestros créditos! Referente al *pitch*, todo mundo trabaja así: se redacta una propuesta, y cuando se aprueba se da el financiamiento —me dijo exaltado.

—¡No ese trata de lo que puedas probar, pero en la carta dice que tú y Angus trabajan para Channel 4 y no es propiamente así, ¡por esa omisión pueden pegarme un tiro en la cabeza! —le espeté.

—¡Escucha! —interrumpió.

"Escucha." Era la palabra preferida de Galdós cuando se sentía acorralado. Siempre lo hacía. Por eso cada que decía "escucha" era una anteposición a mil explicaciones con las cuales pretendía excusar su falta de tacto, pues él sabía perfectamente que lo había hecho mal y que la omisión no sólo podía costarnos el proyecto, sino también la vida.

Para el cártel, el que no fueran *staff* no sólo representaba una incongruencia, sino una mentira, y en términos de acceso significaba un retroceso, pues ahora la duda se extendería a otros contactos que eventualmente se enterarían de aquella omisión. Pero no sólo eso, sobre mí también caería toda la carga y la desacreditación, pues de ser un periodista serio, confiable, quedé reducido a un idiota a quien fácilmente podían engañar dos individuos que juraban ser de Channel 4, cuando bien podían ser agentes de la DEA.

Pero aun cuando olvidé indagar sobre ellos, era inconcebible creer que algo así se le pasaría a gente del Chapo. ¿O es que acaso Galdós y Angus pensaron que el Cártel de Sinaloa no investigaría desde lo que comían hasta lo que cagaban? Se necesitaba ser demasiado ingenuo para pensarlo así. Más allá de aquel reburujo, la omisión podría costarme la vida porque era yo quien quedaba atorado en medio de aquel fuego cruzado, pues Galdós y Angus se largarían en algún momento; en cambio yo me quedaría en Culiacán lidiando con el panal de avispas que habíamos alborotado.

Tal vez estos periodistas no entendían mi postura, pues comprendía que estaban dispuestos a todo con tal de grabar su documental; lo cierto fue que se cerró una puerta para llegar al señor. Y de nada valieron los mil argumentos que antepusieron a su favor ni la petición de Galdós de hablar directamente con doña Griselda y explicarle la situación, ni el silencio de Angus, pues la realidad es que las mentiras siempre tienen consecuencias.

Al final no llegamos a ningún acuerdo, hasta que ya entrada la noche llegó el Flaco y propuso arreglarlo todo. Era una propuesta idiota, porque en primer lugar no podía regresar al pasado para corregir la carta, y en segundo, no conocía a doña Griselda ni a sus hijos como para poder explicarles cómo estaban las cosas; además, no tenía forma de llegar a ellos. Y sin embargo, sentía que había algo más en su actitud.

No era la primera vez que el Flaco intentaba sabotearme haciendo gala de lograrlo todo. Ciertamente él tenía contactos que yo no, pero eso no quería decir que no pudiera obtenerlos. Así como conseguí integrarlo para que abriera puertas, también podría encontrar a otro, pues la meta era dar resultados.

Me largué del hotel y durante horas deambulé por las calles oscuras de la ciudad, reflexionando en que que muy posiblemente el Flaco podría estar organizando un complot en mi contra. Sentí entonces un coraje ciego y una frustración enorme que me subían hasta el fondo de las emociones, y una vez ahí se fundían con las ganas infinitas de arremeter contra el primero que se me atravesara. Al final no arremetí contra nadie, y cansado de no ir a ninguna parte acabé en casa de la Flor lamentando la situación y al mismo tiempo feliz por estar con ella de nuevo. La Flor, sin más interés que tenerme cerca, me recibió con los brazos abiertos y despacio me llevó hasta el jardín de su casa; ahí me sentó en una vieja banca, me tomó de las manos y quiso abrazarme un poco, pero yo me resistí. No estaba para abrazos, y ella respetó mi indisposición. Aun cuando quería preguntar qué me acongojaba, al final no me dijo nada, ni yo tampoco despotriqué contra nadie, aunque ganas no me faltaban.

Pero la Flor no era tonta, intuyó que quien estaba detrás de todo mi coraje y frustración era el Flaco. Yo guardé silencio y ella concluyó el resto.

—Te dije que tuvieras cuidado —me dijo con una mueca de coraje que de pronto la asaltó.

Y entonces soltó una sarta de maldiciones que incluían no haberla escuchado, ni a ella ni a quienes me advirtieron de lo aprovechado que era el Flaco, quien seguramente deseaba quitarme de en medio para aprovecharse de los extranjeros con gastos que él mismo inflaría. Me levanté de la banca y empecé a dar vueltas en el jardín. Estaba enojado conmigo, pues la Flor tenía razón.

Esa noche casi no pude dormir. Pensaba en el Flaco y en mi actitud canalla para con la Flor. No era su culpa, sino mía por no escucharla, ni a ella ni a sus amigos que me advirtieron sobre este tipo. Lo único que quedaba era hablar con él como hombre y de una manera civilizada o renunciar definitivamente al proyecto.

A las tres de la mañana sonó el despertador, debía levantarme para escribir la nota para *Ríodoce*. Efectivamente, durante mis aventuras como *Fixer* y aun a costa de todo mi cansancio, carga de trabajo, presión y estrés, debía enviar a Ismael Bojórquez cada viernes antes de las nueve de la mañana la nota de la semana. Aprovechaba los espacios muertos durante cada asignación para enviar correos electrónicos al Departamento de Justicia, al FBI, a la DEA, a los US Marshals o a la fuente necesaria para obtener la información o reacciones requeridas para la nota. Pasara lo que pasara, trabajara o descansara, tuviera tiempo o me estuviera cayendo de cansancio, era un compromiso que tenía con el periódico, y el tema de esa semana giraría en torno a la vida en la sierra, aprovechando que estuve varios días en las montañas y no tenía tema sobre el cual escribir.

A la mañana siguiente, poco antes de las ocho y sin haber dormido, envié la nota al correo de Ismael y justo entonces llamó mi padre para decirme que Dios me había llamado por teléfono. Yo no estaba para bromas y sin miramientos le dije a mi viejo que se dejara de juegos, pues estaba atravesando una fuerte presión de trabajo. Él aclaró que no se trataba de ningún juego, sino que alguien identificado como "el Señor de los Cielos" acababa de llamar preguntado por mí.

—Y si no me crees ven a la casa para que hables con él; *quesque* llama en una hora.

Seducido por la curiosidad, manejé a casa de mis viejos en espera de la misteriosa llamada. Sabía que había habido un narcotraficante a quien apodaban el Señor de los Cielos, Amado Carrillo Fuentes, quien se cree había muerto 15 años antes, luego de someterse a una intervención quirúrgica para cambiarse la apariencia. Pocos meses después el gobierno de México confirmó que el narcotraficante realmente pereció durante la operación, aunque existió (hasta la fecha) el mito de que Amado Carrillo nunca murió, sino que pagó millones de dólares para montar su muerte

y así lograr que la DEA lo dejara en paz. Con el paso de los años su historia se volvió una leyenda, y a los periodistas no les quedó de otra que
reconocer los reportes oficiales del capo muerto.

Pero que Amado Carrillo me estuviera llamando, parecía imposible.
Si ese hombre realmente estaba vivo, no sería a mí a quien llamaría. No
tenía por qué. ¡Ni siquiera me conocía! Además, bien podía llamarme
a mi celular y no a casa de mis padres. En mi opinión aquello era una
broma que no valía la pena tomar en cuenta. Pero en el momento pudo
más mi curiosidad y por eso manejé a casa de mis padres para atender
la llamada que no sólo era improbable, sino físicamente imposible. Era
cierto que el Chapo había trabajado para el Señor de los Cielos antes de
su primer arresto, en 1993, que ambos se conocían, y, considerando los
menesteres en que andaba en esos días, no tuve de otra que reparar en
la improbabilidad.

Luego de una larga espera al lado del teléfono, éste seguía sin sonar.
Mis padres y yo mientras tanto aguardábamos en silencio, mirándonos
de reojo y volviéndonos lentamente hacia aquel teléfono como si fuera el
dolly in de una película que lentamente se acerca al aparato.

Al final no llamó ni Dios ni el Señor de los Cielos, y la única vez que
sonó el teléfono se trataba de una mujer que quería cobrar un adeudo de
Telcel que mi hermano nunca quiso saldar.

Regresé al hotel y encontré a Galdós, Angus y al Flaco desayudando
en el restaurante. Me molestaba ver al Flaco en todo momento en el hotel, como si maquilara un complot en mi contra, aunque más me molestaba que me ordenara sentarme y me dijera que pidiera lo que quisiera.
Yo, mal ocultando un coraje que empezaba a rebasar mi cordura, jalé
a Galdós lejos para decirle que ya me tenía hasta la madre el Flaco y
que anduviera ofertando sus servicios rebosados de promesas imposibles.
Pero Galdós salió por la tangente y dijo que yo era la conexión ahí —no
utilizó la palabra *Fixer*, que en aquel tiempo desconocía—, y entonces
hizo énfasis al señalar que no había punto de comparación, pues para
empezar yo era un periodista serio y el Flaco era un improvisado cuya
única función consistía en ayudarnos a abrir puertas.

Tuve que respirar hondo y relajarme. Por otra parte Galdós tenía
razón y no había por qué preocuparme, pues aquello era trabajo en
equipo.

Más tarde Angus preguntó qué tan posible era lograr un permiso para grabar en el interior de la tumba de Édgar Guzmán, sepultado en Jesús María, un pueblo localizado en las afueras de Culiacán. Dije que lo intentaría.

No muy convencido, contacté más tarde a doña Griselda para hacerle una petición, la cual tomó de buena manera. La señora, apenada en parte por no acercarnos con su marido, dio luz verde para ir a la tumba de su hijo "cuando quisiéramos", aunque sugirió que antes le avisáramos día y hora para notificar a quien nos recibiría en el pueblo.

Cuando les dije a Galdós y Angus la respuesta, fue un triunfo. Sin embargo, sentía que nos estábamos desviando de nuestro principal objetivo que era la entrevista con el Chapo, y si continuábamos abriendo accesos minúsculos, no conseguiríamos nada.

Convencido de que debíamos reenfocarnos, me dirigí a la casa de un amigo de la infancia, Pedro Lara, que tenía familiares que en su momento trabajaron para el Chapo, algunos incluso desde los tiempos de la guerra contra los hermanos Arellano Félix.

No batallé en localizarlo y ese mismo día fui a buscarlo a su casa. Lo encontré tomando cerveza bajo un árbol de pingüica mientras veía cómo el sol se ocultaba en la distancia. Luego de saludarlo y recordarle episodios de nuestra infancia, y "prometerle un papel de pistolero en mi próxima película", le solté de tajo mi plan de entrevistar al Chapo para un canal de televisión británico que grababa un documental en Culiacán.

Pero Pedro fue certero en su respuesta: "Déjese de pendejadas, amigo".

Para no perderlo, tuve que replantear mi propuesta y explicarle que todo se haría bajo las medidas de seguridad que el propio *Señor* impusiera, lo cual era cierto, pero él no parecía muy convencido con mi argumento. Entonces le expliqué que necesitaba su ayuda porque estaba metido en un hoyo horrible, y que si no daba resultados mi carrera como director de cine se iría por el caño. Sólo entonces Pedro recapacitó, se levantó de la hamaca donde descansaba, reflexionó unos segundos y resuelto se acercó para decirme que me acercaría con la gente indicada para que me ayudaran, pero *no prometía nada*.

—Sólo espero que no estemos metiéndonos en un pedo y que cuando te hagas famoso no te olvides de tus amigos —dijo.

Como primer paso sugirió visitar a un tío suyo que era compadre del Chapo, tal vez él podría concertar una entrevista. Luego abrió otras dos cervezas y dijo que fuéramos por unas putas a un prostíbulo de la ciudad. Obviamente yo no deseaba ir a ningún prostíbulo sino con su tío lo más pronto posible, pero me aclaró que lo mejor era esperar al día siguiente porque había anochecido y en casa de su tío "espantaban". En aquel tiempo no creía en fantasmas ni en santos, y por lo empecinado que estaba, insistí en ir esa noche. Pedro no tuvo de otra que ceder ante mi terquedad y un rato después estábamos afuera de la casa de don Leandro, en Tierra Blanca. Pedro me explicó entonces la historia del fantasma, un viejo pistolero a quien su tío mató 20 años atrás y ahora lo perseguía.

Al principio pensé que aquello era una broma, pero mi amigo aclaró con una seriedad absoluta que no, pues incluso él ya había visto al fantasma. Al inicio, sólo don Leandro veía al ánima de su enemigo, pero con el paso de los años toda la familia terminó por verlo, primero en el patio de la casa, luego en la sala, después en la cocina y finalmente en las recámaras, de modo que al final todos la habían visto y el ánima acabó por ser casi de la familia. A mí me pareció increíble la historia, incluso pensé en escribir el guion para una película, pero Pedro me dijo que no lo hiciera, porque don Leandro pidió que a nadie se le revelara el acontecimiento por temor a que otras ánimas de personas que había matado se enteraran e inconformes regresaran del más allá, entonces la casa se llenaría de espíritus.

Llegamos al lugar prometido ya entrada la noche. Desde el fondo de la calle pudimos observar la gran casa del tío Leandro, la cual resaltaba por su estilo victoriano y por la atmosfera lúgubre y misteriosa que la rodeaba. Había además una larga hilera de pingüicas que resistían el olvido, y de no ser por un foco de luz sucia y amarillenta que iluminaba la entrada, la casa parecía abandonada.

Tocamos durante varios minutos el timbre y la puerta, pero ni don Leandro ni la esposa, ni los hijos y ni siquiera el fantasma dieron señales de vida. Mi amigo por su parte le seguía marcando por teléfono, pero sin lograr respuesta alguna. Luego de casi media hora cedimos, no sin antes acordar que regresaríamos al día siguiente.

Ya de vuelta en el centro, dejé a Pedro en una cantina de mala muerte y después pasé al hotel para planificar qué haríamos durante los próximos días. El Flaco estaba con Galdós y Angus de nuevo cenando en el restaurante, pero apenas me vieron se levantaron apresurados para saludarme. Parecían asustados, como si hicieran algo malo, aunque, ¿qué malo podían hacer para que mi presencia los confundiera?

Galdós me soltó de golpe que me preparara porque volveríamos a la sierra. Confundido por la noticia, me volví hacia Angus en busca de una respuesta distinta, o al menos de un ademán que sugiriera que aquello era una broma, pero el escocés no supo qué decir y sólo se quedó a la distancia. Galdós dijo que no me preocupara y aclaró que cada vez estábamos más cerca del objetivo.

—¿Y la visita a la tumba del hijo del Chapo? —pregunté.

—¡La hacemos cuando volvamos! —exclamó Angus.

El plan era salir al día siguiente; por cuestiones de seguridad ya se había avisado a Londres, pues había una alta probabilidad de que fuera el mismo Chapo quien nos recibiera, según había prometido el Flaco.

* * *

Salimos a La Tuna por tierra, porque ni Angus ni Galdós quisieron exponerse de nuevo a otra experiencia extrema de volar a la sierra, ni con el Chino ni con ningún otro piloto. Apenas despuntaba el alba cuando agarramos carretera y así seguimos hasta alcanzar una hilera interminable de veredas inclinadas y maquilladas con una gruesa capa de polvo.

Llegando a Bacacoragua, el asfalto se volvió de tierra y roca. Seguimos lento por lo terrible del camino que de pronto se inclinaba terriblemente, y por donde la camioneta doble tracción que el Flaco rentó un día antes apenas subía.

De pronto tuvimos ante nosotros una vista impresionante de acantilados poblados de sauces, encinos, huinacaxtles y pinos, y durante varios minutos tuve la certidumbre que estábamos avanzando hacia la cima del cielo y que si no lo notábamos era porque nos había corrompido el silencio y un encantamiento fantástico. Así cruzamos Huixiopa, Arroyo Seco, La Palma hasta arribar a un pueblo anclado en lo más recóndito del triángulo dorado donde podía avistarse un letrero verde que decía: "Bienvenidos a La Tuna".

Los pocos habitantes en las calles eran lánguidos, viejos pero ágiles, alertas pero callados y con un aura de olvido que les brotaba hasta por los poros. Conforme avanzábamos, los pobladores nos miraban con curiosidad, como si fuéramos una especie de alienígenas que por primera veían, tal vez era grande su sorpresa al vernos ahí.

No nos detuvimos al pasar frente a la casa de la mamá del Chapo, seguimos de largo hasta cruzar el pueblo y llegar a Alisitos, un rancho fincado al pie de una montaña de piedra que colinda con el estado de Chihuahua.

Cuando preguntamos al Flaco por qué no paramos en La Tuna, su explicación fue ambigua y sólo precisó que antes debíamos buscar a uno de sus contactos para que nos llevara con la mamá del Chapo.

Nos dirigimos a una casa grande pero sencilla donde se levantaba un sauce milenario a la entrada. En el patio había más de 30 hombres, la mayoría jóvenes de no más de 30 años, que nos saludaron de mano en cuanto llegamos y amablemente nos invitaron a pasar. Al poco rato llegó Cristóbal, el 02, uno de los principales operadores del Chapo, pero también uno de los hombres más atentos que jamás se veía en la región.

Pasamos a la casa y mientras acomodábamos nuestras cosas explicamos a Cristóbal los detalles de nuestra visita. Se comprometió en hacer hasta lo imposible para acercarnos con *el Señor*, aunque no quiso comprometerse, pues la última palabra la tenía el Chapo.

La posibilidad de ver al capo era cada vez más fuerte. Para entonces los hombres de la hacienda empezaron a sacar sus rifles AK-47, M-16, AR-15 y todo su equipo táctico, mostrando lo bien equipados que estaban. Pronto todos en el rancho anduvieron armados hasta los dientes, paseándose indistintamente por la casa con metralletas, pistolas, granadas y todo tipo de armamento. Cristóbal, el 02, explicó días más tarde que él mismo ordenó a su gente guardar las armas cuando llegáramos, "por temor a asustarnos", pero cuando supo que las armas más que intimidarnos nos gustaban, sacaron toda la artillería, y como ocurrió con la gente de Kiko, los fierros empezaron a aparecer por toda la casa como artefactos cotidianos dentro de un hogar.

La realidad fue que esos hombres bragados y de mirada tímida formaban parte del primer círculo de seguridad del Chapo en la sierra, y a la menor orden atacarían al más fiero de los ejércitos con tal de proteger a su líder. Era la ley del sicario; sacrificarse cuando se presentara ocasión con tal de salvar a su jefe.

Sólo entonces nos dimos cuenta de que estábamos en el corazón del Cártel de Sinaloa, considerada la organización criminal más poderosa y salvaje del mundo, y a donde ningún otro periodista jamás había llegado hasta ese momento.

* * *

Ese mismo día mandaron traer una res de raza *black angus*, y al poco rato la mataron de un balazo en la frente. La vaca todavía se convulsionaba en el suelo cuando un matancero se le acercó y de un zarpazo la degolló sin misericordia. Al poco rato un grupo de hombres y mujeres descuartizaron al animal con total salvajismo.

El líquido rojo y espeso de la sangre empezó a arrastrarse por la tierra hasta formar una laguna de carmín siniestro, a donde llegaban los perros del pueblo y bebían el líquido con un placer surrealista, en un espectáculo asqueroso que me hizo creer que nunca volvería a comer carne.

Por esa época la sierra estaba verde como un pino de Navidad. Las aguas de julio y agosto habían reverdecido los cerros y las colinas, y formaban arroyos turbulentos y grandes cascadas que caían intermitentes desde lo alto de las montañas, creando un concierto líquido acompañado por el canto de las aves y el sonido del viento. Valía la pena estar ahí, porque por las noches, cuando prevalecía el ruido estentóreo de miles de insectos que poblaban la sierra, podía apreciarse un concierto impresionante, casi sobrenatural.

El sonido podía conducir a un sueño placentero o a un insomnio insoportable donde sólo el cansancio y el paso de las horas te podían salvar. Pero al menos estábamos ahí, y en buenas manos. Durante la noche el alcohol nos envolvió en el más profundo de los descansos.

Al día siguiente Cristóbal se despertó casi al despuntar el alba. Salió quién sabe a dónde y regresó más tarde para decirnos que la mamá del Chapo nos invitaba a desayunar. Quince minutos más tarde estábamos montados en una camioneta escoltada por más de 20 hombres fuertemente armados, y nos dirigimos a La Tuna.

En la casa donde creció el capo nos recibieron otros cinco pistoleros que, tras emitir el acostumbrado saludo serrano (que consiste en saludarse de mano y, con la misma mano, palparse el hombro del mismo lado, para finalmente estrechar de nuevo la mano), nos invitaron a pasar a la propiedad. María, la mujer que se encargaba del cuidado de la casa de doña Consuelo, nos recibió con cautela al lado de un enorme encino que se erigía en el jardín. Pasamos, y en cuanto María supo quiénes éramos, llamó de inmediato a la madre del capo para notificarle de nuestra llegada.

Doña Consuelo Loera López era una mujer menuda pero fuerte. Había en ella una paz desconocida, y tenía ese don de sonreír con dulzura. Era vigorosa a pesar del paso de los años, pero una caída en el monte le fracturó la cadera, y eso la orilló a someterse a una andadera tipo carriola en la que se apoyaba para caminar. Sin embargo, más que lamentar su percance, agradecía a Dios permitirle alcanzar los 80 años de vida y seguir disfrutando de sus hijos y sus nietos cada que la suerte se lo permitía; tal vez por eso nunca se le escuchó quejarse ni lamentarse de los achaques propios de su edad.

Cuando salió, nos saludó con amabilidad y luego nos invitó a pasar al comedor para desayunar. Le entregamos una de las cartas redactadas para que se la hiciera llegar a su hijo y entonces hablamos durante horas de memorias que ya no pudo recordar y recuerdos tristes que no lograba olvidar, todo tejido en una serie de anécdotas que nos ayudaron a construir un poco el personaje de Joaquín *el Chapo* Guzmán. Nos contó tantas cosas que la charla se extendió hasta la tarde.

Así nos enteramos de que su verdadero nombre no era Joaquín, como mucha gente creía, sino Archivaldo, y que el apodo de *Chapo* nació gracias a un hermano de doña Consuelo que fue a La Tuna a visitar a la familia cuando Guzmán Loera apenas tenía tres años y tras ver al niño caminar en el patio de la casa, con su ropa toda deshilachada y percudida, se sorprendió de lo listo y fuerte que se miraba.

"Está chapito", dijo, refiriéndose a que era chaparrito pero tenía una complexión robusta para un niño de su edad. Fue así que el apodo de *Chapo* se le quedó.

Desde entonces todos sus amigos, familiares y conocidos se refirieron a él con ese apodo, aunque no fue sino hasta que cumplió los 40 años que ese apodo ganó notoriedad, luego de fugarse de la cárcel de máxima seguridad de Puente Grande, en Jalisco, y que encabezara los titulares de los principales diarios en todo el mundo.

Era difícil de creer que aquel hombre a quienes todos admiraban y respetaban en la sierra fuera el mismo que los medios calificaban como una persona sanguinaria, violenta y salvaje. Pero era precisamente ése el motivo por el cual queríamos entrevistarlo, para que él mismo aclarara lo que pasaba y describiera quién era realmente.

Terminada la plática, nos despedimos de doña Consuelo contentos por haber conocido a una mujer tan amable y tan llena de historias, que aun cuando la vida la había emboscado con tragedias e infortunios, había mantenido su fortaleza gracias a que, según decía, encontró a Dios en 1985, a través de varios misioneros cristianos que llegaron a La Tuna.

Justo antes de partir, doña Consuelo aclaró que tal vez deberíamos enfocarnos en encontrar a Dios antes que a su hijo, pero que aun así se comprometía con notificarle sobre nuestra visita, además de hacerle entrega de la carta.

Regresamos a Alisitos ya caída la noche, en espera de que en días posteriores obtuviéramos una respuesta. La realidad fue que el Chapo pocas veces iba a La Tuna porque sabía que el lugar era vigilado por el gobierno, y cuando visitaba a su madre y otros familiares, mandaba primero a su gente para verificar que todo estuviera en orden antes de moverse. Si decidía ir, antes reforzaba la vigilancia para que no le cayera el gobierno por sorpresa, pues como muchos otros capos de Sinaloa, su principal temor era ser capturado.

Aun así, teníamos esperanza de que aceptara verse con nosotros y los días siguientes seguimos esperando. Pero al cabo de cuatro días con sus noches, el Chapo nunca apareció y no fue posible esperarlo más; al quinto día regresamos a la ciudad para explorar las otras opciones que aún teníamos, incluyendo respuestas de otras cartas, además de ir a grabar la tumba de Édgar, en Jesús María.

La realidad es que el tiempo empezaba a agotarse, lo mismo que las conexiones, y todo eso se traducía en una fuerte presión sobre mí.

* * *

Cuando llegamos a Culiacán me percaté de que tenía varias llamadas perdidas de mi padre. Me comuniqué con él y nuevamente dijo que Dios me había vuelto a buscar. Aparentemente le urgía hablar conmigo. La insistencia empezaba a desesperarme porque, por un lado, necesitaba dar resultados en la producción y, por el otro, padecía la tensión de los amigos de la Flor, que se rehusaban a darme los apoyos solicitados.

De cualquier modo, pasé a visitar a mis viejos y tras hablar con mi padre sobre el tema del Señor de los Cielos le pedí que si seguía llamando le dijera que ¡ya no vivía ahí!

Mi padre no se alteró, sino que me retó con fanfarronería:

—¡Nombre! ¡Ni que fuera tu mandadero, mejor díselo tú mismo!

Entonces se sentó en el sofá de la sala, se puso sus lentes, sacó una pequeña libreta de la bolsa de su camisa, buscó la información, marcó al número que tenía anotado. Sonó un par de veces el auricular y mi viejo, mirándome retadoramente, esperó hasta que por fin contestaron:

—¿Señor de los Cielos? ¿Es usted? Soy el papá de Miguel Ángel Vega; sí. Va llegando… Aquí se lo paso —dijo, y luego me extendió el auricular.

—Ahí está el Señor de los Cielos; ¡anda, dile que no te interesa hablar con él!

Extrañado por lo ilógico de la aseveración, tomé el teléfono y por fin contesté.

No me costó trabajo reconocer a Rafael Amaya, un actor de cine y televisión que actuó en *Cáliz*, y que me buscaba para un proyecto de televisión. Según dijo, tenía meses tratando de localizarme, pues quería que lo asesora en la pronunciación, acento y léxico sinaloenses.

Estaba por iniciar una telenovela titulada *El Señor de los Cielos*, él sería el protagonista, y dado el éxito que tuvo con *La Reina del Sur* interpretando al *Güero* Dávila, quería prepararse; para ello necesitaba un *couching* en cuanto al acento sinaloense, para él y para todo el elenco que interpretaría a personajes sinaloense en la telenovela.

Años después aclararía la confusión de identificarse como Dios, pues cada que llamaba a casa de mis padres (que era el único número telefónico que tenía para localizarme) se identificaba como Rafael Amaya, pero entre una explicación y otra dijo a mi padre que era para una telenovela llamada *El Señor de los Cielos*, y mi padre, que por entonces empezaba a perder el oído, lo identificó con ese mote: Rafael, pensando que mi padre estaba bromeando, lo siguió en la broma, pero sin aclarar la confusión.

—¿Oye, te interesaría venirte a la Ciudad de México a trabajar con nosotros? —dijo.

No tuve que pensarlo mucho. Ya tenía pensado partir una vez que concluyera el proyecto en el que trabajaba, y aquella invitación sólo corroboraba mi plan. Acepté de inmediato la propuesta, pero aún quedaba terminar mi compromiso con Galdós y Angus.

Más tarde salí de casa de mis padres y llamé a doña Griselda para decirle que al día siguiente iríamos a la tumba de su hijo. Sin embargo, algo ocurrió durante nuestra ausencia, pues aunque doña Griselda me respondió muy amable, aclaró que las cosas habían cambiado, y que debía suspender la visita, ya que sus hijos se habían opuesto a la visita al mausoleo porque "habíamos mentido anteriormente".

No quise insistirle porque tenía claro que un *no* siempre es definitivo, sólo agradecí sus buenas intenciones y ella apreció mi comprensión.

A quien no le cayó bien la negativa fue a Angus, quien decepcionado no concebía la cancelación de un acceso tan elemental para la narrativa del documental. Me decía que, días antes, doña Griselda había aceptado, y por ello no toleraba la negativa. El Flaco, que tenía pocos minutos de haber llegado, intervino diciendo que no había de qué preocuparse, pues él sabía dónde estaba la tumba de Édgar Guzmán y sin problemas podría llevarnos.

—¡Gracias! —dijo Angus en aprobación a la propuesta.

Sin embargo, para mí ésa fue la gota que derramó el vaso, pues desobedecer una orden de ese tipo podía meterme en severos problemas. Traté de explicarles las consecuencias, pero no me escucharon. Ante la negativa, renuncié al proyecto. Aun cuando tenía todo el compromiso del mundo para lograr la meta, no pude seguir trabajando con un equipo que no sólo anulaba mi autoridad, sino que ponía en riesgo mi vida, pues al ser yo el enlace entre ambos lados, retar a la facción más violenta del Cártel de Sinaloa era una completa falta de tacto.

Mientras me retiraba, escuché al Flaco decir que no se preocuparan por mí, pues él tenía contactos más sólidos y su gente abriría todas las puertas necesarias para lograr la entrevista con el Chapo, y que la tumba de Édgar Guzmán era el acceso más fácil de todos.

Cuando salí de la reunión llamé a doña Griselda para aclararle que a partir de ese momento ya no estaba trabajando en el proyecto debido a una serie de diferencias y por eso me apartaba. Ella me agradeció la explicación y lamentó no ayudarme como hubiera querido, pues aquel acceso no sólo dependía de ella, sino también de sus hijos, que se oponían a la publicación de un acceso tan íntimo como la tumba de su difunto hijo. También aclaró que el lugar donde estaba sepultado era Jesús María, un espacio fuertemente resguardado por pistoleros, y que si mis compañeros pensaban ir, mejor se abstuvieran, pues la gente que resguardaba no era cualquiera, sino pistoleros muy violentos que en su momento apreciaron mucho a Édgar.

Después llamé a Galdós para advertirle por última vez que no fuera, pero ya no contestó las llamadas. Yo por mi parte sabía que debía irme de Culiacán, pues no sabía lo que podría acontecer. Media hora después llamé a Rafael Amaya para confirmarle que en dos días llegaría a la Ciudad de México, y que estaba listo para integrarme a la producción. Luego marqué a la Flor para decirle que pasaría a su casa para verla, encontrarme con ella sería un momento muy duro, pensaba en la Flor y en la explicación que le daría, la cual destruiría de un zarpazo el brillo en su mirada.

Ya no sentía coraje por cómo terminaron las cosas con Galdós y Angus, ni por lo exabrupto de mi renuncia, era rabia conmigo mismo por ir a despedirme de la Flor y perseguir mi carrera en el cine.

¿O era acaso falta de amor? ¿O miedo al compromiso? ¿O todo lo anterior junto?

No es fácil romper una relación. Y sin embargo, siempre es mejor la verdad que alimentar un engaño.

Tras un par de minutos en los que nos abrazamos en silencio como dos cadáveres, la Flor comprendió mi ausencia y, confundida, preguntó finalmente qué me pasaba.

—Me voy a ir —le dije finalmente.

—Yo te amo —dijo, cuando por fin logró con esfuerzos desenredar ese nudo en la garganta.

No supe qué responder. Su voz de pronto sonaba como un eco distante y sin brillo. Qué podía responder si todo cuanto dijera iba a destruirla. Por eso podía más mi silencio; porque cualquier explicación no serviría para nada. Y porque cualquier palabra me haría sentir el más ruin de los canallas.

* * *

Esa noche partí de Culiacán. Debía encontrar mi camino, pues no sabía qué consecuencias tendría la visita de Galdós y Angus a la tumba de Édgar Guzmán. Si se arriesgaban, como así lo decidieron, estarían apostando sus vidas, y como he dicho, ningún documental ni ninguna noticia vale tanto la pena como para tomar ese riesgo.

Pero ellos estaban decididos, y pocos días después de mi partida el Flaco, en su idea absurda de poderlo todo, los llevó a Jesús María a grabar la tumba de Édgar Guzmán.

Apenas llegaron, bajaron el equipo, y cuando estaban a punto de empezar a grabar un desconocido advirtió su presencia y los reportó. El Flaco, o acaso Galdós, notaron el movimiento y quizá por instintito decidieron abortar la asignación. Conscientes del peligro, regresaron a la camioneta para irse lo más pronto posible, pero era demasiado tarde, pues la orden de levantarlos ya había sido dada.

El Flaco habría de contarme años después que, tras notar el movimiento de halcones y punteros, salieron a toda velocidad del pueblo y se fueron directo al hotel. Angus y Galdós, sabiendo que el problema podría escalar, despacharon al Flaco en su casa para que se resguardara; mientras tanto, ellos subirían por sus cosas a sus habitaciones. Después tomaron un taxi al aeropuerto para irse de la ciudad en el primer avión disponible. Para entonces los sicarios ya sabían el tipo y número de placas de la camioneta que manejaba el Flaco, e irremediablemente lo localizaron y pocos minutos más tarde lo levantaron cerca de la colonia Tierra Blanca. Violentos en todo momento, lo llevaron a una casa de seguridad donde lo cuestionaron por los periodistas que estaban con él. En un intento por protegerlos, les dijo que ya estaban en el aeropuerto, pero ellos sabían que no era así y con una .45 en la sien lo obligaron a marcar por teléfono a Galdós para pedirle que regresara por él.

El propio Galdós confesó, tiempo después, que respondieron la llamada porque estaban preocupados por él, entonces pudo escuchar la voz aterrorizada del Flaco, suplicando que regresaran para hablar con los sicarios, de lo contrario lo matarían. Pero era imposible que Angus y Galdós regresaran, por su propia seguridad, por eso le dijeron que ya estaban en el avión; tras la negativa, alcanzaron a escuchar los gritos de dolor del Flaco cuando le soltaron al menos 20 tablazos en las nalgas que le dejaron heridas que tardaron varias semanas en sanar.

Salió con vida, pero no tuvo más ganas de volver a trabajar como *Fixer*. Renuncié a *Ríodoce* y me mudé a la Ciudad de México; por un tiempo no supe más de Angus ni del Flaco, sólo Galdós me contactaba ocasionalmente. Ocho años más tarde, durante una visita que hice a Culiacán, me topé accidentalmente con el Flaco. Hacía compras en una tienda de autoservicio, y en cuanto nos vimos nos saludamos con entusiasmo. Dijo que se dedicaba a bienes y raíces, que había cortado comunicación con Galdós y con Angus. Recordó el incidente y confesó que no lo mataron gracias a una llamada de doña Griselda, quien habría pedido a los pistoleros respetarle la vida, pero eso no lo salvó de los tablazos que le pusieron en las nalgas "por meterse en propiedad ajena". Ésa fue la última vez que lo vi. Tiempo después, y por fuentes distintas, me enteré de que gente cercana al Chapo quedó descontenta con "el escocés y el peruano" por desobedecer a doña Griselda, y que había una amenaza en contra de ambos para que no volvieran a Culiacán, porque si lo hacían les darían de tablazos.

Persiguiendo horizontes

Llegué a la Ciudad de México a finales de 2012, dos días después de renunciar al proyecto del Chapo. Apenas entré a la gran urbe de hierro y cemento, y ya estaba atorado en el tráfico de la hora pico que envolvía todo como un monstruo inmisericorde y deforme.

Debido a que no tenía dónde llegar, alquilé un cuarto en un hotel de mala muerte en lo que encontraba departamento. Pero en un lugar como la Ciudad de México, habitado por más de 24 millones de personas, entre comerciantes, empleados, funcionarios, oficinistas, actores, albañiles, carpinteros, meseros, directores de cine, panaderos y quién sabe qué más, muchos de ellos sobreviviendo al día a día, la vida es dura y contrapone lógicas y creencias, pues aunque tenía dinero para pagar un año de renta por adelantado, ningún casero estuvo dispuesto a rentar un departamento sin un "aval". Solo y de frente a mi lógica errada, debí conformarme con un cuarto olvidado en la colonia Narvarte, que más que habitación parecía una celda carcelaria, por lo reducido de su tamaño. Pero no podía intimidarme ante esa situación, y decidido me dispuse a aguantar la primera embestida.

El verdadero contratiempo inició cuando se retrasó el plan de integrarme al proyecto *El Señor de los Cielos*. A pesar del ahínco que Rafael Amaya puso para que me contrataran, la productora y yo no hicimos clic y luego de varios intentos de hacerle ver lo que podía aportar, ella no cedió y yo decidí apartarme. Nuevamente me aterró la posibilidad de quedarme sin dinero y quedar aplastado por la miseria y la desesperación.

Gracias a la recomendación de un amigo, me acomodé como maestro de inglés en una escuela de cine, al sur de la ciudad. La paga era mala y las condiciones poco favorables, pero al menos tenía empleo y no tendría que invertir mucho tiempo en ello.

Consciente de mi situación, un día llamé a Ismael para nuevamente escribir para *Ríodoce*. Primero antepuso una serie de excusas económicas, la terrible situación que vivía el país y hasta la posibilidad de una tercera guerra mundial. Pero al final me ofreció un pago fijo mensual para contratarme, que, aunque poco, ayudaría para sostenerme.

En esos meses conocí a la Princesa (no diré su nombre, sólo que era una actriz con quien buscaba hacer sinergia).

Ella parecía modelo: era alta, delgada, morena y, como buena norteña, era decidida. Había llegado a la Ciudad de México cuatro años antes y, al igual que yo, buscaba destacar en la industria del cine. Con la Princesa compartí por primera vez el guion de la película de vampiros que meses antes había escrito, y en cuanto lo leyó quedó encantada. Le había gustado tanto que quería participar como actriz, o productora, o lo que fuera, quería estar en la película. Su entusiasmo me contagió; no sé si fue su emoción o su belleza, o estar consciente de tener una buena historia en las manos que no requería de una gran inversión, o todo junto, el caso fue que en ese momento me decidí a realizar la película.

¿Cómo le haría? No lo sabía, sólo tenía claro que de una manera u otra grabaría *Antes que amanezca*. Sin embargo, iniciar la producción requería de dinero. Al menos lo básico para pagar gasolina, comida, teléfono y demás gastos.

* * *

Debía ser astuto. Y pensar con frialdad.

Era irónico estar en aquel laberinto, porque mientras abría puertas para que otros directores hicieran sus documentales, era incapaz de abrir puertas para mis propios proyectos.

¡Y sin embargo debía aplicarme! No sería la primera vez que levantaría un proyecto de la nada. Por ejemplo, *El robo*, mi primera película, la financié gracias a los ahorros de tres años de trabajo en Estados Unidos y el dinero faltante lo conseguí con patrocinios y apoyos del gobierno. Esta vez haría algo similar, pues aunque tenía menos dinero, era más grande mi deseo por hacer la película.

Y si algo se atoraba, vendería el auto, la computadora, mis libros, DVDs; solicitaría un préstamo, haría un conjuro o lo que fuera, pero realizaría la película. Y si al final todo fallaba, habría perdido con la cara al sol. Sin arrepentimientos ni algo por lo cual avergonzarme, pues lo daría todo y ése sería mi triunfo. Bien o mal entendería cualquiera que fuera el resultado, pues tenía una cosa clara: jamás estaría en mi lecho de muerte lamentando no haberlo intentado todo.

En esa búsqueda de aliados me topé con un tal Sergio *Checo* Blancarte. No recuerdo quién me lo recomendó, sólo sabía que bajaba recursos para proyectos independientes.

Luego de algunas llamadas, referencias y de revisar su perfil en Facebook, el tal Checo parecía estar limpio, y un par de días después nos vimos en un café cerca del Centro Histórico de la ciudad. Me pareció un tipo sencillo y honesto, y lo visualicé como un buen aliado.

El plan era buscar apoyo para hospedaje, comida y gasolina, a cambio de *product placement* en la película, ya fuera en el póster o en los créditos finales. Pero antes tenía que definir dónde grabaríamos: en Querétaro, Morelia, Guanajuato o Toluca. Luego de discernirlo ampliamente, nos inclinamos por grabar en Toluca, el municipio que prometía más apoyos para realizar la película.

Y no obstante empezar requería invertir, así que debí jalar el capital que tenía ahorrado. Sabía que no sería suficiente, pero debía hacerlo. Como esta vez no quería quedarme en el camino, empecé a ofertarme como *Fixer* una vez más. Era la única forma de lograr ingresos suficientes, aunque para ello debía escarbar en el narco. Aun cuando no quería, no tenía alternativa.

Fue así que continué enviando correos electrónicos a periodistas y documentalistas con quienes había trabajado en proponerles accesos a campos de amapola, marihuana y pistoleros, laboratorios de droga y hasta cómo se ocultan sustancias ilícitas en tráileres, avionetas o vehículos. Con ese tipo de accesos, inéditos para muchos, tarde o temprano me llamarían, pues como periodista sabía que podía interesarles. Por otra parte, de aprobarse alguno de esos proyectos tendría que volver a Culiacán a buscar nuevos contactos, y eso podía tomar tiempo.

Así me cayeron algunos proyectos que, aunque pequeños, implicaban regresar a Culiacán como *Fixer*. El primer periodista con quien trabajé fue John Burnett, de NPR. Quería visitar unos campos de marihuana y hablar con campesinos; yo me comprometí a llevarlo. Así empecé a sumergirme en las entrañas del Cártel de Sinaloa: la organización criminal más violenta del mundo.

Los proyectos siguientes no podían durar más de cinco días, pues tenía mi trabajo como maestro de inglés y el compromiso con *Ríodoce*; juntaba sábado y domingo con lunes, martes y miércoles para trabajar de *Fixer*, pues durante jueves y viernes daba clases de inglés. También debía escribir la nota para *Ríodoce*. Una vez concluida la grabación, tomaba el primer vuelo del jueves a la Ciudad de México y así llegaba casi barriéndome a la clase de inglés del mediodía, listo para saludar a mis alumnos que, confundidos, me miraban entrar corriendo al salón de clases.

Un sábado de tantos, una llamada de Ismael me despertó en medio de la nada.

—Agarraron al Chapo —me soltó de una.

La noticia convulsionó al mundo entero. El video que mostraba a Joaquín *el Chapo* Guzmán, conducido por varios elementos de la Armada de México, dio la vuelta al mundo. Yo supuse que me iba a caer mucho trabajo, así que rápidamente contacté a todos mis conocidos. Curiosamente no ocurrió lo que esperaba y, lamentablemente para mí, nadie me contrató. Sin trabajo y enredado en la preproducción de la película, me fui entregando más al proyecto, que cada vez era más demandante.

Aunque ya contaba con el apoyo del Checo, era cansado cumplir con todos los compromisos, pues entre la película, las clases y *Ríodoce* me exprimían el tiempo y casi no dormía. El problema era que, como director debía estar al pendiente de todo el proceso de preproducción, pues no sólo revisaba el guion y le daba el tratamiento adecuado, sino que cada noche me ponía a analizar el ritmo de la historia; desarrollo, clímax y cierre. Dibujaba un *storyboard* y redactaba biografías de cada uno de los personajes, destacando objetivos y súper objetivos. Además construía la narrativa visual, escena por escena, incluyendo conflictos, nudos dramáticos, arcos argumentales. También debía buscar y elegir actores con el perfil adecuado, estudiar y contratar a quienes serían mi equipo de producción. Aunado a todo lo anterior, debía supervisar y comprar vestuario para los actores y presupuestar renta de equipo: cámaras, luces, tramoya, sonido, drones; hacer *scouting* de locaciones en Toluca y aprobar vehículos de acción, *catering*, permisos del gobierno, contratos, plan de rodaje, ruta crítica y mil etcéteras que me volvían loco.

Si todo lo anterior no fuera suficiente, debía darme tiempo para enviar propuestas de trabajo a compañeros de Vice, Nat Geo, Discovery, Channel 4, de modo que mi ritmo de trabajo era una absoluta locura. Estaba a punto de colapsar cuando por fin terminó el ciclo escolar y pude enfocarme de lleno al periodismo y a mi trabajo como *Fixer*, sobre todo a la preparación de *Antes que amanezca*.

Por ese tiempo apareció Homero McDonald, el futuro productor ejecutivo de mi película, quien tras leer el guion decidió apoyarnos.

Su llegada no fue fortuita, fue elucubrada con singular ahínco. El plan, aunque macabro, fue concebido de manera inocente entre Checo y yo. Él consideraba pertinente integrar a alguien como Homero de nuestro lado. Por eso durante semanas buscó un acercamiento con él, pero al no lograrlo consideró otras alternativas; una de ellas era hacernos amigos de gente cercana a él. Por aquellos días también se enteró de que el productor mantenía una gran amistad con una actriz de teatro llamada Dayana Velver, que quería hacer cine.

Luego de discutirlo durante días, sugirió incluir a Dayana en el elenco. Ella, sin duda, nos acercaría a Homero. Ese mismo día, mientras volaba a Culiacán para trabajar en un proyecto con el documentalista Darren Foster, Checo empezó a rastrear el número de Dayana; cuando por fin lo obtuvo, la contactó y le propuso vernos para explicarle el proyecto.

La vimos en un café al sur de la ciudad. Resultó una chica muy guapa, sencilla y simpática. Despistada como todas las actrices, era sumamente risueña, pero cuando entraba en temas de su interés, adquiría un aire solemne y escuchaba con atención. Le explicamos el proyecto y el plan de colocarlo en cines una vez terminado. Luego le dijimos que nos gustaría tenerla en el elenco, pues había un personaje ideal para ella. Dayana, muy halagada por la invitación (además de que no necesitaba hacer *casting*), aceptó de inmediato. El problema era que la trama de *Antes que amanezca* no contemplaba un solo personaje con el perfil de Dayana. Analicé el guion mil veces y no encontré nada. Checo ni siquiera se inmutó: "Vas a tener que crearle un personaje".

Crear un personaje no es hacer enchiladas. Se debe de tener un sustento, una motivación, propósitos y metas que contribuyan al ritmo de la historia. Decidido a improvisar algo sustentable, terminé inventando un personaje exclusivamente para ella: una agente de servicios periciales que investigaba el caso con un detective de la policía del estado, que sería interpretado por Luis Felipe Tovar.

Como anticipaba Checo, Dayana compartió el guion con sus amigos más cercanos, entre ellos Homero, quien tras leerlo le comentó que le gustaría conocernos. Dos semanas después lo vimos en un hotel de la colonia Nápoles.

Luego de una larga plática que prometía ser el inicio de una gran amistad, Homero nos ofreció todo su apoyo para sacar adelante la película; eso incluía brindarnos transportación, luces, lentes, cámaras y hasta un asistente de producción. Era un paso agigantado para la película. Pero aunque estábamos cada vez más cerca, seguíamos sin estar listos para lanzarnos al vacío porque, aunque ya estaba trabajando como *Fixer*, aún no tenía el dinero suficiente para pagar la producción.

Dayana, consciente de que batallábamos, me sugirió integrar en el elenco a Raúl Ávila, hijo del entonces gobernador del Estado de México, Eruviel Ávila.

—Es un chavo como todos nosotros, quiere actuar, y tenerlo en la película sería de mucha ayuda por todas las puertas que abriría al ser hijo del gobernador —dijo Dayana.

Yo permanecí reflexivo; analizaba ventajas y desventajas de la propuesta, obviamente eran más las desventajas. Dayana, notando mi ofuscación, agregó con desconsuelo:

—Yo sé que es deshonesto integrar a actores por interés, pero estamos en guerra, Mike, hay que hacer lo que sea para sacar adelante el proyecto.

Dayana no se había dado cuenta de que ella ¡llegó de la misma manera! Su sugerencia, sin embargo, fue válida y contundente: necesitábamos a alguien con las "palancas" del hijo del gobernador, y Raúl Ávila reunía esas características. Como ocurrió con Dayana, no existía un solo personaje con el perfil físico del hijo del gobernador, así que tuve que inventar uno más.

Hoy que lo pienso, el personaje funcionó bastante bien, pues en muchos aspectos era parecido al hijo del exgobernador: un muchacho de unos 21 años, despistado, hijo de un funcionario influyente, vanidoso y *fresón*.

Su inclusión, junto con el personaje de Dayana, me permitió completar el elenco que incluía a actores de la talla de Rogelio Guerra, por encima de Fernando Luján y Ernesto Gómez Cruz; a Carlo Guerra, nieto del primer vampiro mexicano Germán Robles; a Luis Felipe Tovar, por encima de Alberto Estrella y Jesús Ochoa, para el papel del comandante Ramírez; Édgar Vivar, el Señor Barriga, por encima de todos los actores del mundo.

Estábamos cada vez más cerca de lograrlo, en aquel instante ya teníamos amarrados los apoyos de hospedaje, comida y equipo técnico, sólo restaba juntar más dinero para, entonces, jugarnos el todo por el todo.

* * *

Nos faltaban 400 mil pesos para concretar el plan. Si tenía suerte y trabajaba otros seis meses, tal vez juntaría el capital. O quizá mediante un préstamo. Pero ¿quién me apoyaría con esa cantidad? Un día fui a ver a mi hermano Octavio y le expliqué lo lamentable que resultaba la falta de dinero. ¿De qué servía tener un buen guion si no tenía apoyos? Me sugirió intentar con Imcine, pero el sistema para lograr fondos de ese fideicomiso era una mafia. Yo sabía, como muchos más, que esa institución funciona mediante compadrazgos, palancas y un alto grado de corrupción, en donde sólo debes conocer a las personas indicadas para pedirles que apoyen el proyecto a cambio de una fuerte cantidad de dinero que reciben debajo del agua. Ni qué mencionar sobre muchos productores que cada año reciben millones de pesos para proyectos que nunca salen a la luz. Por eso no iba a Imcine. Porque no quería denigrarme y contribuir con quienes sólo se preocupan por enriquecerse. ¿Cómo sabía todo eso? ¡Porque lo intenté! ¡Y porque me lo dijeron! ¡Y porque lo vi!

Mi hermano, notando mi desesperación, dio una muestra de su gran amor y ofreció prestarme los 400 mil pesos que necesitaba.

Así que sumé los 400 mil de mi hermano, aunque después, a pesar de sus buenas intenciones, no pudo conseguírmelo, con el dinero ganado como *Fixer*, más patrocinios por parte del municipio y la Universidad del Estado de México, y los recursos que aportaría Homero. Por fin tenía lo necesario para iniciar la producción de *Antes que amanezca*. Por otra parte, si algo fallaba, tendría al hijo del gobernador para que nos echara la mano.

Con toda la emoción del mundo y decidido a tragarme el futuro de un solo tajo, programamos el inicio de producción para mediados de abril de 2014. Pero no todo salió como lo esperaba, siempre faltó dinero e inversionistas, surgieron muchos problemas graves con actores y trabajadores de la película, se agotaron la paciencia y el dinero, ¡hasta un complot debí enfrentar! El caso es que el tiempo pasó desgastándolo todo y los avances de la película fueron mínimos y llenos de conflictos.

2

SER *FIXER* ES VIVIR
TAMBIÉN EN EL INFIERNO

LA PRESIÓN DE CADA DÍA

Quería terminar la película, pero sin dinero era difícil. Por más que quisiera, la simple idea rayaba en lo imposible. La única opción era buscar apoyos o de plano trabajar hasta juntar lo necesario sólo para financiar el proyecto, de otro modo terminaría en un callejón sin salida dando vueltas en espiral y aprendiendo del duro oficio de la decepción.

Creía, y durante mucho tiempo así fue, que trabajando como *Fixer* podría juntar lo necesario para lograrlo. Sin embargo, el plan sugería un camino largo, lúgubre e incierto, pero estaba dispuesto a recorrerlo. Lo hice una vez como periodista y lo volvería a hacer como *Fixer*.

Para lograrlo debía llevar mi labor a otro nivel. Ya no sería suficiente con visitar narcotumbas, cenotafios, escenas del crimen, Malverde y campos de marihuana, sino llegar hasta donde ningún periodista imaginó estar; eso incluía explorar más allá del bien y del mal del periodismo. Sólo así accedería a la fase donde el más osado de los periodistas alguna vez soñó, y donde imaginó que era imposible llegar: tráfico de armas de Estados Unidos a México, trasiego de droga en ambos países, sicarios, laboratorios de metanfetaminas, búnkers de armamento y entrevistas con narcos de alto perfil.

Pensando en esa meta recordé una ocasión cuando mi padre, justo al cumplir los ocho años, se me acercó para darme un consejo que me habría de acompañar toda la vida:

—Más allá de lo que elijas ser, esfuérzate siempre por ser el mejor: si eres un abogado, sé el mejor; si eres un doctor, sé el mejor; si te toca ser un ladrón, sé el mejor ladrón; si eres un barrendero, sé el mejor de todos, al grado de que si un día alguien ve una calle limpia diga: "Mira qué bien barrida está esta calle, seguramente la barrió Miguel Ángel Vega".

En este caso, debía convertirme en el mejor *Fixer*. Esto significaba ser paciente, resiliente, temerario, indulgente, tenaz, afable, honesto; bueno al volante y también debía conocer la historia del narcotráfico en Sinaloa, incluso más que los libros sobre narco publicados allá afuera. Tendría los mejores contactos con las mejores técnicas de seguridad para no caer en acciones suicidas. Del lado de la justicia, tendría contactos en la DEA, en la Sedena, en la Marina y en la FGR, en la Secretaría de Relaciones Exteriores, para que cuando se atorara algo tuviera a quién recurrir. Mi lista de contactos se extendería hasta cada rancho de Badiraguato, Choix, Angostura, Mocorito y otras partes de la sierra.

Entendía que, con esos accesos, cuando llegara la oportunidad, podría atenderla con eficacia y determinación. Lo demás sería parte de la misma inercia de cada proyecto. Me repetía que si había logrado dirigir y producir películas de ficción, debía ser capaz de sacar adelante un documental, aunque para ello debiera meterme hasta el fondo de la organización criminal más poderosa y violenta de México y Latinoamérica: el Cártel de Sinaloa.

Pronto comenzaron a contactarme periodistas de distintas partes del mundo. Habían escuchado de un *Fixer* que era capaz de abrir casi todas las puertas del Cártel de Sinaloa y estaban dispuestos a ir hasta el fin del mundo para trabajar con él. En aquel entonces el fin del mundo estaba en Culiacán, y yo era ese *Fixer*.

Por alguna razón que no lograba entender, el trabajo disminuyó durante el primer trimestre de 2015, así pasaron varios meses sin que recibiera una oferta de trabajo, y de no ser por *Ríodoce*, no sé cómo habría sobrevivido.

Pero no era tiempo perdido, utilicé aquellas semanas sin trabajo para editar el corte preliminar de mi película. El resultado, tanto visual y de ritmo, así como de actuaciones y narrativa me tenía con un mal sabor de boca, pues no sólo faltaban varias imágenes que no tenía, sino que había clips que estaban perdidos o corrompidos, y era necesario grabarlos de nuevo. En otras palabras, si realmente quería terminar *Antes que amanezca* debía regresar a Toluca. Pero al no tener el dinero suficiente debía esperar, y el problema de la espera es que desespera.

No era el único que empezaba a desesperarse, la Princesa también experimentó el mismo hartazgo. Cansada de aguardar y no ver resultados, comenzó a presionarme para que concluyera la película. En el fondo me preguntaba si ella estaría lamentando no haber aceptado la propuesta del antiguo productor en línea, "de botarme y traer a un director de verdad al set". La desesperación, el ocio, la depresión, empezaron a aplastarme.

En un afán por recuperarme de aquella carga viajé a Culiacán para visitar a mis padres y también para buscar a inversionistas. Me hospedé en casa de mis viejos, que me recibieron con emoción. El cansancio, ése que llega con la edad, empezaba a derrotarlos, aunque no lo suficiente como para que mi madre preparara un caldo de frijol con hueso, mi platillo favorito, que al poco rato comimos en la cocina.

Entre el humeante vapor que brotaba de los platos, hablamos de la película y de lo difícil que era la vida en esos tiempos, de la violencia en el país, de mi labor como periodista y del deseo de dedicarme de lleno al cine en lugar de seguir exponiéndome al peligro con investigaciones sobre narcos, juicios y corrupción.

—Yo sé que quieres cambiar el mundo, pero debes de cuidarte —decía mi madre, y mi padre la secundaba.

Yo sólo los escuchaba. No sabían que con tal de terminar la película estaba dispuesto a seguir abriendo contactos con gente del cártel para así sacar adelante el proyecto; no tenían por qué enterarse (ni en ese instante ni nunca).

Abrumado por todos esos deseos frustrados, salí al patio a tomar el aire; no sé qué tanto hablaron mis dos viejos, pero cuando regresé me dijeron que habían encontrado una solución: vender un terreno que tenían ahí cerca y darme para la película.

Parecían felices por la solución, sin embargo yo no podía aceptar aquella ayuda.

Aquel terreno era un espacio que mis viejos tenían para abrir una granja de cerdos y sólo esperaban que les aprobaran un préstamo para emprender el negocio. Por eso no debía ni podía aceptar el apoyo. Era el sueño de ambos, y si vendían el terreno por mí, yo sentiría que me estaba aprovechando de su amor de padres.

Confundidos con mi negativa, mis viejos hicieron que me sentara en la mesa y enfatizaron en que la decisión estaba tomada: "No aceptaremos un *no* como respuesta". Era lo que realmente querían y no habría recompensa mayor que verme estrenar esa película.

—Nosotros ya estamos viejos, hijo, y si tomamos esta decisión es para que tú logres lo que buscas: tu triunfo también será nuestro triunfo, y tu felicidad será nuestra felicidad.

Yo tragaba saliva. Pensaba en el sueño de ambos. Necesitaba los 200 mil que ofrecían por el terreno, pero al mismo tiempo me resistía. Mi padre, notando mi indecisión, aclaró que sería ante todo un préstamo que en su momento tendría que devolver, incluso con intereses si fuera necesario.

—Velo como una inversión para tu película; nos das puntos porcentuales una vez que generes ingresos, así nos pagas y todos ganamos.

Su argumento era sólido y su entrega total.

Regresé a México animado. La desesperación se transformó en esperanza; Checo y yo empezamos a convocar a actores, fotógrafos, sonidistas, camarógrafos, maquillistas y vestuaristas para ir nuevamente a Toluca a grabar las escenas pendientes.

Fueron seis días de trabajo intenso, de una gran nostalgia por todos los que no regresaron a la segunda etapa del rodaje, pues esta vez ya no tuvimos patrocinios para hospedaje ni para comida, ¡todo lo financió el dinero de mis viejos! Entre lo que grabamos destacó la escena de un helicóptero, un *bullying* de niños en una escuela primaria, la escena del noticiario, una toma en la playa, así como aspectos generales que hicimos en otras ciudades, incluyendo Tlaxcala, la Ciudad de México y Acapulco, de modo que al sexto día terminamos las últimas escenas de la película. Esto era el famoso *wrap*.

De regreso a la Ciudad de México conocí a Pablo, un ingeniero de posproducción que había leído el guion de los vampiros y quería asociarse conmigo. Según explicó en aquel primer encuentro, estaba en proceso de sacar adelante una empresa de posproducción que recién había fundado, y consideraba que mi proyecto era una oportunidad para producir proyectos cinematográficos de alta calidad.

No hablamos de porcentajes ni de dinero, pues Pablo propuso primero trabajar la película y esperar que éxito y dinero llegaran solos.

Dos días después de aquella entrevista nos vimos en su oficina para analizar la película. El espacio era pequeño pero cómodo, lo componía un recibidor de cinco por cinco metros con un sofá de piel color negro al lado derecho, enseguida un frigobar con una máquina expendedora de cerveza encima. En la estancia destacaba también una mesa de centro y del lado izquierdo un escritorio con una iMac de 27 pulgadas; una mampara de madera color café chocolate de metro y medio de alto y el resto de la separación, un cristal opaco que llegaba hasta el techo, de tal manera que era imposible ver lo que había del otro lado.

Pablo tendría unos 39 años; alto, moreno y fornido, con un aire de actor de la época de oro del cine mexicano; bien podría decirse que tenía un aire de Pedro Infante, aunque Pablo era sin duda más presuntuoso y arrogante que el actor sinaloense.

Siempre analítico y perfeccionista, empezó a trabajar conmigo en la edición, audio y música de la película con el esmero de dos presos que planean la libertad; incluso llegué a pensar en Pablo como el socio y amigo con quien sacaría adelante esa película y muchos otros proyectos que tenía escritos y que algún día habría de realizar.

Así avanzamos hacia la meta, hasta que un día chocamos; en realidad no era tan grave, pues mientras yo tenía la idea de contratar a un músico para que compusiera el *score* musical, Pablo insistía en adquirir una biblioteca con miles de temas musicales, los cuales usaríamos una y mil veces, ya que la licencia era de por vida, lo que nos daba oportunidad de quedarnos con los derechos de toda la música para usarla no sólo en *Antes que amanezca*, sino en muchos otros proyectos.

Durante días intentó convencerme, pero de manera infructuosa; así que poco a poco se dio cuenta de que me asistía la razón. Aunque no coincidíamos en ese rubro, seguimos avanzando, pues no sólo estábamos obstinados en terminar la película, ya que para entonces habíamos desarrollado una gran amistad.

Nuevamente el tiempo comenzó avanzar, cada vez más rápido y cada vez más intenso. Mi labor como *Fixer* parecía haberse estancado, ninguno de mis contactos me contrataba. Y debido a que el dinero de *Ríodoce* no era suficiente, regresé a las aulas para seguir dando clases.

Justo entonces me contactó un tal Ulises Escamilla. Me dijo que estaba haciendo un documental para el canal de televisión británico

Skynews, y necesitaba un acceso que se le estaba complicando: un laboratorio de metanfetaminas.

Yo, que nunca había escuchado de él, pregunté quién lo había referido conmigo.

—Darren Foster —dijo de inmediato.

Sabía perfectamente quién era Darren, pues había trabajado con él en un par de proyectos: uno sobre la producción de goma de opio en la sierra de Sinaloa y otro sobre migración. Darren le había dicho a Ulises que podía confiar en mí. Entonces supe que Ulises era el otro *Gran Fixer* que había en México, aunque éste operaba más al sur del país.

Laboratorios de metanfetaminas

Me vi con Ulises en un Starbucks de la colonia Roma. Un tipo moreno, alto, cabello casi a rape y con un marcado acento chilango que lo hacía parecer más rudo de lo que realmente era. Se sentía orgulloso de su léxico y acento, pero también de haber crecido y sobrevivido en Aragón, uno de los barrios más bravos de la Ciudad de México.

Sentado frente a él, sentí que estaba sentado frente a un espejo: era la primera vez que veía a otro *Fixer* y no dejaba de observarlo, de analizarlo.

Ulises no se anduvo por las ramas y luego de una peculiar introducción dijo que necesitaba un laboratorio de metanfetaminas. El problema es que debía amarrarlo a más tardar en dos semanas, de lo contrario no se haría, pues la producción se iría a otro país.

—Si no se logra no pasa nada, informamos a Londres que no hagan el viaje porque no se logró el acceso, pero si se hace, les damos luz verde para que se vengan en chinga —explicó.

No debí pensarlo mucho porque, aunque el tiempo era limitado, la paga era buena, y como era mi primer trabajo en meses, le dije que sí podría lograrlo. La presión comenzó, pues si quería sacar adelante el proyecto debía ir a Sinaloa.

Con el tiempo encima, la distancia de por medio y el compromiso de dar resultados, me escapé un fin de semana a Culiacán para comentarlo con amigos, conocidos y familiares, esperando que alguien conociera a quien pudiera darme el acceso a un laboratorio de metanfetaminas.

Cuando escuchaban la meta, brotaba el silencio, seguido de una larga hilera de excusas que no llevaban a ninguna parte. Invariablemente debía seguir intentándolo, pero cada cocinero con quien acudía me bateaba en cuanto se enteraba de qué trataba el acceso. Entonces anteponían una avalancha de dudas y luego lanzaban el argumento de que temían que yo o mis compañeros fuéramos agentes encubiertos de la DEA.

—Con todo respeto —aclaraba al cocinero—, ¡la DEA no se va a fijar en un simple cocinero para intentar desmantelar el cártel!

—En mí no, pero en mi patrón sí, y luego en el patrón de mi patrón y así va la cadenita.

No pude negar su lógica. Después de todo estaba comprobado que la DEA y otras agencias gubernamentales se escabullen en las organizaciones criminales por la parte más delgada: por lo general empiezan con sicarios, punteros, cocineros.

Esa conclusión los desanimaba. Y aunque trataba de hacerles ver lo contrario, aprovechaban la pifia para aumentar sus evasivas, y ya no había poder humano que los hiciera cambiar de opinión. En tales circunstancias lo mejor era no perder el tiempo y explorar otras opciones.

Pero en cada acceso al que llegaba, encontraba la misma negación: "El compa es DEA". Por eso nadie quería ni siquiera hablar conmigo. Pronto agoté la mayoría de las posibilidades y entonces la presión creció al grado de querer ir a buscar a la Flor para que me reconectara con sus amigos. Si no lo hice fue porque estaba consciente de que me mandaría al diablo, y con justa razón, pues para entonces la Flor ya sabía que andaba con una actriz; buscarla era exponerme a una sarta de insultos, increpaciones y humillaciones.

Mientras yo trataba de reponerme ante la adversidad, daba vueltas en espiral en la camioneta negra de mi hermano, tratando de encontrar una solución, ya que después de dos días de búsqueda, más que acercarme a los accesos, parecía ahuyentarlos. Entonces me preguntaba, ¿cómo quería ser el mejor si en la primera oportunidad era incapaz de conseguir un laboratorio de metanfetaminas?

Por otra parte, el tiempo empezaba a correr; no sólo tenía que dar resultados a la producción, también debía regresar a la universidad a dar clases y retomar la posproducción de la película. Fue en ese callejón sin salida que, al borde de la desesperación, escribí en el chat de mis hermanos para ver si alguien sabía quién podría abrirme esa puerta. No hubo respuesta inmediata y no fue sino hasta el día siguiente que Octavio me respondió. Todavía se sentía mal por haberme fallado con el préstamo, tal vez por eso buscaba compensarme. Fue un momento de desesperación, pues en otras condiciones nunca hubiera involucrado a mis hermanos para ese tipo de accesos, sabía que si algo salía mal, el narco iría no sólo contra mí, sino también contra ellos, y una falla de ese tipo no me la perdonaría nunca. Antes prefería fallarle a la producción.

Sin embargo, en esa ocasión no tuve de otra que romper mis propias reglas.

—Conozco a una persona que puede ayudarte —dijo cuando nos vimos.

El enlace era un pistolero joven, de unos 25 años cuando mucho. Según explicó el pistolero, tenía un primo que cocinaba metanfetaminas en Mocorito, un municipio al norte de Culiacán. Él mismo quería ser cocinero, porque su labor como pistolero no lo había llevado a ninguna parte, todo lo contrario, empezaba a ahogarlo en la confusión.

Aclaraba que, como muchos otros narcos que contacté, él no trabajaba para el Cártel de Sinaloa, aunque indirectamente sí lo hacía, ya que lo contrataban narcos de perfil medio que hacían negocio con los grandes jefes, y esto lo volvía parte de la organización.

No obstante no disfrutaba de ser sicario, según me dijo cuando fuimos a ver a su primo. Estaba desencantado porque dos meses antes su patrón en turno le ordenó un trabajo que no lo dejó dormir durante varias semanas: matar a quemarropa a un hombre desarmado.

Ya había amanecido y él y su patrón aún circulaban por Culiacán luego de una noche de putas, alcohol y música norteña. Aliviándose la borrachera y el cansancio con un poco de coca, terminaron en una esquina solitaria de la periferia de la ciudad donde su patrón le ordenó detenerse y esperar. El sol apenas se asomaba en el horizonte y la luz sugería un día normal, con gente que salía desde temprano para ir a sus trabajos. ¿Qué hacían ahí? Era un misterio. Hasta que, cinco minutos después, el joven pistolero recibió una extraña orden.

—Ve y mata a ese hombre.

Su patrón apuntaba con el índice a un humilde albañil que se había detenido en la esquina de una calle en espera del camión. El joven pistolero, que por regla propia de su oficio estaba obligado a obedecer sin cuestionar nunca a su patrón, bajó de la camioneta y caminó hacia el albañil. Era un momento incómodo, porque generalmente la orden es matar a otros pistoleros, enemigos o responder ante ataques armados, incluso enfrentar al gobierno de ser necesario, pero nunca se ordena una muerte sin justificación. Y menos si la víctima está desarmada y no tiene que ver con el narco; peor aún, la víctima ni siquiera sabía que iba a ser asesinada, ésta era la sensación que el joven pistolero tenía mientras caminaba para ejecutar al hombre aquel.

En medio de esa sensación llegó adonde el albañil y se plantó frente a él; éste al verlo lo miró con curiosidad más que con sorpresa, pues el sicario parecía un joven preparatoriano en lugar del pistolero que realmente era, ya que traía la pistola fajada y era poco visible.

Confundido, el albañil hizo un movimiento afirmativo con el rostro, una especie de saludo cuando se tiene a un desconocido enfrente que no se sabe bien quién es o qué quiere; entonces el pistolero sacó su Beretta 9 mm y le soltó un par de tiros en la frente. Para cuando el albañil reaccionó ya estaba tirado en el suelo en medio de un charco de sangre, posiblemente sin saber qué había pasado.

El joven pistolero corrió hacia la camioneta donde lo aguardaba su patrón y ambos huyeron a gran velocidad de la escena del crimen. Sólo entonces se atrevió a preguntar por qué había tenido que matar a aquel hombre.

—Es que me estoy cogiendo a su vieja y el pinchi Albañil es muy celoso.

La respuesta destrozó al joven pistolero, y en ese momento quiso dedicarse a otra cosa. Quiso correr, estrellar la camioneta que conducía contra un edificio o un tráiler y morir en el accidente con su patrón. Sentía coraje, odio contra sí mismo y contra la persona que iba a su lado, que indiferente hablaba por teléfono, tal vez con la viuda del albañil que para entonces estaría frío y rodeado de curiosos que saldrían a verlo muerto.

Al final no renunció a su labor, pero sí a su patrón. Y una vez que dejó de trabajar para él, espero una semana para que contratara a otro pistolero; así que aprovechó ese tiempo y se dedicó a buscarlo para, en la primera oportunidad, darle muerte a balazos, por la infamia de matar a una persona inocente cuyo único pecado era tener como esposa a una mujer hermosa.

Para cuando el pistolero terminó de narrarme la historia ya había-mos llegado al poblado.

Salió entonces un hombre de unos 30 años, flaco, barbado y des-cuidado, con una gorra de los Tomateros y un bote de Tecate Light en la mano derecha. Saludó con afectó al joven pistolero y del mismo modo me saludó. Tenía el típico acento sinaloense, cargado de regionalismos y tecnicismos del mundo del narco.

El joven le explicó el motivo por el cual estábamos ahí: grabar la manera en que se cocina el cristal en Sinaloa, para ilustrar un documen-tal que produce la televisión inglesa.

—¿Y no es gobierno? —preguntó con desconfianza.

—Es hermano de un camarada; no van a mostrar rostros, ni lugar, ni nada.

El primo del pistolero me miró de arriba abajo. Era evidente que desconfiaba.

—¿Y tú respondes por él? —preguntó.

—Yo respondo —dijo el joven pistolero.

Hablaban entre ellos como si yo no estuviera presente.

Un viento suave sopló ligeramente hacia el sur y el cocinero hizo entonces una breve pausa; agachó la mirada y luego agregó, esta vez volviéndose a mí:

—Nada más voy a decirle esto: si usted o cualquiera de los que vie-nen con usted resultan gobierno, esto es lo que va a pasar: primero van por mi primo, luego por su hermano y al último van por usted.

—No habrá necesidad de ir por nadie —le dije—. Si hacemos las cosas bien, nadie tiene por qué salir afectado.

—Sólo para que esté enterado —remachó el cocinero.

Es curioso, pero cuando un *crew* de televisión llega a cubrir un acceso determinado, nunca se entera de la amenaza previa que hay en contra de uno: las miradas delirantes clavándose fijamente, el tono serio en la voz, la duda y la muerte; tampoco saben que al menos una de las personas contactadas conoce dónde vives, es cuando el temor e incertidumbre derrapan en un mismo precipicio. Finalmente son nar-cos con quienes se interactúa y justo entonces se descubre que, inevita-blemente, la vida pende de un hilo muy delgado si un productor viola lo pactado y revela nombres, lugares o anécdotas que, de saberse, afecten los intereses de la organización, entonces el resultado puede ser fatal. Nunca me ha ocurrido, pero pueden suceder mil cosas, incluyendo que sicarios del cártel vengan por cada una de las personas involucradas y entonces todo se acabe.

Por ese motivo un *Fixer* muchas veces juega a la ruleta rusa cuando hace su trabajo, pues su vida depende de los acuerdos que hace y toda la producción los debe de respetar. Y aunque el productor puede estar desesperado por dar mayor ritmo y dinamismo a una historia, nunca debe de violar los acuerdos, pues ningún documental ni ninguna noticia valen una vida.

Finalmente, al acabar una grabación, productores, directores y camarógrafos regresan a sus países, pero uno como *Fixer* se queda en la ciudad.

* * *

Luego de mil preguntas sin respuesta, dudas y jurar que no éramos agentes encubiertos, el cocinero accedió dejarnos grabar todo el proceso de producción de cristal; sólo exigió que no se revelara el sitio donde estaba ubicado el laboratorio, tampoco debíamos mencionar nombres ni apodos de la gente que trabajaba en esa cocina.

No le importaba mucho que se cambiaran las voces de los entrevistados porque, en sus palabras: "En los ranchos de Sinaloa toda la raza habla igual".

Ya que estaban acordadas las reglas, le solicité ver el laboratorio para al menos tomar fotos y enviarlas a la producción: el cocinero se opuso, pero se comprometió a que, una vez llegando el equipo, nos comunicaríamos para definir lugar y hora para vernos, sólo entonces podríamos ver el lugar.

Regresamos a Culiacán y el resto de la tarde lo pasé en casa de mis padres. Era reconfortante estar con ellos, compartirles detalles de la película y cómo avanzábamos en la posproducción. Ellos se emocionaban al verme feliz y saber que cada vez estaba más cerca.

—Nos sentaremos al lado tuyo cuando sea la premier de la película —decían, y yo asentía con sus palabras, pues estaba convencido de que nada me haría más feliz que vivir ese momento con ellos. Así sería, entonces creí que nada podría arrebatarme aquel plan.

Más tarde avisé a Ulises que el laboratorio ya estaba amarrado, y de inmediato lo comentó con la producción de Skynews, quienes festejaron en grande la noticia: vendrían a México.

A la mañana siguiente tomé el primer vuelo a la Ciudad de México y apenas alcancé a estar a tiempo para la clase de inglés, en la escuela de cine.

Horas más tarde pasé a ver a Pablo para seguir trabajando en la posproducción. Y aun cuando todo parecía ir bien, no dejaba de pensar en la amenaza del cocinero: "Si algo sale mal, iremos por tu hermano y luego por ti". Consciente de que aquello podría no tener un final feliz, empecé a buscar alternativas. Si encontraba un laboratorio de heroína en otra ciudad, podría sacar la vuelta a la amenaza. Habría una nueva, seguramente, pero al menos no embarraría a mi hermano ni a nadie de mi familia.

Pero los días pasaban y no podía concretar un nuevo acceso. Y pensaba cada vez más en el tono del cocinero: "Iremos por tu hermano y por ti". No era personal la amenaza, pues entendía la magnitud de su negocio, pero prefería no apostar por la suerte. Por eso buscaba alternativas. Sin embargo, cada vez era más difícil encontrar una. ¿Y si cancelaba? Sería lo mejor, porque podía asumir el riesgo si sólo me involucrara yo. Pero involucrar a mi hermano era terrible, y la posibilidad de que algo saliera mal me aterraba. ¿Cuántas veces un error ajeno deriva en la tragedia de otro? Ésa era la razón por la que contactaba a medio mundo, incluso gente que trabajó en *Antes que amanezca*. Recordé a un actor de la película *Cáliz* que alguna vez me dijo conocer a un distribuidor de droga cerca de Tepito. No tenía su teléfono, pero era mi contacto en Facebook; esa misma noche le envié mensaje para vernos. Debido a que pensó que quería ofrecerle un nuevo papel para otra película, sugirió vernos en un gimnasio de San Cosme, donde hacía ejercicio. Cuando le expliqué de qué se trataba no le gustó, pero accedió a ayudarme "sólo porque me conocía de tiempo". Al otro día nos vimos con el dueño de un laboratorio clandestino que distribuía droga en la zona oriente de la ciudad. Como todos los narcos, dudó de mil maneras, pero al final accedió gracias a la amistad que tenía con mi contacto.

Al día siguiente Ulises y yo fuimos a ver al actor al gimnasio donde entrenaba, Ulises lo bautizó como el Músculos, porque invertía cinco horas diarias levantando pesas en su afán por competir por Mr. Olympia.

Con el laboratorio amarrado en la Ciudad de México pensé que ya no sería necesario ir a Culiacán a grabar otra cocina, pero cuando lo sugerí a Ulises y lo comentó con el productor de Skynews, éste celebró tener dos laboratorios: grabaríamos ambos.

Mi argumento fue que no era bueno arriesgarnos en Culiacán cuando teníamos Ciudad de México, pero ellos insistieron en grabar los dos; no tuve otra opción más que cuadrarme. A esas alturas lo único que quedaba era esperar que todo saliera bien.

Aproveché la semana que restaba para finiquitar compromisos pendientes, entre ellos escribir la nota para *Ríodoce*, preparar la clase de inglés en la universidad y avanzar lo más que pudiera en la posproducción de mi película, para entonces debía definirse musicalización, corrección de color y diseño sonoro.

Pablo se sentía emocionado y, previendo la cercanía del estreno, propuso protegernos de futuros problemas legales: haría que todo actor de quien no tuviéramos permiso por escrito para usar su imagen y voz firmara un acuerdo de cesión de derechos. Yo accedí. Sentí orgullo de tener un socio que estuviera atento de todo.

Pero algo pasó en los días posteriores y Pablo comenzó a cambiar. Coincidió con los días en que comencé a ver en su oficina a una de las actrices que participaron en la película; se trataba de la chica que interpretó a la presentadora de noticias. No tuve que ser adivino para saber que algo había entre ellos, lo cual no me hubiera importado, de no ser porque producto de esa relación Pablo empezó a descuidar el proyecto.

A los pocos días llegó el equipo inglés a la Ciudad de México: un productor que, extrañamente, resultó ser un antiguo agente de fuerzas especiales del gobierno británico, una productora en línea, un camarógrafo irlandés a quien se me dificultaba entender por su pesado acento británico, y el corresponsal Stuart Ramsey. Sin duda el *crew* más puntual con quien alguna vez trabajé, aunque lo que realmente me preocupaba era el exagente de fuerzas especiales.

Me preguntaba si sería un agente encubierto del NCA. O un cazarrecompensas queriendo atrapar al Mayo. Si así era, mi vida y la vida de mi hermano podrían estar en peligro. Ulises, por su parte, me calmó al señalar que ya tenía tiempo trabajando con él y que eran súper *pro*. Contuve la incertidumbre, pero me mantuve alerta.

Cuando dije al Músculos que ya había llegado la producción y que estábamos listos para grabar, notificó al dueño del laboratorio para que todo estuviera en orden. Al día siguiente pasamos por él al gimnasio donde entrenaba y de ahí fuimos a la colonia Jardín Balbuena, donde se encontraba la cocina. Algo que había omitido al platicar con el narco era el tipo de material que se producía: droga sintética. Efectivamente, lo era, pero no de metanfetaminas, sino de crack. Me tranquilizó que tuviéramos otro laboratorio en Culiacán, pues lo que grabarían en Balbuena sólo reforzaría lo de Sinaloa.

Una vez que Ulises y yo tuvimos luz verde para comenzar con el primer laboratorio, volé hacia Culiacán de avanzada para verificar que todo estuviera en orden allá. Entonces no contaba con los inconvenientes que nunca faltan para este tipo de accesos.

* * *

Cuando aterricé en Culiacán le marqué al cocinero. Los primeros dos intentos me mandaron directamente al buzón de voz, aunque aclaraba que el usuario estaba fuera del área de servicio. Era normal, pues la ilegalidad de sus labores los hace pasar la mayor parte del tiempo cerca de laboratorios clandestinos, donde por lo regular no tienen señal.

Condicionado a la espera, aguardé a que mi hermano llegara por mí al aeropuerto. Antes de que me llevara al hotel le dije que necesitaría su camioneta. Lo dejé en su casa y luego me dispuse a esperar en el bar del hotel.

Dos horas después volví a insistir, pero seguía sin entrar la llamada. Mi conclusión fue que tenía su celular apagado o estaba fuera del área de servicio. No me alarmé, no había por qué, sólo me limité a enviarle otro mensaje de texto para que cuando tuviera señal supiera que lo estaba buscando. Pero los minutos pasaban y no tenía respuesta. El bar ya casi cerraba y yo empezaba a desesperarme. Subí al cuarto a descansar y lamenté que el cocinero no tuviera WhatsApp para, al menos, saber si le llegaban mis mensajes. Era el problema de siempre con la mayoría de narcos, pistoleros o cocineros, evitaban usar teléfonos inteligentes por temor a que el gobierno los interviniera.

Casi a las tres de la mañana me entró la terrible idea de que algo le había pasado. ¿Se habría arrepentido de darnos el acceso? ¿O acaso lo arrestó el gobierno?

Aunque era tarde, mandé mensaje al joven pistolero que conectó con él para ver si podía localizarlo. Cinco minutos más tarde me respondió:

—¡El ejército tronó el laboratorio hace dos días! —me dijo a quemarropa.

¡Quedé estupefacto! De pronto se había caído el acceso. ¿Qué pasa cuando se cae un acceso? ¿Se cancela la producción? ¿Se insiste? ¿Se espera?

No supe cómo, pero de pronto estaba atrapado en un callejón sin salida. La presión, misma que aplasta sin misericordia a todos los *Fixers* del mundo, empezó a estresarme de manera insólita. Nunca me había pasado, y sin embargo, estaba ocurriendo. Cierto, era la primera vez que lograba un acceso de esa magnitud, y batallé por varios días para lograrlo, pero no tenerlo de repente me estresaba. Por otra parte, no dejaba de pensar que el equipo llegaría en unas horas a Culiacán, pero si no había laboratorio ¡a qué iban! Lo peor es que no entenderían la situación pues ellos pagan por resultados, no por "casi lograrlo". Y no obstante en mi mente debía responder. De una u otra manera. ¿Pero cómo?

Confundido, tal vez asustado, pedí al joven pistolero que me ayudara a conseguir otra cocina, pero el sicario traía otras preocupaciones encima y no tuvo tiempo ni ánimos de ayudarme, pues según dijo, "estaba por salir hacia el norte del estado para integrarse con el grupo de pistoleros del Cholo Iván, un lugarteniente del Chapo que operaba por la zona de Guamúchil, Sinaloa, y aparentemente estaban por enfrentarse con gente del Chapo Isidro.

Antes de irse hizo una observación adicional que me puso a pensar en las consecuencias:

—Pudo ser peor; si hubieran reventado la cocina después de la grabación, la gente de allí podría haber pensado que ustedes los habían puesto, y quién sabe qué hubiera pasado entonces.

Tenía razón. La amenaza del cocinero fue tan directa y certera, que si el gobierno hubiera tronado el laboratorio después de nuestra visita, seguramente habrían ido por el joven pistolero, luego por mi hermano y finalmente por mí. Al menos era un alivio no vivir con el temor de que en cualquier momento irían por uno de nosotros.

Respecto al cocinero, el joven pistolero sólo alcanzó a decir que tras la llegada de los militares su primo y dos ayudantes lograron salir corriendo en cuanto les reportaron la presencia de los guachos "y huyeron pa'l monte hasta perderse por veredas y brechas". Como los guachos andaban bravos, terminaron ocultos en casa de un familiar. Por si sí o por si no, y conscientes de que pudieron arrestar a uno de los suyos, tiraron los teléfonos al fondo de un canal. Por eso estaba apagado, pues sacaron los chips, los hicieron pedazos y luego se deshicieron del aparato. Lo demás era historia.

Esa noche no pude dormir. Petrificado entre las sombras de mi habitación, pensaba en cómo arreglar el problema mientras el tiempo avanzaba inútil y diligente al amanecer. Llamaría a todo mundo: compañeros de la universidad, colegas de trabajo, carroceros, abogados. ¡Alguien debía conocer al dueño de una cocina de metanfetaminas!

No menos estresante era saber lo que pensaría la producción de mí. Tal vez creerían que mentí. Pero no fue así, siempre dije la verdad. Sin embargo, la verdad tendría que estar reforzada con una nota periodística para al menos excusar la falla. ¿Qué más podía hacer?

Al día siguiente, en punto de las siete de la mañana y casi sin dormir, pasé a recoger al equipo al aeropuerto. Los llevé al hotel a que hicieran el *check-in* y luego salimos a desayunar birria al sur de la ciudad. Durante el desayuno les expliqué que se había caído el acceso. No lo tomaron a mal, pero ahora sería un reto mayúsculo que debía resolver. Aunque era improbable que un laboratorio cayera días antes, era una posibilidad que todos sabíamos podía ocurrir, y para mí lo único que quedaba era solucionar el problema; mi única opción en ese momento era conseguir un nuevo laboratorio.

—¿Y puedes lograrlo? —preguntó Ulises.

Yo asentí, aunque en el fondo no sabía si lo lograría. Lo intentaría con todo mi corazón, pero es difícil garantizar eso que no está en manos de uno.

Ulises, tal vez notando mi preocupación y la gran presión que me aplastaba, sugirió que en lo que encontrábamos el laboratorio grabáramos *B-Roll* en la ciudad para, al menos, avanzar. Propuse ir a la capilla de Malverde, después al panteón Jardines del Humaya, luego con las cambiadoras de dólares y los retenes que militares instalan en las entradas de la ciudad.

Sabía que la carga que se avecinaba me aplastaría hasta el infierno de una manera hasta entonces desconocida, incluso más que en una película de ficción.

Pero mientras grabábamos *B-Roll*, yo me preguntaba cómo haría para abrir un acceso de ese tipo en tan poco tiempo. ¡Era casi imposible!

Nuevamente insistí con antiguos contactos, conocidos y con colegas del gremio, entre ellos Pepis, un fotógrafo de nota roja que, creía, podría conocer a la gente indicada. Como todo el tiempo estaba trabajando, quedamos de vernos en el lugar menos imaginado para hablar sobre temas de narcotráfico: una escena de crimen. No podía ser de otra forma, y ante la urgencia de platicar con él, fui a verlo donde tomaba fotos de una ejecución.

Nos saludamos con euforia. Pepis era alto y delgado como garrocha, con un corazón muy grande que apenas le cabía en el pecho, a pesar de ser *choricero* —así les llaman a quienes cubren nota roja en Culiacán—, la sangre, la muerte y las armas no le habían quitado su ingenuidad, ni su amor por la gente y por la vida.

Luego de explicarle lo que necesitaba, se rascó la cabeza y entonces preguntó por qué me gustaba meterme en camisa de once varas. No lo sabía. Era la vida que estaba viviendo.

—Ah, ¿y entonces Hollywood y todo ese rollo? ¿A poco ya lo dejaste por la paz?

Nuevamente me daba en la llaga. Me habían hecho la misma pregunta una y otra vez y no me acostumbraba a esa interrogante; en ese caso sólo me limité a responder que el cine estaba en reposo, pero que pronto volvería.

Nos despedimos con el compromiso de que haría todo lo que estuviera en sus manos para ayudarme, pero necesitaba un par de días para preguntar entre sus fuentes por un acceso de ese tipo y entonces amarrarlo. Yo asentí.

Mientras tanto, no podía quedarme de brazos cruzados, así que seguí indagando con mis conocidos, incluso estaba dispuesto a buscar hasta debajo de las piedras un indicio real que me llevara a un laboratorio de metanfetaminas. Sería incansable, imparable y sabía que no me detendría hasta lograrlo. Una opción que no había considerado era mi amigo de la infancia Pedro Lara. Conocía a gente y no dudaba en que pudiera conectarme. Convencido de que era una opción real, fui a buscarlo hasta su casa. Salió su madre, doña Balbina, sólo para decirme que su hijo había muerto en un accidente unas semanas antes. La noticia me sorprendió. Pedro era un tipo joven y uno de mis mejores amigos de la infancia. Me senté con doña Balbina y juntos compartimos un silencio amargo. Tantas puertas que Pedro pudo abrir. Pero ya no estaba. Ya no estaría nunca; jamás sabría si el caso de su tío, don Leandro, era real o acaso una de esas leyendas urbanas que de pronto cuenta la gente.

Luego de aquel trago amargo, manejé por la ciudad. Ya había oscurecido y las sombras daban un aspecto sombrío a las calles. Tenía todo en contra, y por lo general ésas son las señas para que no se logre una meta. Pero no quería ser fatalista, y menos supersticioso. Ser supersticioso trae mala suerte y eso era lo que menos necesitaba. Debía seguir. Pensar: quién podría abrirme un laboratorio de metanfetaminas. Me venían a la cabeza imágenes de amigos, familiares, conocidos, amigos de amigos…

Entonces pensé en uno de esos actores, con quien había hecho amistad y a quien sólo identificaré como *Tony Montana*, por su afición a las mujeres y por creer que era más inteligente que todos los narcos de Culiacán. Tony conocía a un jefe de sicarios conocido como el Ruso, uno de los principales lugartenientes del Mayo Zambada, que controlaba las zonas de Tepuche, Agua Caliente, La Loma de Rodriguera, La Pitayita y todo el norte de Culiacán. Según Tony, el Ruso nos podría abrir todas las puertas de todos los laboratorios de metanfetaminas que había en el lugar. Pero necesitaba tiempo para llegar a él. Uno de sus cuñados trabajaba con él, y el enlace se haría por esa vía. Me pidió un día para amarrar la entrevista y dejar que "él mismo decidiera".

Pero en medio de la espera, el tiempo seguía corriendo. La presión alcanzaba niveles exagerados y yo sentía que se me venía el mundo encima. Ulises, notando mi desesperación, propuso que nos dividiéramos: él se haría cargo de Tony Montana y yo seguiría buscando a otros contactos que pudieran abrir más puertas. En realidad mi plan era seguir visitando amigos y hasta enemigos, incluso estaba dispuesto a buscar al

Flaco para que me apoyara. Al final no lo hice, porque prefería vivir el bochorno atroz de la derrota antes que la humillación de ir con él.

Manejando por la ciudad, pensando alternativas, terminé con otro viejo conocido a quien sólo identificaba con el nombre de Chuy. No sabía mucho de él, sólo que en su momento fue gente de Rafael Caro Quintero y que llegó a ser un hombre poderoso y con mucho dinero. Hasta que un día lo perdió todo; luego sus enemigos intentaron ejecutarlo a balazos y durante el atentado mataron por accidente a su única hija, una niña de once años. A partir de ese momento gastó toda su fortuna para matar a los asesinos. Lo logró, pero aun con la venganza consumada, su vida ya no fue la misma y cayó en una depresión terrible de la que ya nunca pudo recuperarse. De ser un capo sumamente rico y poderoso, se hizo descuidado y holgazán, y en medio de tanta pobreza terminó haciendo mandados para pistoleros de bajo nivel, cocineros y hasta punteros.

—Mira, yo te puedo conseguir un laboratorio de *chiva blanca* o *negra*; la gente que conozco no cocina cristal —dijo mientras fumaba un porro de mota.

Cuando comenté con el resto del *crew* la posibilidad de grabar un laboratorio de heroína la rechazaron de inmediato y sólo enfatizaron que habían ido hasta Culiacán por una cocina de metanfetaminas, no de *chiva*, como llaman a la heroína en la sierra de Sinaloa.

Ulises, que había llegado 10 minutos antes que yo, asintió. Esperaba que tuviera buenas noticias, pero en su rostro se dibujaba la derrota; ni siquiera se habría podido acercar al Ruso, porque la gente que formaba parte de su primer círculo de seguridad lo había detenido temiendo que Ulises fuera un agente encubierto de la DEA.

Los regresaron con el rabo entre las patas y Tony ya no quiso meterse en problemas; a partir de ese día se apartó completamente de nosotros.

Ulises y yo nos miramos a los ojos, con la incertidumbre triste de no saber si realmente lograríamos el acceso a laboratorios.

Analizando en sentido retrospectivo cada evento, lamenté que los soldados destruyeran el laboratorio de Mocorito, pues a partir de ahí todo estuvo en nuestra contra. Era la suerte.

Al tercer día de búsqueda Ulises me dijo que el productor de Skynews no estaba contento con la espera, y que si en dos días no lográbamos el acceso prometido regresarían a Inglaterra porque el equipo no quería esperar más. Pero eso no era todo, la renuncia incluía que no pagarían los días trabajados. Y aunque sabía que aquello era una especie de presión para dar resultados, la coerción no era necesaria porque yo hacía lo que podía y, de no lograr los accesos, yo sería el primero en exigir que no se me diera un solo centavo sabiendo de antemano que no di resultados.

Por eso seguía insistiendo; ya no era una cuestión de dinero, sino de orgullo. Volví a llamar al joven pistolero para ver si sabía algo de su primo. No me respondió, me mandó mensaje diciéndome que contactara a un tal Edgardo, quien por la "motivación" adecuada me llevaría con al menos dos dueños de laboratorios de metanfetaminas.

Me vi con Edgardo esa misma noche, resultó ser un tipo relajado y de pocas palabras. Sólo exigía respuesta para tres preguntas: ¿Qué necesitas, cuándo lo necesitas y cuánto me vas a pagar por ayudarte?

Fue la primera vez que supe que un intermediario exigía una "comisión", y aunque entonces lo interpreté como algo "poco ético de mi parte", después entendí que era lo justo porque se trataba de una especie de *subFixer*, por consiguiente no era malo que individuos como Edgardo recibieran algún tipo de remuneración.

Por otra parte, considerando mi desesperación, no tenía margen ni para negociar ni para esperar; rápido le ofrecí mil dólares de mi salario con tal de que consiguiera el laboratorio. Edgardo accedió y acordamos grabar al día siguiente los accesos que necesitábamos.

Me sorprendió la rapidez con que ofrecía resultados; yo tenía más de dos semanas buscándolos y él en cinco minutos me aseguraba abrir las puertas para esos accesos.

—Aparte de eso, hay que esperar que estén cocinando en estos días. Si así es, ustedes deben estar listos, porque esto va a ser rápido —dijo con una seguridad absoluta.

Después se fue tal como llegó. Había sido todo tan rápido y tan sencillo que apenas podía asimilarlo. Tenía cuatro o cinco días preguntando por ese acceso, más de 500 llamadas a familiares, amigos, conocidos y hasta desconocidos, seis tanques de gasolina, cinco noches de mal dormir, y de pronto me topaba con un intermediario que aseguraba, "por la comisión adecuada", que me conseguiría los laboratorios que necesitábamos.

Apenas lo creía, aunque a esas alturas yo sólo quería que aquello fuera real. Como toda persona involucrada con narcos, Edgardo aclaraba: "No tengo nada que ver con el Cártel de Sinaloa, pero conozco a gente y por eso puedo conseguir lo que quieres".

Era precisamente unas de las cualidades de un *Fixer*, conocer a la gente indicada, y era todo lo que me importaba en ese momento para acabar por fin con aquella gran presión que me aplastaba los pulmones. Al final, la vida se compone de resultados, y si realmente quería continuar trabajando en ese negocio, debía responder en esos instantes, pues tenía claro que para un *Fixer* no hay mañana cuando el límite de tiempo se agota.

* * *

Comprometido, atorado y con la presión que sentía, me olvidé de *Antes que amanezca*. Tenía días sin saber cómo iba, pues, por alguna razón, Pablo dejó de comunicarse con regularidad, empezó con una serie de evasivas que me hicieron cuestionar su profesionalismo. Aún no me preocupaba, no tenía por qué, pero me molestaba su ausencia. Obviamente desconocía la gran tormenta que se avecinaba.

Sin embargo, debía concentrarme en el presente para concretar la meta final: lograr el acceso al laboratorio. Habíamos esperado semanas por eso y de pronto estábamos tan cerca que apenas podía creerlo.

Recibí entonces la primera llamada de Edgardo:

—Estén pendientes, porque a las seis voy a llamarles para decirles dónde nos vamos a ver y de ahí jalarnos a la cocina.

Al poco rato notifiqué por WhatsApp a Ulises y al resto de la producción sobre la llamada. No habían pasado ni quince minutos cuando me marcó Pepis: "Ya está lo del laboratorio; nos van a dar el acceso hoy por la noche en Badiraguato".

Hay un dicho popular en México que reza lo siguiente: Hay veces en que el pato nada y hay veces que ni agua bebe. Ésa era nuestra situación, de la nada tenía dos accesos, con el inconveniente de que ambos eran esa misma noche y en sitios diametralmente opuestos. Nervioso pregunté a Pepis si podíamos grabar el acceso al día siguiente, porque esa noche ya teníamos compromiso, pero a Pepis no le gustó el cambio y dijo que sería ese día o no se haría.

—Estabas que querías un laboratorio, el compa nos da chance en uno que tiene en medio del monte y ahora dices que no, ¿pues quién te entiende? —dijo muy molesto.

Debía tomar una decisión pero no quería hacerlo solo, al menos quería consultar con Ulises y con el resto de la producción, pero la consulta por sí sola era un arma de doble filo. Terminé bateando a Pepis, confiando en que Edgardo daría resultados.

Sin embargo, fue una mala decisión, pues Edgardo me aplazó un día más, luego de que los punteros del cártel le señalaran la presencia de militares cerca de la zona donde estaba la cocina. Por consiguiente, debíamos esperar que se movieran, "por el peligro que era para ellos como organización y para nosotros como periodistas".

La noticia fue un golpe brutal para el equipo y estuve a punto de volverme loco ante esa nueva espera. Pero debía sobreponerme y tener paciencia, pues aunque la presión estaba nuevamente encima, en esta ocasión era cuestión de tiempo. No podía ser de otro modo, pues Edgardo aseguraba que iba a ocurrir, pero había que esperar y "tener paciencia".

"¿Cómo se tiene paciencia después de seis días de espera?", me pregunté.

Mi cielo de pronto se cerró y el triunfo del día anterior se convirtió en un terrible revés. Pero nada podía hacer. Todavía llamé a Pepis para insistir, pero ya no contestó.

Las horas empezaron a pasar con una calma infinita, al borde de la exasperación y deseando de todo corazón que aquella tortura terminara, para bien o para mal (pues ya era un día más de espera). Al día siguiente, finalmente me llamó Edgardo:

—Los veo en Soriana Barrancos a las siete de la tarde; va a ocurrir esta noche —dijo.

La noticia animó al equipo, pues aunque tenían seis días esperando, una hora más de espera no era nada.

Quince minutos antes de las siete de la noche llegamos al lugar indicado y aparcamos en uno de los costados de la entrada del supermercado.

A la expectativa y carcomidos por un profundo silencio que nunca olvidaré, analizábamos el lugar. Inevitablemente teníamos dudas y nos manteníamos alertas de todo movimiento inusual que mirara o escuchara. Llamé entonces a Edgardo y rápido me contestó; me confirmó que todo estaba bien, pero debíamos esperar.

Esperar era la adrenalina de lo desconocido porque todo podía pasar. Hay que recordar que estaba con tres británicos, uno de ellos exmiembro del ejército inglés, y Ulises. Desconfiados, mirábamos en todas direcciones mientras compartíamos el silencio.

Los minutos empezaron a acumularse mientras el lugar se iba quedando solo. Cada auto que pasaba, cada persona caminando, cada patrulla circulando, todos eran sospechosos de querer secuestrarnos o simplemente dañarnos de alguna manera. Por otra parte, era inevitable no pensar en que aquello pudiera ser una trampa y quizá lo que verdaderamente querían era cercarnos para levantarnos y llevarnos a quién sabe dónde.

Justo entonces caí en cuenta de que no sabía nada de Edgardo. Lo conocí a través del joven pistolero, a quien tampoco conocía con certeza, y estar ahí con mi equipo de producción me hacía dudar hasta qué punto todo aquello era real o una trampa.

Pensaba en mil cosas, aunque trataba de maquillar con pláticas esporádicas aquella inseguridad. No obstante, el trabajo del periodista es estar al pie del cañón para lo que venga. Nada más real que lo anterior, porque cuando hay una balacera, por ejemplo, o un terremoto, una tragedia, mientras la gente huye del peligro, el periodista corre hacia él, en un afán casi suicida por lograr detalles de lo ocurrido.

Para entonces ya habían pasado tres horas, y con el temor de que aquello fuera una celada, llamé a Andrés Villarreal para decirle que estábamos por grabar un acceso, pero que había mucho misterio y sólo por eso me reportaría cada hora; si para el amanecer no tenía noticias mías, él sabría qué hacer, ya fuera reportar lo ocurrido al gobierno federal, al CPJ México, a La Marina o a todos.

Estaba por mandarle el número de mi contacto cuando sonó el teléfono; era precisamente Edgardo diciéndome que pronto pasarían por nosotros, pero que antes nos moviéramos a una gasolinera que estaba al lado del supermercado.

¿Cómo sabía dónde estábamos aparcados? Obviamente tenían punteros vigilando la zona.

Nos movimos hacia la gasolinera y nuevamente nos dispusimos a esperar. Quince minutos después pasaron dos camionetas, una de ellas conducida por Edgardo, que tras un rápido saludo desde lejos y sin bajarse del auto, hizo una seña para que lo siguiera.

Conducimos durante varias las calles hasta adentrarnos en la colonia. Antes de llegar al lugar me llamó para recordarme que no grabáramos el exterior del domicilio, pues ahí era la cocina. Consciente de eso, le pedí al camarógrafo no documentar el trayecto hacia el laboratorio. En realidad no había necesidad, pues el misterio era tan grande que no sabíamos qué esperar, ni en qué confiar, y menos qué tanto temer.

Llegamos a una casa de dos pisos con una cochera con barandal al frente, donde una familia platicaba. Uno de los individuos de la otra camioneta sacó un radio y alcancé a escuchar que preguntaba si la zona estaba limpia de gobierno. Del otro lado le respondieron que sí. Edgardo se acercó y nos dijo que entráramos a la casa, "era seguro".

Pasamos de largo, apenas saludando a la familia, y al entrar a la estancia un tipo encapuchado nos recibió callado, sin decir palabra nos hizo seguirlo al patio; después nos hizo subir por una escalera que daba a la segunda planta, donde al menos tres cocineros vestidos con trajes blancos, como astronautas y completamente encapuchados, nos estaban esperando. No veía la cocina por ninguna parte.

—Está adentro —explicó Edgardo, que venía atrás de nosotros y permanecía atento a todo.

Pasamos al interior de una de las habitaciones: ¡Ahí estaba la cocina, era el primer laboratorio de metanfetaminas que veía en mi vida!, y aunque clandestino, no era lo que esperaba, pues se trataba de un espacio pequeño y rudimentario, aunque con lo necesario para producir al menos 100 kilos de cristal cada semana.

Recorrimos el lugar con curiosidad, como si paseáramos por un museo; mirando detenidamente, de cerca y de lejos, la vastedad de cazuelas, cubetas, embudos, filtros y coladores en torno a un quemador de gas que estaba bajo una olla de cocina, donde había un líquido claro y, en el fondo, un material blanco que, después nos explicaron, era la base para hacer cristal: hidróxido de sodio, efedrina, yodo, sosa cáustica y ácido para baterías.

También había pastillas, cubetas para mezclar algunos ingredientes con cucharas de cocina y botellas oscuras llenas de líquidos desconocidos colocados sobre una mesa.

—Cuando estemos cocinando van a tener que salir, porque la reacción química de esos ingredientes produce gases venenosos, y si no tienen máscaras ni trajes antigases puede ser peligroso para ustedes —dijo uno de los cocineros.

Yo advertí que necesitaríamos al menos un traje extra para el camarógrafo, pues la idea era grabar parte del proceso, y no enviaríamos al irlandés al matadero sin ningún tipo de protección. No fue necesario, porque el productor traía máscaras antigases y trajes, tanto para el irlandés como para el resto del equipo.

En ese momento escuchamos por el radio de uno de los cocineros, que en realidad era un puntero que nos vigilaba, la advertencia: "Estén pendientes porque están reportando un par de rápidas de guachos que andan por donde están los periodistas", se escuchó.

Todos quedamos a la expectativa —se les llama "rápidas" a las patrullas militares—, esa incertidumbre me hizo convocar a mi equipo de producción para decirles que si por alguna razón caía el ejército mientras estuviéramos grabando el laboratorio, nadie debía correr, porque hacerlo nos expondría.

—No somos narcos, ni cocineros de droga, sino periodistas, y si llegan a caer, lo más sano será tirarnos al suelo y parapetarnos en un lugar seguro en espera de que todo acabe —dije.

Nos mantuvimos a la espera por un momento, conscientes de que estábamos en la frontera del bien y del mal, y que una trampa del destino podía acabarnos.

El reloj empezó a correr lento y la noche se volvió más oscura y callada que de costumbre. En algún momento casi pudimos escuchar nuestros corazones, incluso más que las sirenas de patrullas que chillaban a lo lejos, y hasta las voces de cada uno de nosotros nos parecieron desconocidas, como si fueran ajenas a nosotros.

Siempre a la expectativa, miramos a los cocineros cerrar sus trajes de astronautas, como si fueran a viajar al espacio exterior, y así iniciar la producción de metanfetaminas en una olla sencilla. Aunque era una cantidad mínima lo que cocinarían, como para mostrarnos el proceso, la posibilidad de una explosión era latente.

Una nube de vapores empezó a acumularse en el lugar, entonces el sitio se convirtió en una especie de cámara de gases de la Segunda Guerra Mundial; yo pensé que todos los que estábamos dentro habríamos de morir. Los cocineros, por su parte, realizaban el proceso con calma, mezclando ingredientes uno a uno, sin dejar de batir el contenido en la olla, que cada vez tomaba una forma más espesa.

Aproveché un espacio para alejarme de aquella revolución de gases que llenaba el cuarto y me dirigí con Edgardo para reclamarle lo diminuto del acceso.

—El trato fue un laboratorio, no una cocina que parece improvisada —le solté en cuanto estuvimos lejos.

Él no se inmutó. Finalmente le estaba pagando de mi bolsa para que diera resultados, y aunque aquella cocina cumplía con lo esperado, la realidad es que yo quería algo más visual, donde se mostrara el poder del Cártel de Sinaloa y el negocio del tráfico de cristal.

—Conozco a alguien que tiene otro laboratorio, más grande y más chingón; si quieres ver más, vamos mañana —dijo. Y yo, que nunca he sabido decir no a esos accesos, acepté.

Amaneció y no terminaban de cocinar, pero se grabó lo más relevante.

La noche siguiente Skynews grabaría el laboratorio más grande al que, hasta ese momento, había tenido acceso un canal de televisión. Un súper laboratorio donde se producían cientos de kilos de *crystal meth,* que en aquel tiempo generaba ganancias millonarias al Cártel de Sinaloa, y donde la olla inicial pasó a ser un contenedor, y las cucharas de cocina se convirtieron en palos, como remos, que revolvían el gran contenido de droga.

Había más de 10 cocineros trabajando allí, todos cubiertos con pasamontañas y máscaras antigases. Y mientras unos preparaban la sustancia, otros la vertían en pequeñas cápsulas, como dosis, que vendían a nivel local, mientras el producto que cocinaban en un contenedor sería traficado a Estados Unidos. Incluso tenían a un adicto que nos hizo una demostración al inyectarse parte del producto para verificar su calidad.

Stuart Ramsey, Ulises y el resto del equipo quedaron impresionados por lo lúgubre del lugar, del súper laboratorio que, aun estando en la zona urbana de la ciudad, operaba de manera normal y ante la vista de vecinos, que hacían como si no vieran nada.

Al fin logramos la meta. Cada espera, toda presión, valió la pena.

* * *

A la mañana siguiente regresé a la Ciudad de México para retomar el proyecto de mi película. Busqué a Pablo para conocer qué avances tenía y también para reclamarle por qué no contestaba llamadas ni mensajes. Pronto me di cuenta de que el problema era más grave de lo que pensaba, pues me respondió que no podía verme por una serie de asuntos familiares que debía atender; por el tono de su voz supe que no estaba muy contento. No dije nada, sólo aclaré que necesitábamos hablar.

Por alguna razón Pablo ya no estaba comprometido como antes y aquel hombre atento se volvió escurridizo, evasivo e irresponsable.

Dejó de contestar mis llamadas, mensajes y correos electrónicos, fue entonces cuando me alarmé. Quería —debía— ponerle un ultimátum para que avanzara más rápido. Pablo respondió que lo buscara en su oficina la noche siguiente, a las ocho. Llegué puntual, aunque no estaba solo, sino con la actriz que daba las noticias en mi película: aparentemente le enseñaba a tocar guitarra.

Lo jalé para hablar a solas con él afuera. Le pedí celeridad en el proyecto, pues el tiempo pasaba y seguía pendiente el diseño sonoro y la música. Sacado de onda, Pablo se volvió hacia la actriz que, a lo lejos, fingía sostener la guitarra, aunque en realidad escuchaba lo que platicábamos. Pablo accedió, pero antes fue con ella para decirle que regresaba pronto. Entonces salimos a la calle. Sin embargo, la chica se fue tras nosotros argumentando que debía irse; Pablo le pidió que lo aguantara un poco mientras hablaba conmigo:

—¿Tienes algo qué decirme? —preguntó con un tono agresivo.

—¡Necesitamos terminar la película! —le dije.

—La película ya está; lo que no está es tu tono —respondió.

Había en su voz coraje, y en su rostro se dibujó una fría amenaza. Lo increpé:

—Mira, quiero terminar la película. Y la voy a terminar contigo o sin ti.

—¡Te sientes con muchos güevos para venir a gritarme enfrente de mi vieja, pero no te lo voy a permitir, así que ésta va a ser la última vez que me levantas la voz!

Ya no hubo tiempo de replicar, Pablo se dio la media vuelta para irse con la actriz.

No me importó que se molestara. Yo era el director del proyecto y debía exigirle resultados, pero él se había perdido en los brazos de la actriz y para lucirse frente a ella y mostrar lo "macho" que era, se portó muy altanero. Ésa fue la última vez que hablé con él.

A partir de ese día, Pablo desapareció por completo. De nada sirvió montarle guardia afuera de su oficina, llamarle mil veces, escribirle emails o mensajes de texto, nada. Era como si se lo hubiera tragado la tierra.

Cuando Homero McDonald se enteró de que Pablo no respondía llamadas, mensajes, ni emails, lamentó su actitud, pero se resignó, y sólo señaló: "Que le vaya bien, de cualquier modo, no lo necesitamos".

Sin embargo, cuando le dije que él tenía la película terminada, Homero quedó mudo de estupor.

—¿Pero tú tienes una copia? —preguntó.

—Tengo copia, pero no tengo las últimas tomas que se grabaron.

Quiso jalarse los pelos, gritar, ir a buscar a Pablo para injuriarlo, pero al final no hizo nada y sólo escuchó cómo el último día que estuve en su oficina dejé sobre su escritorio uno de los discos duros con el que trabajaba; lo había olvidado por la tensión del momento y porque creí que al día siguiente volvería. Pero ya no regresé y el disco duro en el que tenía grabadas todas las escenas del último viaje a Toluca, Tlaxcala y Acapulco, todas producidas con el dinero del terreno que vendieron mis viejos para ayudarme a terminar la película, se quedó en el escritorio. Sin ellas, el dinero de mis viejos se había ido a la basura.

El otro respaldo de lo grabado en Tlaxcala, Toluca y Acapulco estaba en el disco *master*, pero también estaba en manos de Pablo.

La realidad era que sin ese disco duro la película estaba incompleta, y la única opción para rehacer lo perdido era convocar nuevamente a actores y grabar de nuevo esas escenas.

Esa idea rondaba en mi cabeza de día y de noche hasta que, un 11 de julio de 2015 por la noche, me llegó una notificación que pensé que era broma; venía de la Comisión Nacional de Seguridad y decía que Joaquín *el Chapo* Guzmán había escapado de prisión.

Recuerdo bien el día porque festejaba mi cumpleaños con la Princesa y otros amigos en un bar de Reforma; no lograba asimilar la noticia. Inmediatamente después de aquel mensaje llegó otro de un compañero periodista que me preguntaba sobre la fuga del Chapo. No sabía nada, ¡nadie sabía nada! Y hasta pensé que podría tratarse de una broma. Si lo era, estaba muy bien orquestada, porque en pocos minutos estaba en boca de todos.

Tuve que llamar a Ismael para preguntarle si él sabía algo sobre el rumor; su respuesta me dejó sorprendido.

—Es real: el Chapo se acaba de fugar del Altiplano —exclamó Ismael.

CHASING EL CHAPO

Tres horas después del escape, casi a las 10 de la noche, una avioneta Cessna sobrevolaba las montañas del triángulo dorado, muy cerca de un poblado conocido como Bastantitas, en el estado de Durango.

Los alrededores del pueblo, detalló un sicario años después, estaban infestados de pistoleros, punteros y gente con equipo de alta tecnología. Todos miraban a la aeronave aunque nadie sabía por qué la necesidad de tanta seguridad; sin duda esperaban a alguien "importante", de otro modo no estarían los hijos del Chapo ni sus lugartenientes resguardando el lugar. La conclusión era: quien viniera en la avioneta, seguro era alguien grande.

La noche era oscura, y aunque había luna, estaba cubierta por un racimo de nubes negras que hacían dudar al piloto sobre dónde empezaba la pista de aterrizaje y dónde terminaba; además, como se trataba de una pista clandestina, el camino era de terracería.

El Veinte, quien coordinaba el operativo, ordenó por radio a los más de 200 pistoleros que resguardaban la zona que se acercaran a la pista para que encendieran las lámparas de sus celulares y las colocaran en los costados con la luz hacia arriba para emular el indicador PAPI (Indicador de Trayectoria de Aproximación de Precisión, por sus siglas en inglés); así el piloto podría guiarse en el momento de aterrizar. Todos obedecieron.

Cuando la nave finalmente tocó tierra y bajaron sus ocupantes, Iván Archivaldo sacó su Colt. 38 súper 1911 y la descargó, todos alrededor supusieron que habían matado a alguien.

Tiempo después, un pistolero recordaría el verdadero motivo por el cual su jefe disparó el arma: era para festejar que su padre, Joaquín *el Chapo* Guzmán, había llegado con bien a la sierra luego de escaparse de la cárcel del Altiplano.

—¡Chavalones, qué tal! —mencionan que dijo el capo en cuanto bajó de la avioneta.

Dio un fuerte abrazo a sus tres hijos, que lo esperaban desde la tarde de ese día; luego saludó al Cholo Iván y al Veinte, que también estaba con ellos.

Le pasaron una Tecate roja y se la empinó completa. Había sido un viaje largo y lleno de adrenalina, pero el Chapo ya estaba ahí. Debía descansar, porque a partir del siguiente día empezaría a alinear varias cosas que se habían salido de control durante su ausencia.

* * *

La noticia sobre la fuga del Chapo dio la vuelta al mundo con una velocidad supersónica, todo medio de comunicación quería saber detalles sobre cómo ocurrió el escape. Pero nadie conocía los pormenores, ni siquiera el Gobierno mexicano, y no sería sino hasta el día siguiente que la Comisión Nacional de Seguridad reveló que el capo había escapado por un túnel de 1 500 metros que conectaba desde una choza, en los alrededores del penal, hasta su celda. Y mientras periodistas internacionales se enfocaban en la choza, con la esperanza de grabar el túnel, yo sabía que la verdadera historia estaba en la sierra, particularmente en La Tuna.

Con esto en mente propuse la historia a mis compañeros del gremio y también lo comenté con Ulises, con quien había desarrollado una buena amistad. El plan era rebotar la idea con periodistas que ambos conocíamos.

Dos días después me llamó Mariana van Zeller. Había trabajado con ella en un documental para NatGeo en 2012, y aunque no la veía desde entonces, sabía que había crecido como periodista; además tenía los contactos y el instinto necesario para ir tras la noticia. No se anduvo por las ramas al enfatizar en su interés por ir a La Tuna a entrevistar a la mamá del capo, cuestionarla sobre la fuga y el posible paradero de su hijo. Yo dudaba que doña Consuelo hablara sobre eso, y menos sobre el paradero de su hijo, aunque le adelanté que podíamos intentarlo. Mariana consideró la petición justa, era su forma de decir que, a partir de ese momento, haría lo que fuera con tal de lograr su objetivo.

Dos días después, Mariana y su equipo de producción volaron hacia Culiacán para documentar una de la odiseas más espectaculares en las que me involucré y cuya crónica daría la vuelta al mundo; incluso en su momento sería vista por agentes de la DEA, el FBI, la PGR y hasta actores internacionales que investigaban al capo; era la preproducción: *Chasing el Chapo*.

* * *

Sabía cómo llegar a La Tuna. O mejor dicho, sabía qué rumbo tomar. En mi opinión era cuestión de seguir el camino hacia las montañas y, una vez ahí, darle de frente hasta que se acabara el asfalto. Era ahí donde me perdía y ya no sabía qué rumbo tomar para llegar al pueblo donde nació Guzmán Loera.

Conocía La Tuna, pero no había ido desde el documental sobre el Chapo, cinco años antes, y en todo ese tiempo era fácil olvidar las veredas recorridas, sólo recordaba que una vez en medio de la nada, las sendas se multiplican cada 500 metros.

Sin embargo, gracias a ese primer viaje, sabía que ir era seguro pues conocía a doña Consuelo y eso me daba tranquilidad. Ese detalle era mi único salvoconducto para concluir que nada malo podría pasarnos, en todo caso sólo debía resolver cómo llegar.

Alex Simmons y Peter Alton, compañeros de Mariana, tiempo después confesaron que sabían de esa fama y por eso dudaban en si ir o no a La Tuna. No obstante, confiaban en mi criterio más que en el de Mariana, que era decidida, temeraria, atrevida, casi una aprendiz de suicida. Lo que entonces no sabían Alex ni Pete es que yo era igual que Mariana (o tal vez peor), pero pronto habrían de descubrirlo.

Pasé por ellos al aeropuerto de Culiacán, se hospedaron en el hotel Lucerna y allí cenamos. El plan era hacer *B-Roll* en la ciudad, lo que incluía visitar el cenotafio de Malverde, ir a Jardines del Humaya y grabar la tumba del hijo del Chapo, y en la primera oportunidad ir hacia La Tuna. Mi conclusión era que la cobertura no sería nada peligrosa, de no ser por el viaje a La Tuna, pues al igual que Alex y Pete, yo también tenía mis dudas.

Debido a que no teníamos forma de llegar a la Sierra, pedí a mi hermano una camioneta negra todo terreno que recién había comprado en Tijuana. "Cuídala mucho", me advirtió mil veces, y yo mil veces le respondí que la cuidaría como a mi vida.

—¡Parece que no me conoces! —le reviraba.

—¡Porque te conozco te lo digo!

La primera parte implicaría grabar todo en Culiacán, y así lo hicimos; diferentes aspectos de la vida diaria, La Lomita, el río, el mercado, sólo algunos momentos de la cotidianidad. Dos días después de aquel *B-Roll*, compramos víveres y agua, lo necesario para un recorrido emocionante y lleno de adrenalina. Teníamos dudas y miedo, era cierto, pero también había un fuerte instinto periodístico al tratar de localizar al Chapo Guzmán en su propia tierra, como eventualmente lo haría el gobierno, lo cierto es que seríamos los únicos periodistas que buscarían a su familia para cuestionarla sobre la fuga, pues el resto de los reporteros se empeñaría en grabar el túnel por donde huyó el capo.

Fue en ese tiempo cuando supe que la única forma en que un jefe del cártel ordenara un atentado contra un periodista sería por tres motivos fundamentales: meternos con la esposa, robarle droga o dinero, o de plano traicionarlos. Y no era nuestro caso, pues sería una estupidez caer en cualquiera de estos escenarios. Por eso confiaba en que todo saldría bien. Por otra parte, documentaríamos una muy buena historia, pues tendríamos una de las mejores corresponsales en Mariana van Zeller, un gran DP en Peter Alton y un tremendo director en Alex Simmons, que en aquel entonces trabajaba la preproducción de su primera película, *Buddymoon*.

Luego de grabar aspectos en Culiacán y entrevistar a los lugareños respecto a lo que opinaban sobre el Chapo, acordamos ir al pueblo donde nació, ya que no podíamos alargar más el viaje. Nos jugaríamos el todo por el todo, y si lográbamos hablar con la madre, sus familiares o al menos gente que lo conociera, serviría para desmitificar su historia. Si fallábamos, la odisea por sí sola valdría la pena.

Con esto en mente subimos a la camioneta negra de mi hermano, la cual debía cuidar como a mi vida, y tomamos el camino a Badiraguato, rumbo a Santiago de los Caballeros.

Empezamos a subir vertientes eternas hasta adentrarnos en la sierra impenetrable y sentir que el mundo civilizado poco a poco quedaba atrás, quizá para siempre.

Así anduvimos en un ambiente húmedo y verde cenizo, entre tumbos que nos hicieron recordar el inicio de todos los tiempos, hasta que llegamos a San José del Llano, un pueblo pintoresco en medio de la nada con fama de estar habitado por sembradores de mota y uno que otro pistolero.

A pesar de que estaba en medio de la nada, tenía sus calles empedradas, iglesia, plazuela, escuelas y cancha deportiva; era notoria su prosperidad comparada con la de otros ranchos. Como ya era tarde, acordamos pasar la noche ahí y nos dirigimos al único hotel del poblado. Antes buscamos un lugar para cenar. Como era fin de semana, los jóvenes salían a pasear en sus cuatrimotos, no tenían muchas opciones recreativas y debían conformarse con dar vueltas en la misma calle, hasta que cansados de tanto ir y venir se detenían bajo un inmenso huanacaxtle donde los chicos y chicas intercambiaban miradas, que es como se flirtea en los pueblos de la sierra.

En medio de aquella pasarela interminable caminábamos por la calle mientras los lugareños nos miraban con desconfianza, pues no sólo éramos fuereños, además teníamos toda la pinta de ser extranjeros, lo que ellos traducían como agentes encubiertos de la DEA, es decir los *boogeymen* del Cártel de Sinaloa. Tal vez por eso el recelo, que los hacía apartarse de nosotros como si tuviéramos lepra. Era domingo, y aun así, nuestra presencia no impedía que salieran con precaución, tal vez por ello traían radios, *walkie talkies*, y sus pistolas fajadas a la cintura, incluso los más osados hasta metralletas colgadas al hombro.

Llegamos a una tienda de abarrotes, centro de reunión en el poblado; ahí preguntamos dónde podíamos cenar algo. El encargado nos refirió la fonda del pueblo, apenas a unas casas de allí. Después de cenar pasamos al hotel para descansar. Había sido un día largo y necesitábamos recargar baterías para el viaje a La Tuna.

A la mañana siguiente nos levantamos temprano, desayunamos en la misma fonda y luego salimos rumbo a La Tuna. Conscientes de que aquel viaje era una apuesta con la suerte, analizábamos la opción *B*, la *C* y hasta la *Z*, pues no sabíamos con certeza si la gente que lo conoció hablaría con nosotros, y eso incluía a doña Consuelo. Pero debíamos intentarlo hasta las últimas consecuencias: literalmente, así fue.

Regresamos a Soyatita, esta vez tomamos el camino rumbo al triángulo dorado, entre colinas y cerros, por una vereda apenas transitable pasamos por Huixiopa y después por Arroyo Seco, hasta atravesar vados, brechas empinadas de hasta 45 grados que peligrosamente inclinaban la camioneta. Yo no dejaba de pensar en mi hermano, que me había encargado su vehículo como su tesoro más preciado y en cambio yo hacía todo lo contrario y se lo hacía saber al equipo, por eso Pete y Mariana bromeaban conmigo sugiriendo que cuando llegara con mi hermano sólo tendría el puro volante en la mano, ¡hasta una canción improvisaron!, cuya única estrofa cantaban a cada momento: "la camioneta negra, del hermano de Miguel…", tarareaba Pete, pero ya no le seguía porque su español no le daba para más.

Seguimos avanzando, y al poco rato pasamos La Palma (tierra de los Beltrán Leyva), justo al cruzar frente al rancho La Herradura supe que estábamos muy cerca de La Tuna. En todo el trayecto no vimos gobierno alguno y sólo nos topamos con uno que otro serrano en los caminos solitarios que muy amablemente nos confirmaba que íbamos por la vía correcta. Lo único claro era que íbamos rumbo a lo desconocido, pues no sabíamos qué acontecería cuando llegáramos.

Sin embargo, ese viaje fue un aprendizaje donde me hermané con Mariana, Alex y Peter, pues de alguna manera —o quizá sólo yo— teníamos la sensación de estar atrapados en un sueño donde se había perdido la noción del tiempo mientras una adrenalina tremenda nos obligaba a pensar en qué diablos hacíamos ahí.

De pronto la cabina de la camioneta se había convertido en todo nuestro universo, allí compartíamos películas favoritas, canciones y bandas predilectas, personajes célebres, novelas… De pronto alguien sugirió decir una frase lapidaria de alguna película que nos hubiera impresionado, y empecé yo:

—Hay una frase que me encanta —dije a todos— por el gran contenido filosófico que encierra: "El presente es un regalo, por eso se le llama presente".

Ellos quedaron pensativos un momento, hasta que mencioné la película donde la había escuchado: *Kung Fu Panda*. Entonces todos soltaron la gran carcajada mientras yo preguntaba qué era tan gracioso.

—Es que pensé que dirías *El Padrino* o *Ciudadano Kane* —decía Alex muerto de risa.

Mariana nunca olvidaría aquel momento y cada vez que trabajábamos juntos compartía la frase de *Kung Fu Panda* con cierta jocosidad, pero no satíricamente, tal vez sólo con ternura (o eso creo).

Finalmente divisamos La Tuna a unos 500 metros. Me bastó un vistazo para reconocer la casa rosada de la mamá del Chapo, la misma donde el capo había nacido y de donde surgió todo tipo de leyendas, de las cuales al final sólo algunas resultaron verídicas, como aquélla en la que se decía que su cuna era una java de naranjas donde doña Consuelo lo acomodaba para que durmiera mientras ella iba a ordeñar las vacas para luego cuajar la leche y hacer queso, o se iba a labrar la tierra, o a cocinar para el resto de sus hijos y su marido, don Emilio Guzmán, que, según me platicó su familia tiempo después, "era uno de los tipos más relajados del mundo".

Con la debida incertidumbre nos acercamos al pueblo, pero casi para entrar nos detuvo un puesto de control militar instalado en la entrada; se nos acercó un soldado y preguntó quiénes éramos y qué hacíamos ahí.

—Somos periodistas —respondí al soldado que se había acercado a nosotros.

—Apague su cámara —ordenó el militar al ver que lo estábamos grabando.

Era la primera autoridad que encontrábamos en el camino y parecía confundido por nuestra presencia, en parte porque se trataba de un medio extranjero, pero también porque nadie que no fuera gobierno se había arriesgado hasta ese momento a ir a La Tuna.

—Es que todos andan en el Altiplano y ustedes por acá, es un poco raro —reclamó el soldado.

—Tal vez nosotros buscamos un ángulo diferente —argumenté.

Entonces nos pidió que bajáramos de la camioneta y preguntó exactamente qué buscábamos; Mariana respondió de inmediato que íbamos a hablar con la mamá del Chapo, doña Consuelo. El militar nos miró con curiosidad. Tal vez no esperaba esa respuesta, pero ahí estaba gracias a la improvisación de Mariana.

—Bueno, pues si van con la señora, adelante; pero si necesitan algo en cuanto a seguridad, pueden acudir con nosotros sin ningún problema.

Nosotros asentimos, pero Mariana fue más agresiva al preguntar si habían visto al capo. El soldado y quienes estaban ahí rieron con simpatía. Su risa nos contagió a todos y de pronto todos estábamos riendo por la pregunta. Todos sabíamos que aunque hubieran visto al capo, no lo revelarían, pues el Chapo tenía más poder que el mismo ejército estacionado en la sierra, como eventualmente comprobaron sus hijos el 17 de octubre de 2019, cuando más de mil pistoleros salieron a tomar la ciudad para que liberaran a Ovidio Guzmán, doblegando al Estado mexicano como nunca lo hizo ningún cártel.

Luego del retén, nos adentramos por fin en las calles empedradas y solitarias de La Tuna. Había abandono, como si fuera un pueblo fantasma, y nosotros manteníamos la expectativa, como si algo extraordinario estuviera por ocurrir.

Una cuatrimoto con dos chicos nos rebasó, pero ni siquiera se volvieron para vernos. Sin duda sabían que estábamos ahí, en el corazón del Cártel de Sinaloa, e indudablemente estábamos siendo vigilados. A lo lejos podía divisarse la casa de doña Consuelo. Solitario e imponente, el hogar parecía esperar por nosotros en un clímax que empezábamos a vivir y que prometía ser espectacular. De reojo, y tratando de hacer un poco de tiempo, alcancé a ver a un anciano que esperaba afuera de una tienda de abarrotes. Me detuve en cuanto lo vi para conocer su reacción al vernos, pero también para que nos hablara sobre el Chapo. El hombre no aportó mucho, porque cuando Mariana le preguntó cómo era el capo cuando estaba chiquito, éste esbozó una sonrisa y sólo describió su complexión física: "Pues era chapito y gordito", dijo.

En cuanto a su reacción, que fue el verdadero motivo por lo que me detuve, se mantuvo sereno y relajado; si había peligro el viejo no sabía nada. Esa reacción eliminó toda duda de que algo estuviera en contra nuestra, aunque la incertidumbre se mantuvo, lo mismo que la adrenalina que seguía a todo lo que daba. Seguimos hasta una casa color rosa con techo de tejas y un jardín hermoso lleno de flores: la casa de doña Consuelo.

Bajamos de la camioneta de mi hermano decididos a todo y tocamos el cancel. Hacía cinco años que no estaba en esa vivienda, pero parecía que no había cambiado desde aquel tiempo en que fuimos Galdós, el Flaco y yo por primera vez.

Al poco rato salió a recibirnos una joven. Parecía extrañada de vernos afuera de la casa de doña Consuelo, pero también de que estuviéramos en el pueblo. Saludamos, y tras identificarnos como periodistas le dijimos que queríamos hablar con doña Consuelo sobre la fuga de su hijo, pero la mucama fue tajante al señalar que no podía comunicarnos con la señora porque tenía órdenes estrictas de no recibir a desconocidos en la casa ni de recibir recados y, sobre todo, debía asegurar que doña Consuelo no diera entrevistas a nadie.

Desconsolados regresamos por donde llegamos, pero al doblar en una de las esquinas nos detuvimos. ¿Habíamos venido desde tan lejos para irnos así nada más? Al menos debíamos insistir. Qué más podíamos perder si ya habían dicho que no. Pero por más que pensábamos nada se nos ocurría y el tiempo pasaba de manera vertiginosa.

En ese momento un hombre en cuatrimoto apareció al fondo de la calle y se nos acercó. Yo lo analizaba de pies a cabeza mientras se acercaba a nosotros, al menos de lejos no parecía que anduviera armado. Nadie podría imaginar la incertidumbre que pasaba por nuestras cabezas en aquel momento donde la adrenalina se nos salía casi por los poros, pues habían dicho que no darían entrevistas. El que uno de ellos viniera a nosotros significaba algo, no sé si era bueno o malo, pero al menos, y esto lo discutimos Mariana, Alex, Pete y yo, nos mantendría en la jugada.

Cuando el hombre estuvo con nosotros pidió que apagáramos la cámara y dijo que alguien en la casa deseaba hablar con el camarógrafo, en este caso Pete. Los cuatro nos miramos a los ojos. ¿De qué querían hablar con Pete? No lo sabíamos, aunque la pregunta que más nos inquietaba era por qué Pete y no alguno más de nosotros. Ése era el misterio… El emisario no dijo más, sólo que ésa era la orden: el camarógrafo y nadie más.

—Pero Pete es el único que no habla español —objetó Mariana.

El emisario dijo que ellos tenían gente que hablaba inglés, fue inflexible y recalcó que si no iba el camarógrafo, no habría más contacto con la familia. Nosotros interpretamos su postura como la única posibilidad de hablar con la mamá del Chapo, pues en ese momento el plan era mantener abiertas todas las oportunidades de lograr la entrevista con doña Consuelo. El momento era apremiante; Mariana, volviéndose hacia Pete y mirándolo fijamente a los ojos, le preguntó si se sentía bien al ir a la casa con aquel desconocido. Pete afirmó con la cabeza. Alex y yo parecíamos confundidos. Mariana insistió de nuevo en si estaba seguro de su decisión, pero Pete parecía firme.

Entonces le dio la cámara a Alex, se montó en la cuatrimoto con el desconocido y en menos de cinco segundos desaparecieron al fondo de la calle.

Mariana, Alex y yo nos quedamos solos, mirándonos unos a otros como si no nos conociéramos; habíamos roto un principio básico al hacer periodismo en zonas de alto riesgo: no separarnos nunca. Bajo ninguna circunstancia el *crew* debe separarse en una situación de peligro, a menos que sea absolutamente necesario; en este caso no lo era, y sin embargo lo hicimos. Pete había sido tomado por gente de la facción más violenta del Cártel de Sinaloa en nuestras narices, como si se tratara de un juego, ¡y no hicimos nada! Todo lo contrario, aprobamos la decisión.

Pensando que aquello era lo peor, caminábamos de un lado a otro en un momento que parecía interminable y en el que no teníamos ninguna ventaja. Pensábamos que tal vez lo habían secuestrado, y de ser así, lo habían hecho con nuestra aprobación. Tal vez lo torturarían para que informara si realmente éramos periodistas o de plano agentes de la DEA. Incluso pensamos que el plan de secuestrarlo era para pedir un rescate por él. ¿O nos habrían confundido con cazarrecompensas? Después de todo ofrecían cinco millones de dólares por el Chapo, pues ésa era otra de las cosas que temían los narcos: un cazarrecompensas. Las variantes parecían eternas, confusas y cada segundo que pasaba se sentía como si fuera un minuto y cada minuto se vivía como si fuera una hora.

—Miguel, ¿qué hacemos? —preguntó Mariana al borde de la desesperación.

Yo pensaba en los tres soldados que estaban a la entrada de La Tuna; tal vez sería buena idea ir con ellos a pedir ayuda, aunque, indiscutiblemente, nada podrían hacer ante el poder del cártel. También pensaba en lo retirado que estábamos de Culiacán, a más de cinco horas de camino por tierra. Y pensaba en la muerte. Pero sobre todo, pensaba en Pete.

—Vamos por él —dije resuelto. Alex y Mariana estuvieron de acuerdo, pues a esas alturas ya no importaba lograr la entrevista, sino recuperar a nuestro amigo y salir de esa situación infernal lo antes posible.

Arriesgándolo todo, montamos en la camioneta negra y fuimos de nuevo a la casa de doña Consuelo, pero no nos detuvimos en la entrada, sino casi al final de la propiedad, pues allá vimos la cuatrimoto en la que se llevaron a Pete. Justo al lado alcanzamos a ver al desconocido junto con otros pistoleros, todos con armas cortas, largas y *walkie talkies*, pero no vimos a Pete por ningún lado y eso nos confundió más.

—¿En dónde está nuestro amigo? —preguntamos en cuanto llegamos.

Antes de bajar, el mismo desconocido que tomó a Pete nos advirtió que no portáramos ninguna cámara. A esas alturas lo que menos nos interesaba era seguir grabando el documental, y si Alex había dejado la cámara encendida dentro del auto era por si algo salía mal, al menos quedaría documentado el audio de lo que estaba ocurriendo.

—Somos periodistas internacionales y necesitamos saber dónde está nuestro compañero —insistió Mariana.

Pero los sicarios no se intimidaron y preguntaron si tenía algún micrófono con ella; efectivamente, Mariana estaba cableada y grabando cada detalle de la conversación, aunque lo que más interesaba en aquel momento era recuperar a Pete.

Dispuesta a consumar el rescate, Mariana se arrancó los cables y nuevamente preguntó dónde estaba Pete. El sicario sólo hizo una seña para que miráramos atrás, y al hacerlo, vimos que Pete venía con otra persona hacia nosotros. Literalmente corrimos con él para ver si estaba bien. Sí lo estaba, sólo nos dijo que había hablado con alguien, una persona joven que dominaba el inglés, quería saber qué estábamos haciendo en el pueblo. Pete le respondió con la verdad: "Venimos a entrevistar a la mamá del Chapo". La persona al otro lado de la línea le dijo que éramos muy "valientes" al ir sin permiso a La Tuna, cuando todo mundo sabe lo arriesgado que es ir al pueblo de su padre.

Pete sólo asintió, aclaró que no traíamos maldad y sólo queríamos hablar con doña Consuelo, si se podía; si no, no pasaba nada, nos regresaríamos a Culiacán y ya.

El joven al otro lado de la línea, quien después dedujimos pudo ser Iván Archivaldo, pidió hablar con quien estuviera a cargo del proyecto, y Pete refirió a Mariana. Por eso venía hacia nosotros, para decirle a Mariana que un joven al teléfono quería hablar con ella. Ella fue asaltada por la confusión. Venía dispuesta a rescatar a Pete, pero ahora, luego de ver que Pete estaba bien, tenía la oportunidad de indagar qué demonios estaba pasando. Dudó unos segundos, aunque en el fondo todos sabíamos que iría. Aquella duda era en realidad un formalismo, porque Mariana van Zeller no era de las que se intimidaban o se detenían si tenía una buena noticia a la vista, sino que siempre ignoraba los riesgos y lograba los accesos, la entrevista o lo que fuera.

No sé por qué esto me recordó una frase que dijo don Julio Scherer cuando entrevistó a Ismael *el Mayo* Zambada: "Si el diablo me ofrece una entrevista, bajo al infierno a entrevistarlo".

Así era Mariana. El mundo puede caerse en mil pedazos y hacia allá va ella. Incluso he pensado muchas veces en que si ella hubiera estado dentro del arca de Noé, seguramente habría brincado al mar azotado por la lluvia y el viento, con tal de documentar el Diluvio.

No demoró su formalismo y decidida se abrió paso entre los pistoleros para ir a donde la esperaba el teléfono satelital. Pete, Alex y yo, en tanto, la esperamos al lado de los hombres armados que protegían el lugar, quienes nos miraban de soslayo en medio de aquel silencio inconcluso y una espera atónita.

Yo, por mi parte, pensaba que, pasara lo que pasara, debíamos largarnos de La Tuna en la primera oportunidad. Ya no quería estar ahí. A menos que autorizaran la entrevista con doña Consuelo, mi perspectiva cambiaría un poco, porque aunque seguiríamos en sus terrenos, ya sería con su autorización y no envueltos en aquella incertidumbre, pues los desconocidos podían recibir la orden de amarrarnos y pegarnos unas bofetadas para después pedirnos que nos retacháramos por donde habíamos llegado. O de plano que nos ejecutaran a sangre fría, o nos encerraran en un cuarto oscuro hasta que uno de los jefes llegara a cuestionarnos.

El silencio se hizo todavía más profundo cuando uno de los pistoleros tomó su rifle y acomodó el cartucho en su AK-47. El sonido metálico del arma rompió el silencio con un salvajismo terrible que espantó nuestra ya vapuleada calma. Tal vez se trataba de un descuido, o una táctica para asustarnos, pero en ese momento pensé que debía hacer algo para aminorar los nervios; por eso pensaba en qué decir para romper el hielo.

—¿Qué dice Cristóbal? —pregunté de pronto al desconocido que trajo a Pete en la cuatrimoto.

—¿Qué Cristóbal? —preguntó el pistolero un poco confundido.

—El 02 —dije resuelto.

El sicario se confundió todavía más. Se volvió hacia mí con una mirada extraña, como si se preguntara por qué yo sabía del 02, si en teoría era un extranjero que por primera vez iba a La Tuna. Debí aclarar mi nacionalidad y que no era la primera vez que iba al pueblo, sino que cinco años antes había estado en Alisitos, con Cristóbal, el 02, que fue quien entonces nos atendió e incluso había intercedido para que entrevistáramos a doña Consuelo, por eso yo conocía bien el pueblo y sabía el lugar exacto donde estaba la casa.

—Ah —murmuró el sicario, y entonces volvió a sumergirse en el silencio.

No muy convencido de su silencio le pregunté si era mito que vigilaban todo carro que entraba en su zona, más allá de Soyatita; el sicario advirtió que nos tenían ubicados desde que pasamos Santiago los Caballeros, pero se habían tranquilizado cuando notaron que agarramos para San José del Llano, y nuevamente se pusieron en alerta cuando llegamos a Huixiopa y nos jalamos en dirección a La Tuna.

Ésa fue la primera vez que supe que era real eso de que tenían punteros vigilando la sierra de día y de noche, y que si alguien llegaba a uno de esos pueblos era porque lo dejaban llegar, ya fuera porque vivía en la zona o porque traía permiso, o tal vez porque de plano no representaba peligro para los intereses del cártel.

Dos años después de mi segunda visita a La Tuna, cuando estalló la guerra entre los Guzmán y los Beltrán Leyva, el Guano mandó instalar un retén con seis hombres fuertemente armados a la altura de Bacacoragua. Si alguien quería llegar a La Tuna tenía que pasar por ahí, por eso cada carro que se acercaba era reportado: si no lo conocían, lo paraban al llegar al retén, y si consideraban que no tenía negocio en la sierra, lo regresaban igual que llegaba. Así devolvieron a equipos de noticias, locales e internacionales, sólo yo logré establecer una relación con gente del pueblo gracias a que me hice amigo de familiares de los Guzmán; cada que iba por esos rumbos, avisaba que iba de visita, entonces los pistoleros del retén hablaban por *walkie talkie* con uno de los coordinadores para preguntar si me podían dejar pasar. Y una vez convencidos de que decía la verdad, me dejaban entrar y salir.

"Aquí viene el periodista", alcanzaba a escuchar cuando daban el reporte por radio.

Luego de unos minutos respondían de vuelta y decían que estaba bien, que me dejaran pasar. De ese modo me convertí en el único periodista autorizado por la familia para entrar y salir de La Tuna. Supongo que me lo permitían porque luego de ir y venir en repetidas ocasiones y nunca causarles problemas me agarraron confianza y ya no me cuestionaban al entrar y al salir. Sin embargo, las cosas se salieron de control a mediados de 2019, cuando uno de mis contactos se molestó porque fui a La Tuna sin su permiso, me llamó para decirme que el Guano no estaba de acuerdo en que entrara y saliera, y que si seguía con idas y vueltas iba mandar que me levantaran y quién sabe qué harían conmigo.

Preocupado por la amenaza, contacté a otra persona de mi confianza que habitaba en la región. Necesitaba aclarar aquella amenaza, incluso envié un recado directo al Guano, esto fue lo que mandé decir: "Si hubo algo que lo ofendió o si piensa que he traicionado su confianza al presentarme en el pueblo, hágamelo saber, pero no es de hombres andar lanzando amenazas sólo por entrar en la sierra, y si gusta y tiene arreglo, podemos hablarlo en corto. Si no hay forma de arreglarlo, yo entenderé y ya no iré más a La Tuna, ya que lo último que quiero es un problema con usted o con su gente". Dos días después me respondió, me dijo que estaba "encabronado", no conmigo sino con la persona que había levantado aquel rumor de que "me quería levantar", pues lo que menos buscaba eran problemas con periodistas, y menos levantarme, pues ellos como grupo ya sabían de mí desde hacía tiempo y no tenían nada en mi contra, así que arreglaría el mitote "con la persona que andaba regando aquella desinformación".

—Van a levantar al compa ese y quién sabe qué van a hacer con él —dijo mi intermediario.

Tuve que hacer una petición especial para el Guano, pidiéndole que por favor no hiciera daño a la persona que andaba con aquellos chismes, pues al conocerlo, lo que yo menos querría sería un cargo de conciencia por algo que me involucraba.

—Todos nos equivocamos, yo pienso que el compa estaba molesto porque no le avisé que iría y un día estando pedo dijo aquello —argumenté.

—Pero esas cosas no se hacen —reviró mi intermediario.

Al final nada pasó, pero al menos aquella comunicación me dio confianza para seguir yendo a La Tuna.

Aquella confianza, sin embargo, aún no existía cuando fui con Mariana, Alex y Pete al pueblo, y ésa era la razón por la que, estando frente a los pistoleros, no me quedaba de otra que esperar lo mejor y que todo se resolviera bien. Pero el tiempo pasaba y Mariana seguía al teléfono, ciertamente estaba cerca de nosotros y era visible, pero a mí empezaba a castrarme la espera y no saber de qué tanto hablaba, aunque confiaba en su criterio.

Me volví hacia el interior de la casa pero no se veía nada. Si había más pistoleros, estarían adentro o cerca, porque ahí ya no se miraba a ningún otro. Alex y Pete, por su parte, también parecían inquietos, agobiados por aquel silencio que nada bueno anunciaba. Yo trataba de entablar plática con los pistoleros, que también se mostraban un poco nerviosos por nuestra presencia, cuando de pronto vimos a Mariana regresar con nosotros. Se miraba apurada, inquieta, nerviosa.

—¡Nos vamos! —dijo a quemarropa.

—¿Qué pasa? —pregunté intrigado.

—Vámonos, dentro de la camioneta les explico, pero por ahora debemos irnos de aquí.

Estaba pálida pero no sabíamos por qué. Subimos a la camioneta sin despedirnos de los pistoleros y Mariana me pidió que nos fuéramos de inmediato del pueblo.

Todos seguíamos sin entender qué estaba pasando. Mariana, que no se asusta ante nada y siempre mantenía una actitud positiva, se veía desconcertada. Su silencio y su semblante nos mantenían inquietos, pues cuando lo desconocido es tan grande, sólo resta obedecer y guardar silencio. Manejé hacia la salida, pero ella seguía sin decir nada, tal vez quería alejarnos del pueblo lo más pronto posible para no asustarnos y entonces soltarnos todo lo que había platicado con la persona al teléfono.

Alcancé a verla en el asiento trasero y pude notar que temblaba. Eso ya era mucho decir, porque era de las mujeres que difícilmente se intimidan: algo malo debían haberle dicho.

Salimos de La Tuna a toda prisa, ni siquiera nos paramos en el retén militar para despedirnos y seguimos de frente a toda prisa. Ya que estábamos fuera del pueblo, Mariana, todavía volviéndose hacia atrás para ver si alguien nos seguía, nos explicó la conversación que tuvo con el desconocido:

—Hablé con alguien que dominaba un perfecto inglés, me preguntó qué hacíamos ahí, le dije que un documental sobre el escape del Chapo. No se sorprendió, pero cuando le pregunté dónde estaba el Chapo, dijo que ese tipo de preguntas no se hacían y que tuviera cuidado con lo que cuestionaba. Toda esta conversación fue en inglés y parecía muy amable; entonces le dije que queríamos entrevista a doña Consuelo y él dijo: "Ah, quieren hablar con la abuela". Yo respondí que sí, pero él me explicó que cuánto habría de por medio; le aclaré que por cuestiones éticas no pagaban por entrevistas; explotó y dijo: "¡Entonces qué chingados estamos negociando!" Le cambió el tono y me dijo que teníamos 15 minutos para irnos a la chingada de La Tuna, de otro modo mandarían a su gente para sacarnos de las greñas del pueblo.

Mariana narraba los detalles todavía con nervios y con fluidez, y de vez en cuando se volteaba para ver si nos seguían. Yo, atento a todo lo que se movía alrededor, escuchaba los detalles de la llamada mientras Alex y Pete grababan lo más que podían, pues todo era parte de la historia y mi trabajo era alejarnos del pueblo y volver a Culiacán.

En el peor de los casos podía llamar a doña Griselda para decirle que teníamos un problema y así ver de qué manera podía interceder por nosotros, pero sin señal y en medio de la nada era imposible; yo temía que vinieran por nosotros, aunque a esas alturas ya no tenían por qué. Mariana, aunque ya se había tranquilizado un poco, seguía nerviosa y con paranoia.

—Miguel, ¿quién crees que haya sido la persona con quien plati-caba?, ¿un hijo o tal vez un abogado de la familia?

No tenía idea. Pudo ser Archivaldo o Alfredo, pues de buena fuente sabía que todos ellos habían estudiado en buenas escuelas privadas —al-gunos en el extranjero— y era muy probable que hablaran inglés. Pero es-taba especulando, la realidad era que resultaba difícil precisar quién pudo haberse referido a doña Consuelo como la "abuela", pero quien haya sido, se trató de alguien con autoridad, pues nadie más se atrevería a lucrar en nombre de la familia. Nunca supe, ni cuando fortalecí mis accesos a la or-ganización ni cuando tuve mayor acercamiento con la familia, cuál de los hijos habló con Mariana aquella tarde. El misterio se mantuvo y debimos conformarnos con estar bien y al menos tener una historia en video.

Regresamos bien a Culiacán y el último día grabamos el *B-Roll* que nos faltaba. Mariana, Alex y Pete regresaron a California, pero la para-noia se mantuvo, y durante mucho tiempo sufrí delirio de persecución. No obstante confiaba en que nada malo podía pasarme, pues realmente no hicimos algo que ameritara un asesinato. Como he dicho, no nos metimos ni con esposas, ni robamos dinero ni droga, y no balconeamos a nadie. Pero tomaría tiempo para que todo volviera a la normalidad y ya no sintiera que me seguían. En cuanto a la camioneta negra de mi hermano, le puse una buena lavada, le llené el tanque de la gasolina y la devolví intacta. Meses más tarde me reclamó con cierta gracia que no acatara su petición, ya que al ver el documental *Chasing el Chapo* pudo comprobar que la había llevado hasta La Tuna, y entonces comentó con una gran sonrisa que cómo me había atrevido a llevar su camioneta ne-gra hasta allá. Nunca le dije que Pete hasta improvisó una canción sobre su camioneta negra.

En cuanto al Chapo, años después me enteré de que mientras lo buscábamos en Badiraguato, él estaba oculto en las montañas, donde se movía a cada rato con mayor libertad, pues allá se sentía seguro. In-cluso, ahora se sabe que meses después se vio con Sean Penn y Kate de Castillo. Fue precisamente a partir de ese encuentro que la DEA reinició su cacería.

Por mi parte, un par de días después de terminada la producción *Chasing el Chapo*, regresé a la Ciudad de México para continuar la posproducción de *Antes que amanezca*; necesitaba localizar a Pablo y recuperar el disco duro de la película a costa de lo que fuera; incluso algunos conocidos que sabían de mi trabajo como *Fixer* me sugirieron contactar a gente del Cártel de Sinaloa para que lo localizaran y le quitaran el disco duro. No estaba muy convencido de algo así, pero la desesperación empezaba a ganarme.

Mi viejo

Cuando regresé a la Ciudad de México hice lo imposible por localizar a Pablo. Pero fue inútil. Había desaparecido con la película y tal vez nunca volvería a verlo. Seguí enviándole emails y marcándole, pero no funcionó. Momentáneamente derrotado, no supe qué más hacer. Y sin embargo no podía quedarme de brazos cruzados.

La Princesa, mirando mi desesperación, sugirió al menos analizar la propuesta que me podría hacer la gente del Cártel de Sinaloa respecto a levantarlo, pues para ella ésa era la única forma de recuperar la película. Para mí era una alternativa errada, por las consecuencias que podría tener. Y sin embargo, ella aclaraba: "No sería una acción con dolo, rabia o venganza, tan sólo le quitaríamos la película". Pero yo sabía que hacerlo sería entrar en la ilegalidad y eso era lo último que quería. Por otro lado, la simple acción, por su naturaleza, podría acabar en tragedia.

De pronto llegó noviembre y la Princesa empezó a presionarme pues su cuñado invirtió para terminar la película y ese dinero estaba varado, así que algo debía hacer yo. Por esos días, creo que fue el 15 de ese mes, Pablo dio su única muestra de vida: envió el tráiler de la película. Se miraba bien, con ritmo y muy profesional; por unos momentos sentí que podríamos terminar el proyecto juntos. En el email aclaraba la importancia de dejar los desacuerdos en el pasado y enfocarnos en terminar *Antes que amanezca* lo más pronto posible.

Respondí el mensaje de inmediato, pero a partir de ese día Pablo no volvió a dar señales de vida. Nuevamente nos dejó en medio del Leteo, sabiendo que sería incapaz de localizarlo y que, me gustara o no, él tenía el sartén por el mango.

En Culiacán, mis padres también estaban confundidos sobre por qué la película no avanzaba. No se sentían conformes con sólo recibir el tráiler, pues aquel avance no era la película prometida, y por lo demás era evidente que faltaba mucho para terminarla. Por eso no dejaban de preguntar qué había pasado con sus 200 mil pesos aportados. Tenían razón: como inversionistas, querían, con todo derecho, saber con detalle por qué la película seguía estancada. Me dieron el dinero para que grabara lo que faltaba, y lo hice, ¡pero aún no la concluía! No sólo no tenía sentido la demora, sino que además esto sugería un extraño misterio. Sin embargo, mi padre empezó a animarme y a decirme que confiaba en mí, que no me rindiera.

—La vida pasa y nada me haría más feliz que ver esa película terminada, que por fin logres tu sueño —me dijo durante una llamada telefónica a finales de noviembre.

Yo le dije que sí, pero ¿cómo explicarle que habían secuestrado la película y por eso estaba todo detenido? ¿Cómo ocultar mi falla? ¿En qué momento me ganó la confianza, las prisas y entregué el proyecto a alguien que iba a desaparecer tal vez para siempre?

Al mismo tiempo, el trabajo de *Fixer* se detuvo y la presión de la Princesa empezó a crecer. La clave de todo era Pablo. Si recuperaba la película, se arreglaba todo. Por eso no dejaba de pensar en cómo localizarlo Entonces descubrí que Pablo, aquel que prometía una gran amistad, era en realidad un defraudador pues meses antes había robado a su novia. Además indagué con otras dos personas que lo conocían y, como dije, resultó que a todos les había quitado algo.

Mi relación con la Princesa estaba rota, al parecer mis problemas sólo crecían, pero lo que me destrozó por completo apenas estaba por llegar: en una llamada en medio de la noche, mi hermano Octavio me dijo que mi padre estaba enfermo.

—¿Qué tiene? —pregunté tartamudeando.

—Neumonía… No está bien.

La noticia me arrolló mental y anímicamente como un huracán cuando te lanza lejos. Mi viejo, aquel hombre invencible, imbatible, que en tiempos oscuros me motivaba, apoyaba y hasta dirigía, estaba siendo aplastado por una feroz neumonía. No había mucho que pensar, y ese mismo día debieron hospitalizarlo en una clínica; todos los hermanos nos unimos para pagar la hospitalización, costara lo que costara. Al día siguiente, 20 de diciembre, tomé un vuelo a Culiacán para estar con él. Lo encontré tumbado en una cama de hospital. La enfermedad lo tenía en los puros huesos y sin muchas posibilidades de librar la muerte. Yo me decía: "¿Cómo la enfermedad puede despedazar a un hombre en tan poco tiempo? ¡Apenas cuatro semanas antes lo había visto y estaba bien!"

Cuando despertó de aquel sueño profundo y me miró a su lado, me abrazó con ese amor paternal que siempre tuvo; débilmente preguntó cuándo había llegado.

—Hace unas horas; en cuanto aterrizó el avión vine a verlo.

—¿Y la película?

—… Estamos avanzando, ya pronto la vamos a terminar.

Mi viejo sonrió y de nuevo cayó en un sueño profundo. El doctor Eduardo Arriaga, quien fue uno de mis actores en la película *Cáliz*, era su médico y no se anduvo por las ramas para decirme que mi padre estaba mal.

—No pasa la comida, lo estamos manteniendo con el suero, pero… no está bien…

Entendí esa realidad y pensé que si mi padre iba a morir, lo haría en su casa de toda la vida.

Lo llevamos de vuelta a su vieja casa de El Palmito, mi madre y yo nos hicimos cargo de él. Tratábamos de darle comida en la boca, pero él seguía sin pasar los alimentos. Le leía historias mientras dormía y luego investigaba qué podía hacer para reactivarlo, pero nada parecía funcionar. A veces salía de su cuarto por una u otra circunstancia y en mi ausencia intentaba levantarse, pero inevitablemente se iba de bruces al suelo, pues sus piernas ya no le respondían. Por más que le pedía que no se levantara, mi viejo no hacía caso y cuando regresaba lo encontraba tirado en el suelo. ¿Cómo entender su terquedad? Era acaso su costumbre de toda una vida: levantarse y seguir intentándolo, o lo hacía para retar a su cuerpo y mostrar que aún podía valerse por sí mismo, o quizá soñaba que no estaba tan viejo ni tan mal y por eso cuando abría los ojos su primer instinto era levantarse para caminar… nunca lo supe, sólo que con todas sus fuerzas trataba de levantarse. Como no obedecía, le puse cojines alrededor de la cama para que cuando intentara levantarse, al menos cayera en blando y no se lastimara.

No tardó mucho en ni siquiera intentarlo, pues las fuerzas lo abandonaron poco a poco. Una de mis hermanas y mi madre lo limpiaban y atendían, y mi padre lloraba de vergüenza ya que ni siquiera podía valerse por sí mismo para algo tan elemental como atender sus necesidades fisiológicas.

A los pocos días, aquella maldita enfermedad terminó por despedazarlo. El 24 de diciembre de 2015 ya batallaba mucho para respirar, así que nuevamente lo llevamos al hospital. Durante el resto del día estuve a su lado, pero el viejo ya no abrió los ojos y yo casi me volví loco viendo en el monitor de signos vitales cómo la luz para la presión arterial de pronto bajaba hasta casi desaparecer, también yo casi me moría al sentir que era su fin, pero entonces la luz subía de nuevo y a mí me regresaba la vida. Cayó la noche y no supe cuándo ni por qué enfermeras y doctores del hospital empezaron a felicitarse: entonces me di cuenta de que era Navidad.

En ese momento mi padre abrió los ojos y yo, emocionado porque por fin reaccionaba, lo abracé y le dije que estaba con él. Para animarlo le dije que terminaría la película y él apenas sonrió, después me apretó la mano y nuevamente lo absorbió la inconsciencia. Aquella sonrisa y aquel apretón de manos fueron mi regalo de esa Navidad. Hoy puedo decir que ése fue, quizás, el mejor presente que alguna vez tuve: una sonrisa de mi viejo en medio de aquella caquexia brutal.

Mi viejo ya no resistió más y días después murió. Nunca pude mostrarle la película terminada y sólo por eso odié a Pablo con todo mi corazón. Pero no haría nada contra él, porque estando junto al lecho de muerte de mi padre, y con los ojos húmedos por el dolor, juré ser un mejor hombre y pasara lo que pasara, terminaría *Antes que amanezca*.

* * *

Durante los días posteriores me encerré en mí. Lejos de todo pero cerca de mi madre, permanecí enclaustrado. Durante días nada perturbó mi vida y no platiqué con nadie. La Princesa y amigos cercanos respetaron mi dolor y no se comunicaron conmigo. En medio de aquel silencio y abandono, pensaba en la muerte.

Una semana después y por alguna razón que no me explicó, empezó a caerme trabajo como *Fixer*. No quería tener contacto con el mundo exterior, pero como se trataba de trabajo, salí nuevamente a la luz del día. Quien primero me contactó fue Pablo García-Inés, un español que trabajaba la serie *Clandestino.* Quería venir a México a grabar un documental sobre el Cártel de Sinaloa, y de alguna manera sabía de mí. A los pocos días me llamó la periodista Jessica Ogilvie para un reportaje sobre mujeres metidas en el narco, y de igual manera me comprometí a trabajar con ella. Una productora de RT, de Rusia, también me pidió que trabajara con ellos y yo, decidido, dije a todos que sí.

Pero los tiempos eran difíciles en Sinaloa. La cacería que ejercían los gobiernos de Estados Unidos y México por recapturar al Chapo estaban a todo lo que daba, sobre todo en la zona del triángulo dorado, que incluía Tamazula, Cosalá y Badiraguato, de donde me habían llegado reportes de una serie de abusos y atropellos por parte de la Marina.

Se decía que ya tenían ubicado al Chapo desde octubre de 2015, y en su afán por atraparlo, los militares disparaban a chozas en El Limón, Las Águilas y El Durazno, en Tamazula, para que el capo saliera de su escondite. El problema es que el narcotraficante no se encontraba oculto en ninguna de esas casas, pero sí sus habitantes, incluyendo ancianos y niños, que despavoridos salían de sus viviendas y corrían para ponerse a salvo.

Dicen que el Chapo, al notar los abusos, ordenó a su gente repeler la agresión, derribando dos Black Hawks que nunca reportaron a la prensa. La información provenía de fuentes muy confiables, entonces decidí salir de mi encierro para reportar lo ocurrido. Pero antes debía jalarme a la sierra y le propuse la nota a Ismael. Estuvo de acuerdo por la dimensión de la noticia, pero no quiso que fuera solo y pidió a un fotógrafo que me acompañara.

Fuimos a la sierra el 6 de enero de 2016 y justo al llegar a Bacacoragua, apenas donde termina el asfalto, nos topamos con un contingente de varias camionetas retacadas de gente. Grande fue mi sorpresa cuando, al acercarme, noté que eran dirigidos por doña Consuelo Loera López, mamá del Chapo. No andaban armados, pero parecía que iban a enfrentar a un ejército. Cuando pregunté a uno de los campesinos qué estaba pasando dijo que iban a recuperar un rancho de doña Consuelo, La Lagunita, que la Armada de México había asegurado días antes. Era una cobertura que no podía ignorar y, consciente de la historia que tenía en mis manos, pedí que me acercaran a la señora; un campesino señaló entonces una camioneta Ford Lobo blanca y hasta allá me dirigí. Esta vez doña Consuelo me recibió con una sonrisa en los labios.

—¿Cómo le va? —me preguntó con voz pausada cuando estuve frente a ella.

Le contesté que bien, aunque le reclamé que, seis meses antes, había ido a La Tuna para entrevistarla y no me habían permitido ni verla. Doña Consuelo sólo exclamó "¡ah!", y guardó silencio. Se escudó bajo el argumento de que quizás estaba "dormida y no la habían querido despertar". Quise decirle que lo comentara con su asistente, que estaba en el asiento de atrás escuchando la conversación, pero al final no dije nada. Doña Consuelo también guardó silencio y sólo agregó que le daba gusto verme, que llegaba en buen momento porque iba a reclamar a los marinos el haberse metido en su rancho, "sólo porque su hijo era narcotraficante".

—Pero yo no soy nada de eso. Si el gobierno lo busca, que lo busque, pero ese rancho es mío; a mí me lo heredaron mis padres cuando murieron —sostuvo doña Consuelo.

Se habían detenido en Bacacoragua porque muchos de los campesinos estaban indecisos entre ir o no ante los marinos, pero ahora que sabían que un periodista cubriría la nota, se sentían confiados, creían que el gobierno no los atacaría si la prensa estaba allí .

El convoy de camionetas tomó rumbo hacia La Lagunita. Iban cargados de gente: hombres, mujeres, niños y hasta ancianos. No llevaban armas y doña Consuelo, que iba al frente, lo único que traía con ella era una Biblia en la mano, la versión de la reina Valera. Entraron al rancho y avanzaron por el camino hasta lo alto de una colina desde donde se podía divisar bien todo el lugar. Como nadie les dijo nada, siguieron de frente, hasta que 100 metros antes de llegar a la las chozas les salieron al paso más de 50 militares que, con rifles en mano y tomando puntos estratégicos, pidieron a los campesinos no acercarse "ni un metro más", de lo contrario dispararían. Los campesinos, temerosos, se detuvieron en seco.

—¿Qué quieren? —preguntó uno de los marinos desde lejos.

Los campesinos se miraron unos a otros, pero nadie respondió. Habían ido a recuperar el rancho de doña Consuelo, pero ninguno se animaba a decir una sola palabra. La señora pidió a su mucama que la ayudara a bajar de la camioneta. Yo, tratando de apuntar todo comentario que hiciera, me acerqué discretamente a ella. Uno de los marinos gritó que alguien se acercara a explicar lo que querían, pero los campesinos sólo se miraron entre sí sin dar un paso al frente. La mamá del Chapo, la misma señora a quien tantas veces quise entrevistar, me tomó del brazo y me pidió que la llevara a donde los marinos.

Sabía que nadie más la llevaría y que su asistente no podría sostenerla sola, por lo inclinado del camino; eso me volvía su única opción para ir ante los castrenses. ¡Pero yo no podía hacer semejante cosa! Como periodista, y por cuestiones de ética, no debía. Por otro lado, era una oportunidad de oro escuchar el reclamo de la madre del capo más poderoso del mundo a los marinos, que por entonces lo buscaban por cielo, mar y tierra. Con esto en mente empezamos a caminar 100 metros cuesta abajo.

Los uniformados, a lo lejos, no sabían si seguir apuntando o bajar sus fusiles, hasta que uno gritó que me apartara de las damas y levantara los brazos. Me detuve en seco y despacio mostré mis manos. Sentí todas las mirillas de los rifles apuntarme al corazón, incluso imaginé el dedo en el gatillo de las armas de asalto y la cruz en la mira de cada rifle, apuntando certeras hacia mi pecho mientras, lento, me hacía a un lado de las damas.

—¿Qué traes en la mano? —grito de nuevo el militar.

—Una libreta —dije mientras ondeaba el cuaderno—. Soy periodista… aquí está mi credencial de prensa —agregué, mostrando mi gafete.

Los marinos se confundieron, no esperaban que un periodista estuviera en el lugar. Aun así, no se intimidaron y pidieron que me levantara la camisa para checar que no llevara algún arma fajada en la cintura.

Me levanté la camisa y me di la media vuelta para que confirmaran que no estaba armado; un marino se acercó y me pidió la credencial de *Ríodoce*. Mientras tomaba el gafete, yo pensaba en lo curiosa que era la vida: seis meses antes busqué afanosamente una entrevista con doña Consuelo para conocer su sentir respecto a la fuga de su hijo y en ese momento me había convertido en su escudo en su encuentro con la Marina. Por eso decía que si salía bien librado de aquello, algún día escribiría esta anécdota.

Regresé con las damas y seguimos avanzando, hasta que un marino de unos 45 años, vestido con uniforme verde camuflado y chaleco negro antibalas, fue a nuestro encuentro. Iba escoltado por otros tres militares que portaban rifles M16 y AR-15. La madre del Chapo fue directa y rápido reclamó que estuvieran en su rancho.

El marino, aunque sabía con quién hablaba, pidió que se identificara:

—Mi nombre es Consuelo Loera Pérez, dueña de esta tierra —respondió con firmeza.

El marino agachó la mirada y apaciguando el tono de su voz dijo que era "un honor conocer a la madre de una leyenda". Yo supe en ese momento que en la afirmación del marino estaba la nota, pero el militar no se contuvo y remachó con la siguiente frase: "No todo el tiempo se tiene ese honor".

Doña Consuelo agradeció la flor, pero no había salido de su casa para escuchar palabras bonitas de un castrense, sólo quería recuperar su rancho. El marino trató de explicarle de forma clara y concisa que ellos sólo obedecían órdenes, que en este caso la FGR había asegurado la propiedad porque encontraron droga en el lugar, así que ya no dependía de ellos liberar el rancho; tendría que ir a las oficinas de la fiscalía para presentar la queja.

La crónica de ese encuentro fue publicada por los semanarios *Ríodoce* y *Proceso*, y de muchas maneras el reencuentro con doña Consuelo resultó legendario, pues abriría las puertas para accesos futuros.

Cuando regresé al periódico, casi a las seis de la tarde, me estaban esperando Ismael y Andrés para comentarme sobre un rumor que habían escuchado días antes: el Chapo Guzmán se había visto con Kate del Castillo y necesitaban que yo lo confirmara.

La noticia en sí era una bomba. En aquel momento aún no sabíamos que el actor Sean Penn también había estado en esa reunión, pero que la actriz se reuniera con el capo era noticia mundial. El problema ahora era confirmar la información.

—Tal vez si le llamas te suelta algo. ¡Pero hay que grabarla! —dijo Ismael, enérgico.

—Deja consigo su número y la contacto —le dije.

—Ya lo tenemos, y hasta le llamamos. Nos contestó, pero nos mandó a la chingada. Dijo que iba a demandarnos si publicábamos algo, luego nos tachó de amarillistas y nos acusó de inventar noticias con tal de vender periódicos… Pero llámala tú, a ver qué te dice…

Yo asentí. Consciente de que no respondería a un número de Culiacán, le marqué de uno que tenía de Estados Unidos. A los pocos segundos respondió. Luego de identificarme como reportero de *Ríodoce*, le solté que deseaba confirmar una información sobre su reunión con Joaquín *el Chapo* Guzmán a principios de octubre, en Cosalá. No terminé de decir el nombre del pueblo cuando la actriz ya estaba vuelta una fiera, y como pasó con Ismael y Andrés, amenazó con demandarnos por inventar noticias y quién sabe qué más, hasta que colérica cortó la llamada.

Ismael, que se había quedado con Andrés para grabar la conversación, se sintió satisfecho: "Pues al menos nos trata a todos por igual".

El rumor fue descifrado a puertas cerradas durante días, aunque al final determinaron no publicar la información porque en aquel momento era sólo eso: un rumor.

Dos días después de la llamada, Joaquín *el Chapo* Guzmán fue recapturado por la Policía Federal de Caminos, en Los Mochis, durante un operativo que inició la Armada de México. Y justo después de la captura, la revista *Rolling Stone* publicó una crónica firmada por Sean Penn, donde narró cómo él y Kate del Castillo se vieron con el capo en las montañas de Sinaloa: apenas unas semanas antes, la actriz había negado todo.

"Nosotros estuvimos cuando Kate se vio con los patrones y el Sean Penn se molestaba porque el Chapo no lo pelaba, sino que le prestaba toda la atención a la actriz", comentó años más tarde un jefe de sicarios que estuvo en esa reunión.

Tiempo después me enteré de que el Chapo decidió irse a Los Mochis a pesar de que su zona de confort estuviera en la sierra, aunque esos detalles los narraré más adelante.

Después de la reaprehensión del Chapo me contrató Joshua Partlow, del *Washington Post*, para reconstruir el arresto en Los Mochis. No sólo hicimos un recuento riguroso, paso por paso, sobre cómo lo atraparon, sino también hablamos con personas muy cercanas a él que lamentaban que el capo hubiera salido de la sierra para irse a una ciudad que no era controlada por él.

Pocos días después fuimos al pueblo en donde aterrizó la avioneta, después del escape del Altiplano, y a todas las comunidades en las que anduvo a salto de mata en Tamazula, Cosalaá y parte de Durango. Con asombro notamos la gran cacería que hizo el gobierno mexicano con elementos de la DEA, aunque para ello violaran los derechos humanos de los campesinos. Hubo muchos desplazados, y aunque siempre estuvieron pisando los talones del narcotraficante, no podían agarrarlo.

Un buen amigo, el Betillo, a quien habría de conocer tres años después, me narró cómo el capo ordenó a Orsón Iván Gastélum, el Cholo, irse hacia Los Mochis a pasar el inicio de año, y aunque el Cholo se opuso, el Chapo hizo valer su autoridad, así un día antes de año nuevo de 2016 se dirigieron al norte de Sinaloa.

Estaba todo arreglado y el Chapo había empezado a apostarle a su suerte. Pero como todo en la vida, la suerte también se agota, y la del capo estaba por terminarse. Ocurrió con la llegada de la Marina a Los Mochis, el 8 de enero de 2016. Después de sitiar el municipio cortaron toda comunicación, luego rodearon la casa donde estaba oculto el capo. La Operación Cisne Negro estaba en marcha. A las 4:45 de la mañana y con la zona resguardada, entraron como un huracán a la vivienda y rápido ejecutaron a los cinco pistoleros que resguardaban la entrada.

El tiempo era oro: el Chapo utilizó los últimos vestigios de su suerte para escapar por un túnel que conectaba la bañera de su cuarto con los tubos del drenaje. Casi a gatas y entre basura, aguas residuales, cagada y una tremenda oscuridad, el Chapo y el Cholo avanzaron casi dos kilómetros en busca de la libertad hasta que, confiados de que los marinos habían quedado atrás, salieron por un registro del drenaje y rápido se hicieron de un Jetta blanco que conducía una joven pareja.

En esas condiciones la suerte es elemental; sin embargo la suerte también puede ser traicionera. Fue exactamente lo que ocurrió, pues el Jetta blanco que habían tomado no traía gasolina. Quizás un poco de gasolina habría solucionado todo, pero el carro empezó a fallar, y por más gas que le daban, éste no avanzaba. La mala suerte llegó en el peor momento. Conscientes de que en ese auto no llegarían muy lejos, se detuvieron unas cuadras adelante y corrieron a un semáforo donde un Focus rojo era conducido por una mujer que llevaba a casa a su hija con un bebé recién nacido en brazos. El Cholo Iván abrió la puerta con violencia y bajó a ambas mujeres. Tras el despojo, la joven madre llamó directamente al C4 para reportar el robo.

La suerte, como el dinero, la juventud y el poder, se acaba. Y de la suerte del Chapo ya no quedaba nada, pues la mujer, en lugar de llamar a la policía, llamó a un mando de control que pocos conocen. Sigue siendo un misterio por qué llamó al C4, cuando la lógica era que llamara a la policía local. Era la mala suerte del Chapo tomando su lugar. O acaso el destino, porque tras hacerse el reporte, el C4 emitió una alerta a todas las policías de la región para que localizaran el Focus que habían robado al sur de la ciudad.

Por eso fue que los dos federales que estaban de guardia en la salida sur de la ciudad, al ver el auto rojo acercarse, bloquearon la carretera con las patrullas y el Cholo no tuvo de otra que detenerse. A esas alturas, quiero imaginar que ambos narcos estaban desesperados y debían hacer algo. Pero ya no había mucho por hacer; como última opción el Chapo trató de sobornar a los federales. Dinero, lujos, poder. Pero los uniformados no pudieron ceder porque desde antes de detener el auto habían pedido refuerzos y varias patrullas de la policía federal ya iban en camino. Si hubieran sabido que en el vehículo robado venía el Chapo, tal vez hubieran actuado diferente, quizá se habrían arreglado. O si el primer vehículo hubiera traído gasolina, o al menos no estuviera fallando, lo habrían logrado. Tantos hubiera. Pero los hubiera no existen.

Muchos meses después, amigos y familia del Chapo seguían lamentando el arresto y que se hubiera ido a Los Mochis. Según me confiaron algunas fuentes, se "vería con alguien". Nunca supe quién era la persona con quien el capo se veía, pero gente cercana cree que su arresto fue en realidad una entrega.

Al término de la asignación con Joshua Partlow, que incluyó un viaje insólito a la sierra de Cosalá, volví a refugiarme en casa de mi madre.

Apenas dos meses antes platicaba con mi padre sobre la película y sobre mi labor como periodista. Y en ese momento, perdido en mis propios laberintos, me preguntaba lo frágiles que somos. Me atormentaba saber que pude hacer mucho por él y al final no hice nada. Entonces pensé en la película y decidí regresar a la Ciudad de México para recuperarla.

Me recibió la Princesa con un fuerte abrazo. Luego de hablarlo y de analizar la situación, recomendó hacer un viaje lejano para reconstruirnos. Como grandes estadistas, planificaríamos todo para regresar fuertes y comernos el mundo de un solo bocado. Sacando provecho de todo, incluyendo ventajas y desventajas. Buscaríamos a Pablo o tomaríamos acciones más severas que nos condujeran a recuperar la película.

A nuestro regreso, Pablo García-Inés, de Discovery, volvió a contactarme. Quería hablar sobre las propuestas de cobertura que le podía hacer, las cuales fueron de su agrado. Sugirió ir a Culiacán antes de Semana Santa para trabajar la preproducción. Yo, como siempre ocurría cuando se trataba de trabajo, accedí.

Entonces tenía en puerta el documental para *Clandestino*, la cobertura con Jessica Ogilvie para *Playboy* y el reportaje para la televisora rusa.

Era mucho trabajo, pero estaba dispuesto a lanzarme al ruedo. Lo haría por mi padre y por quienes confiaron en mí. Pero sobre todo, lo haría por mí. Cuando lo comenté con la Princesa, le molestó que siguiera demorándome. Decía que descuidaba la película por trabajar como *Fixer*, cuando lo mejor era localizar a Pablo y exigirle el material.

—¡Que lo busquen tus amigos del cártel para que le quiten la película y sigamos nuestro plan!

Le aclaré que mis contactos del cártel no eran mis amigos y que fuera de los accesos que me brindaban no quería involucrarme con ellos. Por otra parte, Pablo era un loco, y levantarlo para quitarle la película tendría consecuencias, pues él no se quedaría de brazos cruzados, buscaría vengarse y tal vez el blanco más lógico sería ella. Por eso y mil cosas más no podía arriesgarme.

—Las cosas pueden salir mal, y cuando digo mal es que alguien puede salir muy lastimado.

Pensé entonces en mi padre. Añoré que estuviera cerca para platicarle lo que pasaba. Pero mi viejo ya no estaba. Nunca más lo estaría. Y en medio de aquella ausencia el corazón se me partía en mil pedazos.

Era triste saber que la Princesa estuviera decepcionada. Y sin embargo, hay veces en la vida en que, muy a pesar de todo, uno debe aguantar la embestida. Entonces no lo sabía, pero aquellos reclamos eran apenas la punta del iceberg.

Ignorando el huracán, al día siguiente volé a Culiacán para empezar la preproducción de *Clandestino*.

CLANDESTINO

La propuesta de cobertura enviada a Pablo García-Inés fue de su agrado. Pero como todo productor, hizo observaciones y entre ambos acabamos por enriquecer el proyecto. Desde un inicio estuvimos en la misma frecuencia, pues en el fondo aquel español que decía estar enamorado de Colombia no sólo era visionario, sino objetivo y un romántico empedernido.

Por ello fue que desde que llegó a Culiacán y pasé por él al aeropuerto, nos entendimos y de inmediato nació una buena amistad.

Como eran dos los capítulos a realizarse, sugerí a Pablo García-Inés contratar a un *subFixer* y él accedió. Entonces llamé a un cantante de narcocorridos que conocí durante el rodaje de una película donde fungí como productor.

No quise contactar a Edgardo, pues a él lo tenía reservado para el proyecto de los rusos, programado para principios de mayo. Por eso me incliné por Baldomar Cazares. Ya había trabajado un par de asignaciones con él, incluyendo un reportaje sobre la siembra de marihuana en la sierra, que reportó Deborah Bonello para *LA Times*, y Baldomar cumplió cabalmente, eso me daba confianza en que diera resultados.

Baldo —con ese nombre me referiré a él— quería ser cantante, pero también soñaba con ser actor. Y parecía decidido a ello, pues durante la película que grabamos apareció en casi todas las escenas ¡y en casi todas lo mataban!; si repetía escenas era porque siempre lo ejecutaban de espaldas. Cuando por fin lo ejecutaron de frente, tardó en morir, aun cuando tenía ¡como veinte tiros en el cuerpo! El director le reclamó entonces su inmortalidad y él argumentó que era necesario, pues daba mayor dramatismo a la escena. Entonces ya había caído la noche y no fue posible rehacer la escena, así que el director se conformó con lo que había.

Así dio muestras de adorar el protagonismo, y en su afán por salir a cuadro cada que podía, aparecía hasta en escenas que no le correspondían. Todo se salió de control en una ocasión en que, tras revisar una escena hecha con anterioridad, grabamos la continuidad de la misma en una locación diferente, y ahí noté una de las erratas más grandes en la historia del cine: dos jefes rivales hablaban por teléfono y se amenazaban de muerte, Baldo aparecía con el resto de pistoleros al fondo de quien era su jefe, pero en el corte (que era la escena a grabarse) aparecía también con el grupo de sicarios que escoltaban al enemigo de su patrón. Fue entonces cuando paré la producción para preguntarle qué diablos hacía con el bando contrario: tartamudeando, Baldomar me dijo que estaba con la clica.

—Sí, ¡pero ésa no es tu clica en la historia, sino tus enemigos! —le espeté.

—¡Es que estaba haciendo bola! —tartamudeó de nuevo.

El director se jaló los cabellos por la errata, pues más allá de que fuera sicario de dos bandas rivales de narcotraficantes, era insólito que en la misma escena en donde dos capos se amenazan por teléfono haya estado en dos lugares distintos.

—¡Tienes un gemelo idéntico a ti o de plano desarrollaste el don de la ubicuidad! —le reclamé, mientras Baldo sonreía divertido, nervioso, sin saber qué decir.

—¡Es que, como querían que se viera más "acá", y pos por eso me puse ahí!

Le puse una buena regañada, lo mismo al encargado de continuidad, un estudiante de preparatoria que quería dedicarse al cine; luego ordené revisar todo el material y ver en qué escenas aparecía, así descubrimos que Baldo estaba en casi toda la película.

La llamada de atención, más que alejarlo, hizo que Baldo se me acercara. Siempre alegre y saludando hasta cinco veces al día a la misma persona, nos fuimos acostumbrando a él, aunque cada vez era más frecuente verlo con vestuario diferente, como si fuera a actuar en toda escena programada. Sin embargo, fue casi hasta el final de la producción cuando Baldo por primera vez atrapó mi atención; muy casual dijo que él conocía gente allegada al Chapo, incluyendo sicarios, mulas, sembradores de mota, y por consiguiente podía lograr permisos para grabar cargamentos de droga. Lo decía con tal convicción que yo le creí, hasta mostró fotos en su celular de gente armada como prueba de lo que decía.

—¿O quién creen que consiguió las armas y la coca para esta escena? —dijo.

Le aclaré que las armas que traían los actores eran de utilería, es decir, réplicas, y la "droga" con que ilustraban la escena era harina empaquetada con cinta canela. Baldo soltó una carcajada que exasperó al director: "¡Silencio!", gritó desde lejos, mientras el cantante, bajando la voz, me dijo: "Ah, qué mi compa; si supiera cómo corre el agua…"

Cuando terminaron de grabar fui a revisar la utilería y, efectivamente, la producción tenía AK-47 y AR-15 reales, y cuando quise revisar los 15 ladrillos de droga que tenían en el set, ya los habían sacado y llevado quién sabe a dónde. Después me enteré de que la producción había llevado droga y armas reales. Hablé con el director y reclamé su irresponsabilidad al traer utilería que podría habernos metido en problemas, incluso le dije que podrían habernos arrestado, pero el director ni siquiera estaba enterado de eso; llamé a los de utilería para que explicaran qué demonios pasaba pero lo único que dijeron fue que uno de los actores estaba bien pesado y había traído la realidad a la ficción, "para que todo se viera bien chingón", y mediante el método de Konstantin Stanislavski, todo fuera apegado a la realidad, es decir, como en verdad era el negocio del narco en Sinaloa. Incapacitado para corregir aquella semirrealidad y considerando que ya casi terminábamos la película, sólo pedí que cuando mataran a otro de los personajes no lo ejecutaran de verdad, porque nos llevaban a todos a la cárcel, con todo y el "método".

Baldo fue producto de aquella producción surrealista, y aunque podía ser muy enfadoso, ocasionalmente era encantador, de modo que cuando lo conocían, la gente lo odiaba o lo adoraba. No había término medio. A pesar de todo, hice buena amistad con él.

No obstante esos antecedentes, lo integramos al proyecto y Pablo García-Inés lo recibió con buenos ojos y se entendió bien con él, pues el español resultó un tipo afable, sencillo y poeta de profesión. Yo platicaba con él largas horas sobre filosofía, letras, economía, y me insistía en que debía leer *Las venas abiertas de América Latina* de Eduardo Galeano. Mientras tanto, al lado de nosotros y perdido en el mundo virtual, Baldo subía fotos a Facebook o Instagram, y sentía gran orgullo de todos los *likes* que recibía.

Pero más allá de aquellas charlas, la complicidad, el deseo por hacer las cosas bien y la amistad que gestábamos, yo no dejaba de pensar en la Princesa. Aunque la extrañaba a morir, pasaba días sin llamarla. Mientras la pensaba, las palabras de Pablo García-Inés parecían llenarse de un dolor antiguo y luego desaparecían en el silencio. Inevitablemente mi mente divagaba en el rostro de la Princesa. ¿Qué pasó entre nosotros?

¡Pasó el tiempo!

Por esos días me contactó la productora de RT. Estaba confirmado: vendrían a Culiacán a principios de mayo, lo cual apenas me daría tiempo para terminar el documental con los españoles. Siendo sinceros no estaba seguro de si para entonces estaría desocupado, pero los tiempos así lo sugerían. Primero debía concentrarme en lo que hacía.

El tiempo pasó y aún no lograba aterrizar los accesos encargados, aun cuando Baldo hacía lo que podía. Entre los tres intentábamos contactar a quienes nos abrirían las puertas. Esa jornada eventualmente nos llevó a La Tuna, pues algunas escenas que visualizamos ocurrían en el pueblo donde nació el Chapo.

Fui a La Tuna otra vez y de nuevo caminé por sus calles. Era curioso, pero tras el viaje con Mariana van Zeller, Pete y Alex, ésa sería la tercera vez que habría ido al pueblo del capo. Creo que la gente del lugar, o por lo menos quienes vigilaban la entraba, ya sabían quién era, luego de que la última vez casi me había jugado la vida por doña Consuelo. En esta ocasión, sin embargo, sería diferente, pero ni Pablo García-Inés, ni Baldo ni yo lo sabíamos.

Llegamos a La Tuna y seguimos de largo hasta San José del Barranco, donde Baldo tenía un compadre, allí pasaríamos la noche. Al otro día, por la tarde, regresamos al pueblo y fuimos directo a la casa de doña Consuelo para saludarla. Esta vez la madre del otrora capo más buscado del mundo nos recibió con una sonrisa en los labios y nos invitó a pasar. Dijo que llegábamos a la mera hora, pues estaban preparando barbacoa y quería invitarnos a cenar. Nos sentamos en una pequeña estancia a la entrada de la casa y nos dispusimos a esperar.

La noche había caído y las estrellas titilaban en el cielo; mientras, la sierra amenazaba con ponerse oscura y distante. Platicamos con doña Consuelo sobre la vida, la espiritualidad, planes futuros y por un momento sentí una gran admiración por aquella mujer, pues a pesar de tanta derrota, tanta adversidad y tantos problemas que tuvo como madre, hizo lo que pudo por sacar adelante a sus hijos. Las decisiones de ellos eran otra cosa, pues aunque muchos pueden juzgar el proceder de alguien como el Chapo, la realidad es que, antes de juzgar, deberían saber lo que Joaquín Guzmán vivió. Al final, su historia era reciclada, repetida varias veces a lo largo de la historia reciente del crimen organizado, pero doña Consuelo no dejaba de ser madre, ni un ser humano que hubiera querido otro camino para sus hijos. Ahora, con 85 años encima, sólo le quedaba rezar por ellos. Pero más allá de aquella adversidad, se mantenía fuerte y positiva ante la vida. Decía que era Dios quien estaba con ella y eso le daba ánimos para seguir. Su fe era del tamaño del universo y crecía cada vez que leía la Biblia, lo cual hacía a diario. Como toda madre, se preocupaba por el bien de todos sus hijos —sin excepción— y no les reprochaba sus tropiezos sino que oraba por ellos.

Ya casi estaba lista la cena cuando llegaron varias camionetas con más de treinta hombres armados y se detuvieron frente a la casa. Los hombres, muchos de ellos jóvenes de la sierra, bajaron rápido de los vehículos y rodearon la casa como si buscaran puntos estratégicos. Ni Pablo García-Inés, ni Baldo ni yo sabíamos qué estaba pasando, aunque supuse que había llegado alguien muy importante. Me volví en todas direcciones, era notorio que los recién llegados traían equipo de alto poder: Barrets .50, AK-47, M16, AR-15. Y mientras unos resguardaban los alrededores, otros vigilaban a la entrada.

Uno de los pistoleros abrió el cancel y varios entraron. Al frente de ellos había un hombre muy parecido al Chapo: era el Guano, hermano menor del capo sinaloense.

Había escuchado varias historias sobre él, buenas y malas, aunque ésa era la primera vez que lo veía en persona. Como mucha gente en la sierra, el Guano daba la impresión de ser despiadado, pero al menos frente a su madre parecía buena persona pues en cuanto llegó la abrazó, le dio un beso en la mejilla y luego se volvió hacia mí.

—Es el periodista que hizo la nota de los marinos en La Lagunita —explicó doña Consuelo.

El Guano asintió y sólo entonces me saludó con un apretón de manos, después saludó a Pablo García-Inés y a Baldo, con el respeto con que se saluda a un desconocido. Pasamos al comedor y nos sentamos a la mesa: doña Consuelo en la silla que daba a la pared, el Guano a su lado y justo frente a él me acomodé yo. A mi derecha se sentó Pablo García-Inés, Baldo quedó entre el Guano y yo.

Contrario a la creencia de muchos, la casa de la mamá del Chapo era una vivienda sencilla. Grande, pero sencilla. No tenía lujos ni nada ostentoso: la mesa era de madera y estaba cubierta por un mantel blanco floreado, que a su vez estaba protegido con un plástico transparente. Había una hornilla de cemento pegada a la pared, una estufa al lado y una vitrina llena de platos, vasos, tazas de porcelana, de ésas que gustan a la gente mayor; en las paredes se apreciaban cuadros de santos, pero ninguna foto familiar.

La misma sirvienta que vi durante la visita con Mariana van Zeller y que luego volví a ver en La Lagunita entró al comedor y nos sirvió platos típicos de la sierra: barbacoa en su jugo, frijoles, queso panela, salsa y tortillas recién hechas. De tomar nos dieron Coca-Cola, aunque aclararon que también había agua de jamaica.

Empezamos a comer. No recuerdo sobre qué giró la conversación; creo que Baldo mencionó a alguien que conocía y que también era conocido del Guano; entonces empezaron a intercambiar anécdotas sobre la persona mentada. De vez en cuando tropezábamos con el silencio, aunque supongo era normal, después de todo estábamos ante uno de los líderes de una de las facciones más poderosas del Cártel de Sinaloa y era inevitable no sentirse intimidado. El narco era callado, analítico y tenía una mirada que parecía leer los más recónditos pensamientos de quienes estuvieran alrededor. No sólo eso, quienes lo conocían aseguraban que el Guano era astuto y, sobre todo, un hombre frío, y esa frialdad la aplicaba a la hora de tomar decisiones. Por eso no lo habían arrestado, porque no le gustaba salir de la sierra, pero también porque sabía cómo moverse. Y si debía rifársela, lo hacía. Por eso lo dejaron a cargo de la sierra cuando arrestaron a su hermano.

Para romper un poco el hielo, hice algunas observaciones respecto a mi carrera y mi interés en entrevistarlo un día, aclarando que además de ser *Fixer* también me dedicaba al cine y en un futuro cercano quería ir a La Tuna para grabar una película. El Guano parecía no escucharme, sólo observaba nuestras reacciones, como tratando de identificar un tono en cada palabra que yo decía, mientras doña Consuelo sonreía con indulgencia, como para que el hijo confiara un poco más en nosotros.

De pronto y sin preámbulo alguno, el Guano miró a Pablo García-Inés y de sopetón le preguntó si era agente de la DEA. Pablo García-Inés tragó saliva. Lo negó con un rotundo no y sin perder la compostura aclaró que él era periodista, incluso tenía su identificación que lo acreditaba como tal, sin contar que había varios documentales que confirmaban su profesión. El Guano lo miró con intensidad y sólo sóltó un, "ah" y siguió comiendo.

Seguimos platicando pero ya nadie estuvo tranquilo. Ni siquiera doña Consuelo. Baldo quiso reanimar la conversación y le sugirió al Guano escribirle un corrido que hablara sobre sus aventuras y lo que había logrado al frente de la sierra, pero los pensamientos del Guano —y los nuestros—, estaban en otra parte. Teníamos miedo, pues el Guano tenía fama de ser uno de los capos más despiadados; estar frente a él, a más de tres horas del primer rastro de señal de celular y rodeados por más de 30 hombres armados hasta los dientes nos hacía sentir que estábamos, sin duda, en sus manos, pero también en su silencio, en su mirada y hasta en su pensamiento. Baldo, Pablo García-Inés, yo, y creo que hasta doña Consuelo, incluso el propio Guano, ¡todos teníamos miedo de que aquella desconfianza escalara a otro nivel, entonces quién sabe qué habría podido pasar!

No recuerdo qué más dijo Baldo, pero el corazón me palpitaba a mil por hora al sabernos vulnerables, al ver cómo el Guano clavaba la mirada sobre Pablo García-Inés, como si intentara adivinar quién era verdaderamente; el periodista español por su parte intentaba comer pero no lo lograba. Tiempo después, ya entrados en confianza, nos confesó que hubiera preferido estar lo más lejos posible de ese lugar y quizá de Badiraguato, incluso de México, pero no frente al Guano.

Baldo seguía con su monólogo interminable pero de nuevo el Guano interrumpió con un exabrupto aquel soliloquio para preguntar a Pablo García-Inés de una buena vez si era uno de los agentes encubiertos de la DEA que querían cazarlo.

—Se parece mucho a uno de los que andan tras de mí —le dijo viéndolo con dureza.

Esta vez también yo tragué saliva, pues en la voz del Guano había un tono tan frío como el hielo y al mismo tiempo tan seco como la tierra del desierto. Todos guardamos silencio y hasta doña Consuelo paró de comer y miró fijamente a Pablo García-Inés.

—Yo, hasta donde sé —dijo Pablo García-Inés con un marcado acento español y tratando de mantener la compostura—, tengo entendido que sólo los americanos pueden ser agentes de la DEA; para un ciudadano español sería imposible.

—Pero si es un agente de la DEA, es mejor que me lo diga de una vez —reviró el Guano.

La sangre se nos bajó hasta los pies e inevitablemente pensé que en cualquier momento entrarían los pistoleros y nos llevarían a la fuerza hasta uno de los cuartos más oscuros de la casa, para amarrarnos y luego sacar una serie de herramientas con las que nos torturarían hasta que confesáramos algo que no éramos.

Por inercia me volví en todas las direcciones: definitivamente no teníamos escapatoria. No había ni pa' dónde correr, ni qué negociar; pensé que en ese momento se acabaría todo. Doña Consuelo, notando mi preocupación, sonrió con discreción, como pidiendo una disculpa por la situación, aunque en realidad no había nada qué disculpar: era el precio del periodismo y también las consecuencias de meternos hasta el tuétano del cártel con tal de lograr los accesos necesarios para la producción del documental.

Al final nada pasó, pero la anécdota quedó para la eternidad, pues fueron momentos de tensión que ninguno de nosotros olvidaría nunca. Nos despedimos de doña Consuelo y también del Guano, y nos regresamos a San José del Barranco. Queríamos descansar de aquella tensión, pues sabernos perdidos y de pronto salir ilesos era como haber sufrido un accidente en donde todo queda destruido, pero nosotros milagrosamente habíamos salido intactos.

Curiosamente esa noche no pensé en la Princesa. Ni en la película, ni en nada que tuviera que ver con planes. Pensé en cambio en mi padre. Si supiera en lo que andaba, bien podría haberse vuelto a morir de preocupación.

* * *

Amarramos los accesos en la sierra, todo estaba listo para cuando llegara el equipo. Y sin embargo, lo más visual, los pistoleros y un cargamento de droga que saldría de Sinaloa para Estados Unidos, seguía sin confirmarse. En esas condiciones el tiempo siempre está en contra y eso ponía presión en mí y me obligaba a avanzar. Ciertamente habíamos logrado cosas, pero no era suficiente. Faltaba esa última parte y aunque ya habíamos explorado casi todo, tanto en la sierra como en la ciudad, los pistoleros eran lo que más me preocupaba.

Por eso tenía bajo la manga la figura de Edgardo, a quien no me hubiera importado llamar para abrir otras puertas, pero antes debía agotar toda posibilidad con Baldo. La realidad es que nunca me gustó echar toda la carne al asador, antes prefería agotar lo que se tenía para cuando todo estuviera perdido; sólo entonces sacaría mi última opción.

Mi recurso final era contactar a familiares y a quienes sabía que estaban probados completamente para responderme en una situación así, eso incluía a Edgardo, a un tío que operaba para el Cártel de Sinaloa, pero estaba encerrado en la penitenciaría de Culiacán, y finalmente a doña Griselda, con quien mantenía contacto y sabía que podría abrirme otras puertas; aunque no quería molestarla a menos que fuera absolutamente necesario.

También podría apoyarme en uno de los actores de la película, el mismo que aportó las armas para la producción. Había otro a quien podía contactar: el joven pistolero que tras haber trabajado para el Cholo Iván hasta el momento de su arresto junto con el Chapo, en Los Mochis, ahora estaba con el Ruso.

Pero antes de quemar esos contactos debía agotar los recursos con Baldo.

Tocó turno a su última conexión, un individuo allegado a gente del Chapo Guzmán que podía acercarnos con personas muy poderosas. Para fines prácticos identificaré a este nuevo personaje con el falso apodo de el Maniaco, por la situación inverosímil vivida con él.

Como todo *Fixer*, quería saber de dónde venía o al menos cómo era que lo conocía. Baldo sólo dijo que era de Jesús María y que si lo manejábamos bien podría mover a tanta gente armada como quisiéramos. Era prometedor el pronóstico, aunque después de tantas promesas falsas, ya no creíamos en él. Sin embargo, era un acceso que debíamos explorar. Por ello Pablo García-Inés y yo decidimos verlo para escuchar qué podía aportar. Nos citó en un hotel del sur de Culiacán. Siempre misterioso, Baldo no dio mayores detalles sobre el encuentro y sólo puntualizó que lo veríamos en el motel New York. En aquel tiempo no tenía reglas de seguridad y por eso no avisé a nadie que nos veríamos con gente del Chapo.

Era de día y el motel se miraba solo, como si estuviera abandonado. A lo lejos vi a un chico que esperaba debajo de un árbol, y aunque en ese momento no significó nada, con el tiempo supe que era un puntero que informaba al cártel sobre lo que se movía y lo que no.

Entramos al motel en mi Honda Civic y lentamente avanzamos entre el camino bordeado de cuartos con cortinas de lámina a ambos lados. El lugar ciertamente parecía estar abandonado, pues no había ni un alma alrededor. Inevitablemente empecé a dudar. Pablo García-Inés le dijo a Baldo que llamara a su contacto, pero tras dos intentos nadie contestó. Estaba por proponer que nos largáramos de ahí de inmediato, cuando sonó el teléfono de Baldo: era el Maniaco, nos pidió que nos acercáramos a la habitación 36.

Dimos la vuelta en busca del cuarto mentado, hasta que estuvimos frente a él, pero no vimos a nadie. Baldo bajó del auto para ver si había gente en la habitación, pero antes que tocara la cortina ésta se abrió y entonces salió un joven de unos 24 años. Traía un bote de Tecate en las manos, la camisa desabotonada y una pistola 9 mm fajada en la cintura. Saludó a Baldo y desde el auto pudimos ver que intercambió algunas palabras con él, quien se volvió hacia nosotros para que bajáramos a saludar.

Aparqué mi auto. Seguía sin notar nada sospechoso, pero había en nosotros una tensión asintomática que no podíamos evitar. Puse seguro a las puertas del auto, entonces Pablo García-Inés y yo caminamos hacia ellos. Miraba todo alrededor y seguía sin identificar algún tipo de peligro, aun así nos manteníamos alertas. Años después y analizando aquel encuentro, me arrepentí de haber llevado a mis compañeros a un sitio así, pues era bien sabido que cuando están cazando a un enemigo del cártel, los lugares preferidos para ubicarlos son moteles.

Por eso, hoy a la distancia puedo ver las omisiones de todos esos actos que pudieron ser fatales y doy gracias a Dios que nunca nos alcanzó una tragedia, aunque supongo que fueron muchas las veces que estuvimos cerca.

Cuando nos encontramos frente al Maniaco nos invitó a pasar a la habitación. A leguas se notaba que andaba mal, no sólo en cuestiones de seguridad, también físicamente: tenía dos días emborrachándose y drogándose.

Cuando entramos, cerraron la cortina. Afuera estaban dos hombres armados que esperaban al lado de una camioneta pick up Cheyenne de modelo reciente. En la caja de la camioneta había un par de hieleras llenas de cerveza, tequila, whisky y cigarros. Pasamos al cuarto y miramos botes de cerveza vacíos, armas cortas, varios teléfonos celulares y cargadores con munición. Según dijo el Maniaco cuando estuvimos en el cuarto, recién se habían ido un par de putas con quienes pasó la noche, y sugirió que si queríamos viejas, las mandaría a llamar. Nosotros aclaramos que no queríamos mujeres sino hablar de lo que necesitábamos. El Maniaco caminó a otra hielera que tenía a lado de la cama, sacó tres botes de Tecate Light y nos extendió uno a cada quien.

De pronto el Maniaco se metió la mano derecha al pantalón y sacó una bolsa de plástico llena de cocaína y me ofreció un pase. Nunca he usado drogas ilegales, pues no he sentido necesidad, ni curiosidad, ni ganas, y agradeciéndole el gesto le dije al Maniaco que no. Él me miró con sorpresa, extrañado de que lo rechazara; confundido por mi negativa insistió en que le pusiera a la coca, pero nuevamente lo rechacé.

—Lléguele —me dijo con un tono más agresivo en la voz, entonces sacó su pistola.

No me considero cobarde ni un hombre que se asusta fácilmente, pero una amenaza así es muy seria, y consciente de que estábamos en las manos de alguien que no sólo estaba hasta el culo de droga, sino que me amenazaba con una 9 mm, así que tomé la bolsa del polvo y mirándolo a los ojos le dije:

—Si así está la cosa, voy a ponerle; no porque quiera, ni porque me guste, sino porque estoy en su terreno y aquí son sus reglas. Nada más le digo que los fierros se sacan cuando van a tronarse.

Ya estaba a punto de inhalar el polvo cuando el Maniaco me detuvo.

—Si no quiere, no le ponga, pues; aquí no se obliga a nadie.

Se apartó y empezamos a platicar sobre lo que buscábamos. Se mostró convencido de ayudarnos y dijo que podía invitarnos a una fiesta con putas y otros *narcojúnior*. Ya en ambiente, podrían mostrar lujos y extravagancias del narco.

Cuando salimos, le dije a Baldo que el tipo no daba buena espina, pero no debíamos cerrar esa puerta, sino considerar más opciones. Sin embargo, la presión empezaba a ganarnos, el tiempo se seguía agotando.

Estaba a punto de llamar a otros de mis contactos, cuando Baldo sugirió hablar con uno de los extras que participó en la película que grabamos en Culiacán.

Al día siguiente, Baldo lo llevó conmigo y empezamos a platicar. Me referiré a él como el Gordo, pues no deseo usar ni apodo ni nombre verdadero. El Gordo soltó de golpe lo que podía lograr, aunque aclaró que necesitaba un par de días para lograrlo. En poco tiempo, este contacto resultó más movido de lo que supuse, al menos más rápido que Baldo, que entonces era muy disperso y se la pasaba posteando fotos en sus redes sociales.

La gran ventaja del Gordo era que conocía pistoleros de los Chapitos, gracias a esos vínculos era capaz de abrir puertas con gente armada que, con las debidas precauciones, se prestarían para ser grabados en los lugares que ellos impusieran. Sin embargo, me hacía ruido que no me permitiera estar con ninguno de sus contactos bajo el argumento de que los pistoleros no querían a periodistas cerca, así que yo me aparté, porque lo que me importaba era lograr los accesos necesarios para un buen documental.

A pesar de todos los inconvenientes, el Gordo se volvió elemental para la realización del proyecto, su carta fuerte era que podía lograr vincular a pistoleros (que visualmente siempre es lo más atractivo a la hora de grabar), y en cuanto a lo demás, nuestro plan sería seguir tocando puertas.

Al cabo de unos días hicimos una pausa; Pablo García-Inés debía regresar a Madrid y yo a la Ciudad de México. Debíamos cargar baterías y prepararnos para iniciar. Después de todo ya teníamos lo principal, por lo demás sólo restaba esperar.

Llegué a la Ciudad de México ávido de recorrer sus calles y avenidas en bicicleta. Quería respirar el aire fresco de la noche, admirar la masa de verdes y sombras en los árboles que se yerguen sobre Reforma. Y mientras transitaba la noche bajo el fluorescente de las lámparas, reflexionaba sobre mi película y sobre la muerte repentina de mi padre. También pensaba muchísimo en la Princesa. Había pasado varios días sin contactarla y no sabía cómo sería verla de nuevo. Tal vez ya todo había acabado, no llamarla durante todo ese tiempo representaba la estocada mortal para el amor.

Al día siguiente tomé un Uber y enfilé hacia mi cita con el destino. Era un día hermoso, el sol despuntaba hacia el cenit del mediodía.

De pronto los nervios empezaron a ganarme. Después de dos semanas de no verla ni hablarle, ¿cómo sería el reencuentro? Lleno de emoción o extrañeza, de coraje o indiferencia. O quizá todo a la vez. Sin embargo, las cosas nunca pasan como se visualizan, y esta vez no sería la excepción.

La Princesa y yo terminamos días después.

Respecto a mi trabajo como *Fixer*, continuó; era el único camino para financiar mi película. Debía tener más accesos para las televisoras que me contrataran. Por eso decía que sí a todo el que me contrataba. Y por eso no me importó meterme hasta el tuétano del Cártel de Sinaloa. Ni abrir accesos que entonces nadie podía, ni contactar jefes, no sólo en Culiacán, sino también en Tijuana, Mexicali, Ciudad Juárez, Jalisco, Guerrero, Guanajuato, la Ciudad de México; incluso si debía llegar hasta Colombia, hasta allá iría.

Por esos días, el director de *Clandestino* se desencantó de mí debido a una serie de omisiones de mi parte y al final no logré terminar el proyecto con ellos. ¿Era acaso la suerte que empezaba a darme la espalda? Empezó con la desaparición de Pablo, mi exsocio, que se fue con mi película; siguió con la muerte de mi padre; después el rompimiento con la Princesa y ahora *Clandestino*. Poco a poco el mundo empezó a cerrarse a mi alrededor.

Y sin embargo, la mala suerte aún no tocaba fondo. La fortuna —o acaso el destino— me deparaba una crudeza diferente que me haría experimentar el terror y la violencia hasta las últimas consecuencias. Ocurrió durante un viaje a Cosalá con dos periodistas rusos que días antes habían llegado a Culiacán.

Rusos

Estos periodistas me contactaron meses antes, cuando apenas comenzaba la preproducción con los españoles. Los accesos que buscaban no eran difíciles, incluso puedo decir que era más bien un reportaje social, aunque desde una perspectiva criminal y tomando en cuenta como consecuencia el daño colateral a la sociedad civil de la sierra. Su meta era entrevistar un cantante de narcocorridos, visitar la tumba de Malverde y recorrer la ciudad con bandera blanca para que la población hablara sobre la cultura del narco.

Todo marchó bien los primeros días, hasta que se enteraron de los abusos que la Marina cometía en la sierra de Sinaloa. Decididos a investigar esos atropellos, decidieron ir a Cosalá para investigar. Meses antes había hecho una cobertura similar con Joshua Partlow, del *Washington Post*, así que recontacté algunos conocidos y de ese modo di con varias víctimas que habían sido desplazadas en la zona.

En teoría era fácil: ver a los desplazados y una vez terminado todo, regresar a Culiacán. Sin embargo, en toda producción los planes nunca resultan como se idearon, y ahí es cuando las cosas, ¡la vida misma!, pueden cambiar en segundos. Pero cómo anticipar cambios no previstos, si parte del quehacer periodístico es meterse en zonas que, en condiciones normales, jamás visitaría un extranjero.

Ya habíamos grabado Malverde cuando enfilamos a Cosalá. Luego de las indagatorias pertinentes, incluso de avisar a la policía del lugar en donde estaríamos, localizamos a varias familias afectadas por los abusos de la Marina. Queríamos saber cómo les cambió la vida la cacería del Chapo, ya que la mayoría de la población, gente humilde y trabajadora, debió salirse de sus casas ante el terror abismal de ver soldados y marinos meterse en sus comunidades y, como un huracán, arrasar las casas en busca del narcotraficante.

Querían atraparlo (como realmente ocurrió) luego de que se les había escapado de una cárcel de máxima seguridad y había humillado al gobierno mexicano. Los reportes de inteligencia de aquel entonces afirmaban que Guzmán Loera se movía en esa zona, por eso la cacería. Fuentes cercanas al Cártel de Sinaloa también confirmaban que, por esas fechas, el Chapo anduvo a salto de mata y los pueblos donde más se movía eran Bastantitas, Sanalona, Cosalá y Santa Gertrudis, cerca de La Tuna, por eso, supongo, el gobierno ya lo tenía bien ubicado. Quizá por esa cercanía se había ido a Los Mochis, para destantear al gobierno, aunque al final la estrategia no le funcionó. Aun así, los operativos en la sierra continuaron y esto obligó a miles de campesinos a huir de sus casas y terminar viviendo arrimados en el municipio, sin dinero ni comida y sin saber si algún día regresarían a sus tierras. Lo único cierto era que los militares llegaron con gran violencia y en su afán por arrestar a Guzmán

Loera disparaban desde helicópteros a las cabañas en espera de que todo mundo saliera de sus casas y así comprobaran si el Chapo estaba entre ellos para, entonces, irse con todo contra él.

Era demasiado iluso pensar que el capo estuviera en esas chozas sin protección, pero lamentablemente para la gente los militares no lo entendían, así que no tuvieron de otra que salir despavoridos de sus cabañas, por demás humildes, e irse de su región.

Logramos contactar a un par de familias que narraron, con lujo de detalle, lo que vivieron cuando llegaron los soldados y cómo lo perdieron todo. Ambas entrevistas fueron conmovedoras, envueltas por un llanto inconsolable y la gran incertidumbre que padecían.

Todo parecía ir bien. Luego de las entrevistas, los rusos decidieron grabar un poco de *B-Roll* en el pueblo. Nada del otro mundo, sólo sería un breve recorrido por las calles y luego volveríamos a Culiacán. La cosa es que ninguna producción "graba" lo necesario en cinco minutos. Entonces la mala suerte nos emboscó de una manera implacable. Los corresponsales, en su terquedad por grabar todo lo que se movía, empezaron a apuntar sus cámaras a gente del pueblo. Como *Fixer*, uno siempre confía en el tacto de un camarógrafo, pero en realidad es un autoengaño. Cuando un camarógrafo graba un evento, una familia o incluso un cargamento relativamente rápido, siempre necesita una toma adicional, fue quizás una de esas tomas en la que la suerte nos traicionó. Y cuando la suerte te traiciona, nadie puede notarlo de inmediato, hasta que algo terrible ocurre.

Mientras yo manejaba, uno de los rusos grababa desde el interior del auto, mientras el segundo periodista lo hacía desde el asiento trasero. El tiempo empezó a correr lento y los rusos seguían grabando a diestra y siniestra a todos en el pueblo, incluso a personas que comían en restaurantes, aun contra mis advertencias, que de pronto eran fastidiosas y tropezaban con su terquedad.

En tales condiciones mi trabajo como *Fixer* es advertir sobre las consecuencias de cada acción, y de ser necesario, detener la producción. El problema es que, como muchas otras cosas en la vida, hay 180 segundos de separación entre obedecer y grabar un poco más. Quizás a los rusos se les hacían fáciles unos segundos extras. La realidad es que las tragedias ocurren en segundos y siempre llegan cargadas de sorpresa y hasta de violencia.

Los rusos, sintiendo mi incertidumbre, bajaron sus cámaras y me preguntaron si todo estaba bien. No respondí. Frente al volante, presentía algo, pero no sabía qué. Giraba en uno de los callejones a lado de la iglesia cuando unos 20 sicarios nos salieron al paso y nos encañonaron con rifles y pistolas.

Asustado, alarmado y confundido, detuve el auto. Un pistolero corrió hacia mí mientras me apuntaba con una .38 súper; abrió la puerta con violencia al tiempo que me gritaba que bajara del auto. Del otro lado, el ruso que iba en el asiento del copiloto también era encañonado, y aunque no hablaba español, la misma situación lo hizo bajarse del auto. No ocurrió lo mismo con el periodista ruso sentado en el asiento de atrás, que confundido ante la violencia les decía en su idioma que no entendía nada.

—Que te bajes, cabrón, ¡bájate del pinchi carro! —le gritaba el sicario.

Extrañamente, el ruso respondía en su propio idioma, creo que exclamaba que éramos periodistas y sólo estábamos grabando la arquitectura del pueblo. Pero el sicario fue violento, y gritándole con furia le dijo que bajara del auto o ahí mismo lo mataría. Como el ruso seguía sin entender, el sicario se desesperó, abrió la puerta y lo jaló afuera del auto y empezó a empujarlo con la culata del AK-47, mientras preguntaba quiénes éramos.

Yo en ese momento negociaba mi propia vida. Los pensamientos rotos y la necesidad de aclararlo todo me arrinconaban en una confusión extraña, ante un temor gigantesco mientras, dando tumbos de palabras, trataba de aclarar que éramos periodistas.

Ya había mostrado mi gafete de reportero de *Ríodoce* y mi credencial del INE, pero el sicario, con las identificaciones en la mano, hacía alarde de que tenían contacto con gente de periodismo y estaban llamándoles para confirmar si realmente trabajaba ahí.

Otro de los sicarios, el más alto y quien probablemente estaba a cargo de la célula, se acercó para preguntarme por qué circulábamos en un carro con placas del estado de Jalisco:

—Es rentado —respondí.

—¿O es que son de otro cártel? —reviró.

Entraron al auto y empezaron a buscar en la guantera documentos que acreditaran que, efectivamente, el carro era rentado. Al verlos dentro del vehículo pude notar cómo mi compañero, el mismo a quien habían bajado con brusquedad del automóvil, era salvajemente golpeado por otro de los sicarios.

Temiendo lo peor, me volví hacia el pistolero que me encañonaba para decirle que la persona a quien golpeaban era un periodista internacional y si algo pasaba, a él o a cualquiera de nosotros, el Mayo y gente del Chapo se molestarían porque calentarían el terreno. El coraje del sicario explotó y yo, por unas centésimas de segundo, pensé que sería mi fin. Pude sentir su ira inusitada y el frío del cañón de su pistola restregarse en mi frente mientras gritaba violento si lo estaba amenazando. No era una amenaza, sino la verdad y una última opción para que cesara el castigo a mi compañero.

Pasaron mil imágenes por mi cabeza y por unos instantes sentí que el tiempo se había detenido, hasta que otro de los pistoleros, el mismo que hablaba por teléfono para investigar nuestra identidad, llegó y me preguntó qué hacíamos en el pueblo. Yo le dije la verdad: "Grabamos un documental para la televisión rusa… Y no hay necesidad de que estén golpeando a mi compañero; es periodista internacional y usted sabe que si algo le pasa, el gobierno se va a venir con todo para acá".

El sicario dudó unos segundos, entonces pidió a mi agresor que dejara de apuntarme, después gritó al pistolero que golpeaba a mi compañero que lo dejara, pues habían investigado y decíamos la verdad: el auto era rentado, tenían informes de que reamente éramos periodistas, y tras buscar en el auto, no encontraron armas ni droga.

Nos arrinconaron al lado del carro y les pidieron a los periodistas rusos que sacaran sus identificaciones. Como hicieron con mis documentos, también les tomaron fotos a los de ellos y finalmente revisaron las cámaras. Mientras todo esto ocurría yo preguntaba por qué la violencia; el sicario que ordenó dejar de agredirnos dijo que nos detuvieron porque andábamos en un auto con placas de otro estado, y al estar grabando a la gente, se grabó a alguien importante, por eso el cártel ordenó investigar quiénes éramos.

—Ya pueden irse —dijo el pistolero que parecía a cargo. Nos regresaron nuestras credenciales, cámaras, llaves del vehículo y todavía se disculparon por la agresión.

Regresamos a Culiacán en silencio. Mirábamos las líneas blancas de la carretera, a veces continuas, a veces en trozos, en ambas formas parecían eternas, como si quisieran dividir cada pensamiento que nos invadía. Tuvimos la muerte de frente y una violencia que nos marcaría para siempre, de la misma forma que nos marcaba aquel silencio profundo en el que nos columpiábamos y que indistintamente hacía preguntarnos: ¿Qué hacíamos ahí?

Lo irónico de todo es que mis compañeros, de quienes he omitido sus nombres por respeto, eran quizá los periodistas más amables y espirituales con quienes alguna vez trabajé, y verlos atravesar por aquella experiencia me hacía sentir un cargo de conciencia terrible.

Llegamos a Culiacán antes del anochecer. Una explosión de motores y cláxones abortaron el silencio que compartíamos. Aun así, las imágenes de lo vivido: los cañones de las armas, los gritos, empujones, la violencia, ¡la confusión misma! Por más que queríamos olvidarlas no lográbamos superarlo. Era como entrar en un laberinto lleno de pasajes y caminos, donde todas las rutas conducían a lo mismo. No obstante, debíamos seguir. Avanzar, aun cuando momentáneamente estuviéramos rotos.

Casi al llegar al hotel pregunté a mis compañeros si querían cenar o preferían descansar. Eligieron cenar. Desprovistos de todo tipo de ganas de encerrarse en un cuarto de hotel donde seguirían enfrentando sus dudas, traumas y preguntas, sentí que era obvia su decisión, pues necesitaban un poco de aire, un trozo de vida, quizás una cerveza para pasar el trago amargo que nos hacía ver los colores de la tarde desde una perspectiva distinta, única, eterna. Pensé en el planteamiento de William Blake en *El matrimonio del cielo y el infierno* sobre las puertas de la percepción, el cual después retomaría Aldous Huxley en su obra. Nosotros cruzamos las puertas de la percepción y aunque regresamos de aquel infierno, ya no éramos los mismos. Los rusos y yo atravesamos las puertas y, estando del otro lado, pudimos ver y vivir la muerte. ¡Pero logramos regresar! Y sin embargo, los que regresamos ya no éramos los mismos.

Un par de días más tarde los rusos se fueron para nunca volver. No hacía falta. Lo vivido no motivaba a nadie a regresar. La imagen que tenían de Sinaloa había cambiado por completo para ellos. Habían leído tanto sobre los peligros en Culiacán, lo violento que puede ser el cártel, pero al no ver la violencia, pensaron que era una ciudad segura. Y durante los primeros días así la concibieron, pues al caminar por las calles y hablar con la gente, el municipio parecía una ciudad afectuosa: la gente amable y hospitalaria, la comida buena y de calidad, el ambiente tranquilo y alegre, además había bares, cafés, restaurantes. Esa imagen desapareció cuando vivimos la violencia; entonces concluyeron que Culiacán era como un mar de aguas tranquilas, pero bajo el agua habitaba un monstruo que tarde o temprano podía emerger, y cuando eso ocurre es capaz de tragarse a todos de un solo bocado.

Era quizá la misma impresión que tuvo Jessica Ogilvie, con quien días después recorrí Culiacán en busca de narcos. Antes de venir, le habían dicho una y mil veces que no fuera a Sinaloa porque no saldría con vida. Pero la joven periodista se la jugó y decidió venir. No nos metimos en problemas porque tal vez se renovó la suerte, y porque nos concentramos en la búsqueda de mujeres que se metían con narcos para lograr una mejor vida. Era quizás el ángulo que pocas producciones buscan: certámenes de belleza donde acuden proxenetas a tratar con chicas, la mayoría entre 16 y 20 años, para prometerles dinero, autos, casas, a cambio de entregarse a un capo que les daría todo lo que soñaban.

Días después de lo ocurrido en Cosalá, reflexioné la situación.

¿Qué habría sido de mi película si el sicario hubiera jalado el gatillo? ¿Quién retomaría el proyecto?

Tal vez a nadie le importaría mi muerte, aunque lo más triste era que *Antes que amanezca* jamás habría sido terminada. Entonces no sentí miedo por lo que hubiera podido pasarme, pero sentí el terror de que mi película nunca viera la luz del sol.

THE TRADE

Traumatizado regresé a la Ciudad de México y me encerré en mi soledad. Inevitablemente pensaba en la Princesa. Extrañamente, semanas después de la ruptura, empezó a caerme trabajo como nunca. De alguna manera documentalistas y periodistas desconocidos sabían de mí y querían trabajar conmigo para hacer la cobertura de noticias, documentales, comerciales y hasta videoclips.

Incapaz de rechazar todo ofrecimiento, acepté todo trabajo en mi ahínco por ganar más y tener mayor posibilidad de financiar *Antes que amanezca*. Llegué a alinear hasta seis proyectos consecutivos y laborar durante 60 días de manera continua, en medio de un estrés terrible y un cansancio que día con día se acumulaba cada vez más.

Y mientras todo esto ocurría, debía encontrar tiempo para definir con Andrés o Ismael el tema de cobertura para *Ríodoce*. Una vez que lo establecía, desde mi celular enviaba emails a la DEA, a los US Marshals, al Departamento de Justicia o bien me ponía a bajar expedientes judiciales en PACER para tener lista la información y entonces robarle horas al sueño para escribir el reportaje.

Fue por esos días que me contactó un buen amigo, Myles Estey, para ofrecerme trabajar con Matt Heineman, uno de los documentalistas más respetados en el mundo.

El proyecto era sobre narcotráfico y el plan de Heineman era documentar la ruta del tráfico de opiáceos, desde la siembra en las montañas de Sinaloa hasta su consumo en las calles de Nueva York. Tardaríamos casi seis meses en realizarlo; sin duda, era un proyecto prometedor. El único requisito era no involucrarme en otros documentales mientras estuviera con ellos. La propuesta era tentadora, aunque eso de "sólo trabajar para ellos" me hacía ruido. Le aclaré a Myles que no podía dejar *Ríodoce* y como no había conflicto de intereses me permitieron seguir en el periódico. Por otra parte, seis meses en un proyecto significaba abandonar mi película durante todo ese tiempo. Pero no tenía muchas opciones, pues para concluirla necesitaba dinero, y para tener dinero necesitaba trabajar. Además —me decía a cada momento—, seis meses pasarían rápido. El problema es que cuando son temas de crimen organizado el tiempo se torna ambiguo y es normal que la producción se extienda. En mi opinión, era casi seguro que ocurriría así, pues Myles ya me había explicado sobre los accesos que necesitábamos.

Y sin embargo, era imposible no aceptar el trabajo con Matt Heineman, que en 2015 fue nominado al Oscar por *Carteland*, uno de los documentales más intensos que he visto. Además, si Myles estaba a cargo del proyecto sentía una gran confianza pues con él sería difícil que algo saliera mal. Pero qué equivocado estaba… Fue precisamente con *The Trade* —así titularon el proyecto— que la suerte me dio la espalda de una manera terrible, convirtiéndose quizás en una de mis más grandes derrotas como *Fixer*.

Atrapado por la gran necesidad de terminar *Antes que amanezca* y la emoción de trabajar con Myles y Heinenam, acepté el trabajo y a los pocos días empezamos a planificar la forma de operar. Antes de iniciar, Myles y yo viajamos a Nueva York para atender una junta de producción con el resto del equipo para definir pros, contras, metas inmediatas y tiempos de conclusión. Fue una reunión fructífera, allí conocí a quienes estuvieron detrás de *Carteland* y reultó edificante conocer su forma de trabajar.

Luego de la reunión cenamos comida griega en Manhattan, después el mismo Heineman nos llevó a Penn Station, donde una hora más tarde abordamos el Amtrak que nos llevaría a DC. Entonces no lo sabía, pero la producción consideró esencial tomar el curso "Hostile Environments & Emergency First Aid" para el trabajo en Sinaloa, y así fue.

Ciertamente, el viaje por sí solo valía la pena, pues no sólo era una aventura inédita en mi vida, también era emocionante, nuevo y constructivo en mi carrera. El curso del Global Journalist Security (GJS) fue increíble, por el valor curricular y por ser una de las empresas más reconocidas para entrenar a periodistas que trabajan en zonas de alto riesgo.

Al llegar a DC y empezar a desempacar mis cosas Homero McDonald me llamó para preguntarme por la película. Era natural, el tiempo seguía pasando y no sabía nada, y al ser uno de los inversionistas, era normal que quisiera saber qué acontecía.

—Sigue secuestrada; la única forma de recuperarla es localizando a Pablo para exigirle que entregue el proyecto, de otro modo, hay que grabar todo de nuevo.

La opción más práctica era grabar de nuevo las escenas faltantes, pero para lograrlo necesitaba financiar otra vez todo, ¡y para financiarlo debía trabajar! Por otra parte, entregarme demasiado al trabajo de *Fixer* me alejaba de mi meta, aunque paradójicamente era la única opción para lograrlo.

Homero entendió mi postura y aunque no estaba muy convencido de mi plan, confiaba en que yo sacaría el proyecto. Quise sugerir que, dada la situación, tal vez podría invertir capital para grabar las escenas faltantes, pero Homero comenzó a quejarse de su situación económica, pues no le estaba yendo bien en sus empresas, así que mejor no dije más.

Después de colgar con Homero, me reuní con Myles para ir al curso de GJS e iniciar el entrenamiento sobre primeros auxilios, sobrevivir en situaciones hostiles y qué hacer en caso de estar en medio de un ataque armado. Fue una experiencia edificante y me sirvió para proyectos futuros. Sin embargo, la realidad es que cuando por fin se pone en práctica lo aprendido, descubres que no importa qué tan entrenado estés en situaciones de riesgo, pues la verdadera prueba llega cuando se vive un ataque armado, algo que desgraciadamente me tocó vivir durante una asignación que tuve en Ciudad Juárez para NatGeo.

Días más tarde, Myles, Max Priess (el director de foto) y yo regresamos a la Ciudad de México; descansamos un par de días y después volamos hacia Culiacán para finiquitar el plan sobre cómo lograr los accesos.

* * *

La estrategia era establecer cómo accederíamos para lo que necesitábamos: campesinos, traficantes, cocineros de heroína, sicarios y todo lo que nos permitiera documentar la ruta del tráfico de droga. Myles y yo pasamos tardes completas diseñando estrategias, tratando de identificar contactos, anotando lo que teníamos y lo que nos faltaba.

Nuevamente involucré a Baldo para este proyecto, creía que él podría aportar algo sustancioso. Al principio Myles congenió con él, pero después de unos días la situación cambió: la irresponsabilidad de Baldo desgastó a Myles hasta la locura, incluso varias veces nos dejó esperando por horas, y cuando por fin aparecía se excusaba con el argumento de que acababa de componer un corrido. Obviamente ninguno de nosotros tenía interés en saber de su corrido, sino agilizar lo que él podía aportar. Su displicencia nos exasperaba terriblemente, y si lo aguantamos era porque podía abrir una serie de puertas en la sierra de Sinaloa.

Fue durante esos viajes a la sierra que descubrí que todo el mundo se refería a Baldo como *profe*, pues años antes había dado clases en las rancherías de Badiraguato.

—¡Quién sabe qué tipo de profe era, si todo le vale madre! —se quejaba Myles.

Sin mucho qué esperar, dejamos de confiar en Baldo y buscamos otras alternativas. Contactamos entonces a un cocinero de heroína, a un campesino y a algunos sicarios para pedirles el acceso. Pero por más que convivimos con ellos, incluso en varias borracheras, para convencerlos de brindarnos los accesos, siempre emergía la desconfianza de que Myles y Max fueran en realidad agentes encubiertos de la DEA. No los culpaba, Myles medía casi dos metros, era rubio, de ojos azules, y Max del mismo tipo: bastaba mirarlos de lejos para pensar que traían colgado un letrero con las tres letras amarillas de la DEA. Ése fue el motivo por el cual debíamos amigarnos con narcos: para demostrarles que ninguno de nosotros era gobierno, sino productores de documentales, y lo único que queríamos era grabar proceso y trasiego de droga.

Pero los días pasaban y no lográbamos avanzar. La presión, como es costumbre, empezó a crecer. Como un acto de fe, y para mostrar quiénes éramos, redactamos una carta que metimos en un sobre manila, igual a como hice años antes con Guillermo Galdós. Esta vez incluimos perfiles en IMDb con información nuestra, fotografías de Heineman con Myles durante los Oscares; todo debidamente ordenado en sobres manila que repartimos entre la gente con la que queríamos acceder. Pero ni así lográbamos su confianza.

Por ese tiempo conocimos a un pistolero a quien identificaré con el nombre de Miguelón. Tendría unos 35 años, era alto y moreno, con un tono pausado en su voz, como si le pesara pronunciar cada palabra. Nunca quiso confesar para quién trabajaba y sólo aclaró que era para un capo perteneciente a la cúpula más alta del Cártel de Sinaloa; nosotros intuimos que era gente de Ismael *el Mayo* Zambada.

Con todo y que era un asesino, Miguelón era divertido y nos contaba todo tipo de anécdotas que ocurrieron durante la guerra contra los Beltrán Leyva, en 2008; incluso detalló cómo se acopló con su tío Barbarino para ejecutar a rivales que en su momento invadieron Culiacán. Entonces no lo sabía, pero el tío a quien se refería era un pistolero célebre, un gran protagonista de las leyendas del Cártel de Sinaloa que ganó notoriedad al ejecutar a uno de los enemigos que más estorbaba al narcotraficante Amado Carrillo. Según Miguelón, la historia de Barbarino inició en 1993, cuando Amado Carrillo estaba por festejar su onomástico en Culiacán, Sinaloa. El problema era que los días posteriores debía hacer un viaje de negocios a Colombia y eso parecía estropear sus planes. Obstinado en celebrar en su tierra, con su familia y allegados acordó con su mujer adelantar el festejo.

Barbarino era entonces un "don nadie", mientras el Señor de los Cielos era ya un capo con poder, control, amistades y dinero, por lo que el pistolero quiso aprovechar la ocasión para quedar bien con él. Recibió la invitación para asistir a la fiesta de Amado Carrillo no como pistolero de seguridad, sino como invitado; Barbarino se emocionó con la posibilidad de tener a su patrón cerca y saludarlo como Dios manda.

A partir de ese día casi no pudo dormir. Se la pasaba pensando qué regalar a su patrón. Debía ser algo que valiera la pena, pero qué podía darle que no tuviera. Una semana antes del festejo pasó una noche entera ideando el obsequio, pues mientras otros capos, gente de mucho dinero, llevarían regalos caros, incluyendo relojes costosos, pistolas personalizadas con las siglas del invitado y escritas con diamantes, así como esclavas del más fino metal y autos, Barbarino no tenía nada de valor para ofrecer. Fue entonces que se enteró de que había un comandante de la policía municipal de Culiacán que estaba causando muchos problemas a gente de Amado. Sabía, de muy buena fuente, que su patrón no estaba contento con ese comandante. En ese momento Barbarino supo que si lograba quitar de en medio al policía, ése sería el regalo perfecto para impresionarlo. A partir de ese momento ya no pudo quitarse la idea de la cabeza hasta que un día levantó al policía mentado, lo mató, lo metió a la cajuela de su auto y lo llevó al convivio donde era el festejo: un rancho en las afueras de Culiacán.

Dicen que Barbarino estaba muy nervioso antes de saludar a Amado Carrillo, incluso había memorizado lo que le diría, tipo Luca Brasi en la película *El Padrino*: "Señor Amado Carrillo, es un honor ser invitado a su fiesta; siempre he sentido gran admiración y respeto hacia su persona y por eso me he tomado el atrevimiento de traerle un regalo que quizá no sea tan caro ni lujoso como los de sus invitados, todos ellos gente honorable y valiente, pero lo que yo le traigo es con cariño, respeto y admiración; tómelo como un gesto humilde de un servidor, esperando que no necesariamente le guste, sino que al menos le quite muchas preocupaciones de encima", recitó Miguelón, palabras más, palabras menos.

Lleno de curiosidad, Amado pidió ver el regalo, Barbarino lo llevó a donde había estacionado su auto, abrió la cajuela y le mostró el cadáver del comandante de la policía. El gesto le ganó notoriedad a Barbarino, y esta anécdota habría de acompañarlo hasta el día en que lo mataron, en febrero de 2015, cuando un grupo de pistoleros lo atoró a plena luz del día en el sótano del restaurante Cayena, en Culiacán.

***

Llegamos con el sobrino de Barbarino a través de una narcotraficante ya retirada, pero que aún mantenía fuertes lazos dentro del Cártel de Sinaloa. Como un favor personal, esta persona me pidió omitir su nombre y sólo la identificaré como la Narco. Fue precisamente Baldo quien nos contactó con ella y desde el primer momento se portó amable, prometió ayudarnos en lo que pudiera.

Pensábamos en ella un día que Baldo no llegó a tiempo y aprovechando que estábamos cerca de donde la Narco vivía, fuimos a verla. Necesitábamos insistir para que nos abriera una serie de accesos. Estábamos explicándole la situación cuando llegó Miguelón. Saludó a todos y entonces la Narco se dirigió a él, le dijo que lo había llamado porque necesitaba "un trabajito": ir a cobrar unas deudas con gente que le debía dinero. Según nos explicó días después, la Narco tenía unos locales que rentaba en Culiacán, pero había un par de arrendadores que a veces duraban meses sin pagarle la renta y ella asumía que como la miraban sola, vieja y cansada, querían aprovecharse de su situación.

—¡Pero de mí se aprovechan pura madre! —decía enérgica.

Por eso la orden a Miguelón era no sólo decidida, sino una sentencia de muerte:

—Vas con ese pinchi mecánico de la Salvador Alvarado, aquí está la dirección y su nombre, y dile al hijo de la chingada que quiero que me pague el dinero; que ya me debe seis meses el cabrón, y si sale con que no tiene con qué le pegas un balazo en una pierna, por culero, y te traes uno de los carros que esté arreglando; le dices que a la otra el balazo se lo vas a poner en la frente. De ahí te vas con el contador que vive en Lomas, en el papelito que te di está nombre y dirección, le dices que te pague los tres meses que tiene atrasados. A ése, te pague o no, destrúyele la oficina para que agarre la onda. Y si la hace de pedo le pegas un balazo, por mamón. ¡Nada más no se te pase la mano y me los vayas a matar, cabrón, porque si te los chingas, entonces tú me pagas el dinero que me deben!

Nunca supimos si Miguelón cumplió las órdenes de la mujer, pero por su determinación no dudamos que ella era la persona que necesitábamos para abrir todas las puertas del narco. Por otra parte, que Miguelón fuera un asesino a sueldo y también un "cobrador" lo hacía más interesante.

Pensamos que él podía ser uno de los personajes que buscábamos. Aun cuando debíamos esforzarnos para entender lo que decía (su manía de arrastrar palabras, usar regionalismos y tartamudear hacían difícil la comunicación), coincidimos que hasta podría ser el personaje central. Por eso acordamos entrevistarlo lo más pronto posible para conocer su historia y que nos explicara cómo hacía su trabajo de cobranza.

Como queríamos verlo con armas largas, le pedimos que se jalara por ellas. El problema era que la artillería pesada de un pistolero nunca le pertenece a él, sino a la maquinaria que el cártel mantiene en su poder y sólo la saca cuando patrulla una zona o cuando van a hacer una ejecución, así que la única forma de ver AK-47, AR-15 o M16 es pidiendo permiso. La cuestión fue que la única persona autorizada para otorgar tales permisos estaba encerrada en la penitenciaría de Culiacán y era necesario ir a verla.

Nos pidió que lo lleváramos pues con la autorización podría conectar a más gente para que se viera más poderosa la demostración. No muy convencidos lo llevamos al penal del estado, y una vez ahí, Miguelón entró. No nos extrañó, pues apenas una semana antes había salido de prisión y lo conocían bien, así que si regresaba era por un acto de nostalgia.

Serían las 11 de la mañana aproximadamente cuando entró; su plan, o al menos eso nos dijo, era cuando mucho tardarse 30 minutos en lo que pedía permiso para usar el armamento pesado y luego salir. Pero no fue así, de pronto dieron las 12 del día, la una de la tarde, las tres, ¡las cuatro! y el maldito no salía. Le llamamos diez veces y diez veces nos prometió que aguantáramos porque ya casi acababa.

Ahora bien, esperar dentro de un auto, bajo el calor terrible de Culiacán, el sol cayendo con una insistencia brutal sobre el pavimento y la carrocería de la camioneta, con un paisaje árido al lado del gran muro blanco de la prisión, donde se dibujaban antiguas sombras de lodo y suciedad, ¡es más que una tortura! Y sin embargo, debíamos esperar.

Ya estábamos hartos de tanto esperar, cuando dieron las seis. Consciente de que debían sacar a las visitas, bajé de la camioneta y caminé a la entrada de la cárcel para preguntar a uno de los celadores si era posible que un visitante pasara la noche en el penal, a lo que el guardia dijo que no había problema, pues muchas veces se quedaban y salían hasta el día siguiente. La noticia exasperó más a Myles y a Max, y si no injuriaron más a Miguelón fue porque ya lo habían hecho hasta la exageración, así, toda imprecación adicional carecía de sentido. Inquieto y con ganas de mentarle la madre, llamé a Miguelón para reclamarle su falta de responsabilidad, pues nos había hecho perder siete horas de nuestras vidas bajo la promesa de *ya casi salir*, pero él me respondió con toda la calma del mundo que lo aguantara unos minutos porque ya se estaba despidiendo. Cuando Myles supo de su último mensaje no soportó más y espetó con amargura que nos "largáramos de ahí". Yo encendí entonces la camioneta y frustrado manejé hacia la salida del estacionamiento. El sol caía en el horizonte y bañaba a la ciudad con una luz de un tono naranja impresionante, como si el sol tuviera una especie de filtro surreal a su alrededor, casi sobrenatural.

Habíamos avanzado unos 50 metros cuando Miguelón salió por la puerta principal, y en cuanto vio que nos íbamos, corrió hacia nosotros y no tuvimos de otra que detenernos para esperarlo; sólo dijo que haríamos la entrevista.

Nosotros no queríamos ni verlo. La entrevista de pronto ya no nos importaba y si nos detuvimos en nuestra marcha fue para no ser incivilizados, aunque ganas no nos faltaron. Miguelón se volvió a disculpar. Entonces, haciendo de lado una vergüenza que no existía, explicó que se retrasó debido a un baile que hubo dentro de la prisión.

Según argumentó, uno de los jefes cumplía años, y aprovechando que era visita conyugal y que no miraba a sus amigos desde que había salido de prisión, una semana antes, se le hizo fácil tomarse unas cervezas y bailar un par de canciones de música norteña, y sin darse cuenta, el tiempo "voló", como vuelan los elefantes o los imbéciles en el cielo (si los imbéciles volaran, tendríamos un cielo súper poblado de imbéciles), y por eso se tardó.

Él argumentó que se la pasó abogando por nosotros y la prueba más fehaciente fue que las veces que llamamos y sin importar "lo ocupado" que estaba, siempre contestó, lo cual, en su opinión, era muestra inequívoca de que no se olvidó de nosotros. Pero luego de una nueva bailada, otra cerveza y un par de besos con una chica que tuvo en sus tiempos de presidio (una semana antes), debía esperar a que su jefe terminara de atender a sus invitados. Pero su jefe de pronto desapareció, se había ido a su cuarto por aquello de la visita conyugal. Tuvo que aguantar a que saliera. Y cuando salió, debió atender a su abogado, que fue a festejarlo, pero también a discutir detalles sobre su proceso penal. Todo ese *reborujo* complicó la tarde, pues hasta una piñata habían traído para que le pegaran los niños y adultos, y cómo negarse a pegarle a la piñata si era de mala suerte no hacerlo. Y entonces otra bailada y otra cerveza, y otros saludos a otros pistoleros que de pronto llegaban al huateque. Y de la nada, Miguelón nos cambió toda la trama, ya que haber esperado y encarado a su jefe fue un sacrificio; además tuvo que abogar por nosotros, pues la verdad ni su jefe ni nadie confiaba en nosotros porque no nos conocían (sólo Miguelón y la Narco). Ése era precisamente el problema. Y si algo salía mal, quién iba a responder.

—Si son DEA o gobierno, ¿tú me respondes con tu vida? —le soltó el jefe a bocajarro.

Miguelón tragó saliva. Reflexionó unos segundos y descubrió que realmente no nos conocía. Pensó en lo fácil que era morirse en el mundo del narco por omisiones como ésa y simplemente concluyó que todavía no quería morirse. El jefe le hizo recordar cómo atraparon al Chapo, cuando se le acercaron actores de Hollywood y le tendieron un cuatro. Por otra parte, era un secreto a voces que la DEA ya estaba en Culiacán y cualquiera podría ser un informante. Incluso el mismo Miguelón. Pero eso era imposible. Miguelón, su jefe y todos sabían que no era posible. Todos podían ser informantes menos él, pues venía de una familia de pistoleros, enmarcada por la historia de Barbarino; es más, la simple idea de que fuera encubierto era ridícula, pues Miguelón no sólo carecía de responsabilidad e iniciativa, también de inteligencia. Podía ser pistolero y jugarse la vida todos los días, pero nunca sería una rata.

Por todo eso, y quien sabe por qué más, Miguelón no nos ayudó. Hicimos una entrevista con él, pero hasta donde sé, Myles nunca la utilizó. Y todo el tiempo que invertimos con aquel hombre de pronto se evaporó.

Fue el principio del fin, pues las cosas, en lugar de mejorar, empeoraron.

Un día de tantos, y hartos de tanta espera, Myles y Max fueron a jugar basquetbol al parque Constitución, y hasta con quienes jugaban preguntaban si eran agentes de la DEA.

Ellos, en un afán absurdo por ser simpáticos, pensaron en mandar hacer unas camisetas negras que en la espalda dijeran con letras amarillas: DEA, y al frente, en letras pequeñas, el significado del acrónimo: "Dos Extranjeros Amigables", y luego ir a jugar basquetbol para que nadie más les preguntara si eran encubiertos o no.

Seguro habrían llevado a cabo su plan, de no ser porque un día antes regresamos con la Narco, quien nos mandó llamar porque tenía algo importante que decirnos. Pensando que podía ser un acceso o un contacto de alto nivel, pasamos a su casa. En cuanto entramos nos pidió que apagáramos los celulares y los dejáramos afuera. Nos sorprendió aquel misterio. Días antes me dijo que había hablado con Sandra Ávila, La Reina del Pacífico, era una de las peticiones que teníamos: que nos conectara con ella. Pero en lugar de eso, de pronto nos sentó en sillas acomodadas en fila india y con gran solemnidad nos dijo lo siguiente: "Muchachos, quiero hablar con ustedes sobre algo muy serio y quiero que me digan la verdad: ¿Son agentes de la DEA?"

La pregunta nos tomó por sorpresa. "¿De la DEA? Por supuesto que no." Ahí estaban las fotos y la información sobre cada uno de nosotros. ¡Era pública! Incluso había detalles fáciles de corroborar y si alguien aún tenía dudas, estábamos en la mejor disposición de dar más información. La Narco dijo que ella no creía que fuéramos *tres letras* —así llama la gente del cártel a la DEA—, sino documentalistas que sólo querían hacer su trabajo.

—La situación es que alguien regó la noticia de que ustedes son DEA y pues ya ves cómo es la gente en Culiacán, todos se enteraron de volada y por eso les están cerrando los accesos.

Myles, Max y yo nos miramos atónitos. ¿Quién y por qué diría que éramos DEA? ¡No pertenecíamos a ninguna agencia gubernamental! El rumor simplemente no tenía fundamento, incluso teníamos identificaciones que corroboraban nuestra identidad. Pero los narcos y pistoleros del cártel, siempre a la defensiva, argumentaban que toda identificación que trajéramos era fácil de falsificar.

La Narco sólo agachó la cabeza con pesadez, dijo que todo se cerraría. Pero más allá del cierre de puertas, el rumor podía ponernos en riesgo, pues ningún narco iba a querer que el gobierno le pisara los talones; podían hasta levantarnos. La Narco aclaró que la orden del cártel era no matarnos, porque si algo nos pasaba, Culiacán se llenaría de gringos, como ocurrió en Guadalajara después de la muerte de Enrique *Kiki* Camarena, por eso preferían que siguiéramos vivos y así estar seguros de que no lográramos los accesos hasta que, cansados de esperar, nos largáramos de Culiacán.

Ése fue el motivo por el cual todo el trabajo hecho con familiares de Baltazar Díaz, con gente de los Beltrán Leyva y coordinadores de Ismael *el Mayo* Zambada se cayó.

Llamé a Edgardo para ver si él podía echarme una mano, pero se rehusó a trabajar con nosotros, sin aclarar por qué. Doña Griselda tampoco quiso atenderme. El joven pistolero, que se había convertido en una de mis mejores fuentes, ya no me contestó llamadas ni mensajes. De pronto nos encontramos en un callejón sin salida y con una gran desolación, solos y perdidos. En otras palabras: estábamos peor que al principio.

Pero no podíamos rendirnos. Debíamos seguir. Estaba el compromiso con la producción y aún creíamos en rescatar el proyecto. Quedaba un cocinero de droga con quien alguna vez interactuamos. Cabía la posibilidad de que a este último contacto también le hubiera llegado el falso rumor de que éramos *tres letras*, pero debíamos intentarlo. Y mientras yo trataba de arreglar el desorden que se hizo respecto a nosotros, la realidad es que poco a poco muchas de nuestras fuentes se fueron alejando. La única persona que creyó que realmente éramos documentalistas fue la Narco. Tal vez sintió pena por nuestros infortunios y decidida nos organizó una reunión con esposas, queridas, hermanas, cuñadas y hasta viudas de narcos de alto perfil. Pero en cuanto las mujeres se enteraban de quiénes éramos, casi salían corriendo de donde estábamos y reclamaban a la Narco que cómo se atrevía a llevarnos cuando éramos DEA.

Aún quedaba la opción del cocinero de droga, con quien nos pusimos una fuerte borrachera en un afán por demostrarle que no éramos agentes encubiertos, ni soplones, ni cazarrecompensas ni nada que tuviera que ver con el gobierno. En realidad fue innecesario convencer a nuestro último acceso, pues el cocinero ni se enteró del rumor que estaba en boca de todos y de buena ley acordó ayudarnos. Ese cocinero, a quien llamaré Q, fue de las pocas personas que se mantuvo leal a nosotros, y me consta que buscó hasta las últimas consecuencias una forma de echarnos la mano desinteresadamente. Fue él nuestra última esperanza para sacar adelante *The Trade*.

Resulta que por esos días Q cocinaría cinco kilos de heroína para un narco allegado a Dámaso López, el Licenciado. Su plan, aunque arriesgado, era acercarnos con el narcotraficante, y una vez con él, pedirle que abriera otras puertas. Pero llegar a Dámaso tomaría un poco más de tiempo, antes debíamos lidiar con su socio, a quien Q ya había pedido permiso para que grabáramos el narcolaboratorio. El plan era certero y no podía fallar. Por otra parte, Q tenía plena confianza de que abrirían las puertas para llegar a Dámaso y una vez que el socio de Dámaso nos conociera, se abrirían otros accesos. La única condición que puso el socio de Dámaso fue que omitiéramos identidades y que distorsionáramos voces. También nos advirtieron que desplazarían a mucha gente armada, tanto en el laboratorio como en los alrededores, principalmente por su seguridad.

Conscientes de que era un acceso de oro, volvimos a emborracharnos con Q para brindar por que todo saliera bien y que aquello se haría en nombre de la amistad. Luego de la borrachera, regresamos a Culiacán, no sin antes acordar vernos al día siguiente para ir al rancho donde estaba el laboratorio, cerca de un poblado conocido como La Cruz de Elota. El llamado, nos advirtió Q, sería alrededor de las cinco de la mañana. Nos pidió puntualidad y que lleváramos cerveza, agua y algunos *snacks*, porque adonde íbamos no había abarrotes, ni casas, ni nada.

Esa misma noche y antes de caer rendidos por el alcohol, compramos lo necesario: estábamos listos para el día siguiente. Me levanté a las 4:30 para alistar todo y sólo quedé a la espera de la llamada. Pero después de minutos eternos y una alerta constante, el teléfono nunca sonó.

¿Le pasaría algo a Q? Casi a las seis de la mañana Myles me envió un mensaje para preguntar si ya se había comunicado Q. La respuesta no le gustó mucho a Myles, aunque sabía muy bien que este trabajo es de esperar. Inmediatamente después, marqué a Q para saber qué ocurría. Contestó de inmediato, pero sólo para decir que él también estaba a la espera y que en cualquier momento le llamarían, que nos mantuviéramos alertas. Convencidos de que lograríamos el acceso, esperamos. Pero fuimos cayendo poco a poco en una desesperación terrible. Pronto la espera se convirtió en exasperación insoportable que nos impedía descansar, relajarnos o concentrarnos.

Al borde de un precipicio infernal y justo antes de las 10 de la mañana, llamó Q para decir que no pasaría. Aparentemente había mucho movimiento militar en los alrededores del laboratorio y el dueño de la mercancía optó por esperar un día más en lugar de arriesgar su producto. Así que reprogramó cocinar al día siguiente.

En ese momento no vimos mal la demora: pues el acceso se lograría. Después de todo, estuvimos varios días esperando, un día más era lo de menos. De nuevo nos fuimos a dormir desde temprano para estar listos al llamado del día siguiente. Antes de despuntar el alba nos levantamos para esperar el llamado. Al poco rato dieron las cinco y de pronto las seis, pero nada. Luego las siete. Nuevamente marqué a Q para saber qué ocurría y él argumentó que a él tampoco lo llamaban aún. Igual que nosotros, debía estar alerta y esperar. No supimos en qué momento nos asaltó una locura espantosa y sólo entonces empezamos a comernos las uñas, a contar los segundos y a enfermarnos de desesperación. Estaban poniendo a prueba a nuestra paciencia que, desafortunadamente para nosotros, ya estaba hecha trizas.

De pronto y tras dar vueltas en la habitación sonó el teléfono: era Q reportándose.

—No se va a hacer hoy tampoco —dijo desilusionado—. Hay que aguantar hasta mañana.

Por segundo día consecutivo el dueño del producto había cancelado el proceso porque los militares seguían patrullando el lugar. ¿Era acaso mala suerte que los guachos llegaran a instalarse en una zona a la cual nunca iban? ¿Y qué tenía que ver la suerte en todo esto? ¡Casi todo! De alguna manera que no puedo precisar, la suerte influye en casi todo cuanto ocurre durante la producción de un documental. Está comprobado que sin suerte no se logra nada clave, y mientras hay equipos donde todo sale a la primera, en otros se fracasa.

Puedo citar varios ejemplos: uno exagerado, el del escritor ruso Nikolay Vorobyev, con quien trabajé en 2018. ¡Todo se le concedía! Incluso hasta lo que no quería. Influía sin duda que no trajera cámaras (las cámaras siempre intimidan a medio mundo) y que sólo fuera él, aunque su nivel de buena suerte era incomparable. No sabía por qué, pero bastaba que preguntara cómo era un laboratorio de droga para que a los pocos días pasara a saludar un cocinero y le explicara sobre los procesos para cocinar heroína, y cuando llegábamos a verlo, ¡estaba cocinando heroína en el patio de su casa! ¿Cómo o por qué ocurría el acceso con semejante facilidad? Era un misterio. O de pronto comentaba que tal vez sería bueno ver la escena de un crimen, y sin planearlo, pasábamos por donde habían ejecutado a una persona, así Nikolay conseguía su escena del crimen. ¿Cómo explicar tanta suerte?

El colmo fue ir a La Tuna; no sólo no encontramos inconvenientes en el camino, sino que llegando al poblado nos detuvimos a saludar a un grupo de personas en una de las casas y ahí estaba Miguel Ángel Guzmán Loera, hermano del Chapo, que hasta nos invitó a comer mientras amablemente preguntaba a Nikolay de dónde venía. El joven escritor ruso aprovechó para tomarse fotos sosteniendo una AK-47 y convivir un poco con la gente armada del pueblo.

Quizás un poco de aquella suerte hubiera bastado para que Myles y yo sacáramos adelante *The Trade*.

Así las cosas y con la mala suerte encima, esperamos por tercera vez el llamado. Pero como ocurrió en los dos días anteriores, el laboratorio nuevamente se suspendió. Myles consideró que era suficiente. Esperarían un día más, y si no ocurría, él y Max se irían a Guerrero a grabar a los campesinos de tierra caliente, así como a otro cocinero que proveyera lo que no se pudo lograr en Sinaloa. Yo no pude objetar su decisión. Aunque no era mi culpa, había fallado. No hubo un plan *B* y todas mis opciones como *Fixer* habían acabado.

Avisé a Q que Myles estaba desesperado y que si no ocurría al día siguiente, regresarían a México. Q dijo que debían aguantar un poco más, porque sí pasaría y sería en grande. La cuestión es que ya no había tiempo. Se había agotado en la desesperación y no podían —ni querían— esperar un minuto más. Llamó frente a mí al dueño de la mercancía para decirle que ya tenía que cocinar la heroína porque tenía otros compromisos, pero la persona al otro lado de la línea le dijo que no lo harían mientras los soldados siguieran en la zona. Era entendible, pues lo último que harían sería arriesgar la libertad y la mercancía. Q sugirió improvisar el laboratorio en otro sitio. Pero el dueño de la mercancía se opuso y nos sugirió esperar un poco más, pues consideraba imposible que los militares se quedaran tanto tiempo en el mismo sitio. En cualquier caso teníamos sólo un día para que ocurriera. Cuando le pedí a Myles un día más, fue inflexible. Lo entendí. La cobertura y el gran esfuerzo que habíamos hecho por abrir los accesos lo habían desgastado hasta la locura y por eso no estaba dispuesto a esperar un segundo más.

De nuevo quedamos a la espera del llamado del día siguiente. Q también esperó, incluso llegó a sufrir de ansiedad en su anhelo por brindarnos el acceso, según me confesó meses después. Auténticamente quería ayudarnos, pero si la orden venía de arriba, nada podía hacer. Era la gente de Dámaso quien había ordenado esperar y quizá su medida estaba fundamentada en fuentes de inteligencia de los grandes capos. Es su *modus operandi*. La seguridad primero. El cártel, finalmente, no está conformado por una sola persona, son una especie de sindicato compuesto por varias familias y narcos independientes que operan en una misma zona y cuentan con diferentes proveedores y compradores; cuando tienen oportunidad de trabajar juntos o ayudarse entre sí, lo hacen. Pero cuando hay una decisión que impactará a toda la organización criminal, primero es consultada, luego la discuten los jefes del cártel para ver pros y contras de lo que se pretende. Por ejemplo, cuando mataron a Rodolfo Carrillo Fuentes, en Culiacán, el Chapo debió notificar primero al Mayo, a Arturo Beltrán Leyva y a Juan Moreno Esparragoza, el Azul, sobre lo que se haría. Tras el anuncio, los jefes "analizaron la decisión", y al concluir que esa muerte no afectaría su territorio ni sus actividades, dieron la luz verde. Sólo entonces Guzmán Loera procedió a ordenar la muerte del Niño de Oro. No por nada el Cártel de Sinaloa era —y sigue siendo— una de las organizaciones criminales más poderosas de México y del mundo. En nuestro caso, si el dueño de la mercancía consideraba riesgoso proceder por los efectos negativos que traería, no lo haría. Y menos para complacernos.

A la mañana siguiente el laboratorio volvió a suspenderse y Myles compró dos boletos para la Ciudad de México. Partirían él y Max en el último vuelo de ese mismo día, con la firme encomienda de nunca volver a Culiacán. Ciertamente se irían derrotados por no lograrlo, pero convencidos de haber dado todo. Myles me pidió un último favor antes de dejarlo en el aeropuerto: "Si Q llama a la mañana siguiente para decir que ya está todo listo, por favor no me lo digas, sería doloroso saberlo".

Y efectivamente, así ocurrió, Q llamó al día siguiente, en punto de las cinco de la mañana, para vernos en 20 minutos en la salida sur de la ciudad. Le dije que ya no hacía falta porque Myles y Max habían salido en el último vuelo del día anterior. Q pareció decepcionado pero no tuvo tiempo para lamentarlo, debía apurarse para verse con la gente de Dámaso que lo esperaría en las afueras de la ciudad.

Días después vi a Q para darle las gracias. Se miraba más delgado, pero tenía buen ánimo. Le pregunté cómo había salido el proceso del laboratorio, y divertido explicó que quedó espectacular. Después de que se fueron los soldados y temiendo que volvieran, Dámaso mandó desplegar decenas de hombres armados en los alrededores del laboratorio, pues en lugar de los cinco kilos de heroína, cocinaron 10. El retraso, explicó Q, habría incrementado la demanda de droga en Estados Unidos, por lo que debieron llevar 100 kilos de goma de opio y varios tambos de químicos para procesar todo de un jalón. El dueño del producto preguntó por nosotros, pero al enterarse de que al final nos fuimos, quedó un poco decepcionado, le agradaba la idea de ver cómo hacían los documentales de la televisión.

Ésa fue la última vez que vi a Q. Después de eso pasé unos días con mi madre y aproveché para llevarla a comer a un buen restaurante. Platicamos de la película y por qué se había retrasado su conclusión. Ella lamentó que mi padre nunca la hubiera visto terminada, pero se alegró de que por fin estuviéramos avanzando.

Ésa fue la primera vez que la sentí sola y me aterró verla tan vulnerable. Me propuse regalarle un viaje a cualquier parte del mundo una vez terminada la película, pero ella en cambio, con su sonrisa leve, me tomó de la mano y dijo que mejor no pensara en futuros que no sabíamos si iban a llegar, que mejor me concentrara en concluir la película.

—Ya el tiempo dirá lo que haremos mañana —dijo.

En ese momento no sabía nada del futuro.

* * *

Regresé a la Ciudad de México derrotado. Insatisfecho por cómo había terminado *The Trade*, sin embargo, debía tragarme mi derrota. Inquieto por lo que había fallado, me puse a indagar qué había ocurrido durante todo ese tiempo, y después descubrí quién regó la falsa noticia de que Myles y Max eran agentes encubiertos de la DEA. Al parecer uno de mis antiguos colaboradores estaba trabajando como *Fixer* para otro documental, también sobre narcos, y en su afán por mostrar que él tenía mejores accesos y contactos, se acercó con algunas de las personas que me estaban conectando con gente del bajo mundo y en medio de un sigilo total les soltó el cuento de que Myles y Max eran *tres letras*.

Fue un golpe bajo porque pudo costarnos la vida, y aunque quise reclamarle su actitud, no lo hice porque no valía la pena, sólo decidí que nunca trabajaría más con esa persona ni la recomendaría con otras producciones si se presentaba la ocasión.

Aun así, la derrota de ese documental quedó ahí, con el sabor amargo que nos deja la experiencia de no haberlo logrado. Concluí que tal vez era tiempo de alejarme un poco de mi trabajo como *Fixer* para enfocarme en terminar la película.

Entonces, lo más improbable ocurrió. A mitad de una noche de finales de junio y tras estar dibujando el *storyboard* para ilustrar las escenas que faltaban para terminar la película, me llamó mi abogado para decirme que habían arrestado a Pablo.

—Lo tienen en el búnker de la fiscalía, voy saliendo hacia allá —dijo el abogado que contraté meses antes para demandar a Pablo.

"El búnker" es el término amigable para referirse a la agencia del Ministerio Público 50 de Ciudad de México, allí llevan a personas con órdenes de aprehensión y a sospechosos por delitos menores. Estaba a dos kilómetros de donde vivía, así que, aún desconcertado, tomé mi bicicleta y me dirigí a la agencia. Llevaba mi gafete de prensa por cualquier inconveniente, pues en esas condiciones nunca se sabe qué puede pasar.

Yo estaba decidido a lo que fuera con tal de ver a Pablo y preguntarle qué había hecho con la película.

Cuando llegué, todo era confusión; el edificio se postraba como un gran elefante blanco, lleno de puertas y ventanas en la fachada. Entré por la puerta principal, era como entrar al pasado, pues el lugar estaba atiborrado de pasillos como laberintos que conducían a todas partes y a ninguna. El silencio y la soledad, como en las películas, prevalecía por largos corredores que llevaban a escaleras que subían y bajaban, pero sin precisar dónde terminaban. Sin señalamientos es fácil perderse en un lugar así, la única opción fue preguntar a dónde llevaban a los detenidos. Como nadie sabía cómo llegar a ese lugar, llamé al abogado para preguntarle dónde tenían a Pablo.

—Apenas lo están llevando. Yo estoy sobre la calle Doctor Jiménez casi esquina con Doctor Lavista; si quieres vente y acá te veo —dijo.

Caminé aprisa hasta el lugar acordado y al poco rato ya estaba ahí. No fue difícil dar con él, de inmediato reconocí el Jeep negro que Pablo manejaba, en ese momento el auto estaba siendo revisado por un par de investigadores. Aparentemente hacían un inventario de cada artículo encontrado en el vehículo, mientras el abogado tomaba nota de todo cuanto ocurría. Cuando le pregunté por Pablo me dijo que ya estaba en los separos y me dio instrucciones sobre cómo llegar ahí.

Antes de irme, alcancé a ver el disco duro que dejé sobre el escritorio de la oficina de Pablo la última vez que estuve ahí. Indiscutiblemente era el disco duro y estaba dentro de una mochila que Pablo llevaba a todas partes. Por instinto estiré la mano para alcanzarlo, pero uno de los policías lo impidió. Mi abogado le dio la razón, pues no podía tomar lo que había en el vehículo, aunque fuera mío. Consciente de que ya lo tenía y de que ahí estaban las escenas faltantes, fui a buscar a Pablo.

Lo encontré de pie dentro de una jaula cuadrada de unos tres por tres metros, reforzada con barras de acero. Pero llegar hasta allí no era fácil, estaba dentro de una oficina con paredes de cristal, que a su vez era resguardada por un gendarme que inmediatamente me impidió el paso. Pablo, por su parte, no me había visto; en su confusión parecía no asimilar lo que ocurría y desde lejos caminaba de un lado a otro como un león enjaulado, pensativo y hasta distraído, hasta que por fin me vio. Se volvió hacia mí de inmediato, decidido levantó el rostro, no en forma de saludo, sino con un gesto agresivo, como cuando se busca pleito con un desconocido. Yo de lejos le pregunté por la película y él, con un gesto inocente, respondió desde la distancia que no la tenía.

¡Claro que la tenía y muy pronto, por fin, estaría en mi poder!

Inútil para mis propósitos, ya no me interesó seguir ahí, pues yo sabía que a partir de ese momento el abogado recuperaría el disco duro, y fin de la historia.

Qué inocente fue pensar en esa posibilidad, pues justo unos metros antes de llegar a donde el abogado estaba con los policías, me abordó un agente de investigaciones para preguntarme si conocía al dueño del Jeep negro, "un tal Pablo".

—¡Nosotros lo detuvimos! Tal vez te interese saber lo que le quitamos —dijo.

—¿Por qué habría de interesarme? —pregunté.

Sin agregar más, sacó su teléfono y me mostró varias fotografías con el disco duro de la película; no era el que dejé en el escritorio de la oficina de Pablo meses antes y que estaba en el Jeep negro, sino el disco *master* donde estaban los videos de toda la película, lo mismo que la edición, efectos visuales, efectos de sonido y cada diálogo, es decir ¡la película completa y muy posiblemente terminada!

—Si te interesa, te lo podemos entregar; por la cantidad adecuada —dijo.

—¿Sabe que lo que está haciendo se llama extorsión y es un delito? —le dije decidido.

—¿Y cómo vas a probarlo? Mira, no entremos en moralidad, así que si en serio quieres recuperar el disco ese, vas a tener que darme 10 mil pesos, y si no, así lo dejamos.

Me extendió un pedazo de papel con un número de teléfono y abajo la palabra "comandante"; se dio la media vuelta y estaba a punto de irse cuando repentinamente se volvió para preguntarme qué tipo de información tenía en el dispositivo. Yo sólo respondí que eran "cosas personales". El agente de Investigaciones exclamó: "Ah", y se retiró.

Apenas se fue, me dirigí con el abogado pero éste ya no estaba en el lugar como tampoco estaba el Jeep, ni ninguno de los agentes que vi anteriormente. Todos se habían desvanecido. Marqué al abogado y éste se disculpó debido a que tenía otros compromisos, me dijo que después hablaríamos con calma.

Al día siguiente le llamé desde muy temprano para explicarle lo ocurrido y cómo los investigadores se habían quedado con el disco *master* de la película, pero que ya no me interesaba, porque el disco que en ese momento me urgía era uno portátil color negro que estaba en una mochila en el Jeep. El abogado no se mostró muy animado con la observación, pues consideró que si hacía todo por la vía legal, entraríamos en un pleito muy prolongado, pues al ser evidencia de un delito, era muy probable que se resolviera en años, "si es que no lo hacían perdedizo".

Pero no tenían por qué hacerlo perdedizo, cuando ¡era evidencia! Por otra parte, si estaba dentro de un inventario judicial, no podía ni debía desaparecer. El abogado permaneció reflexivo unos instantes y luego dijo que me marcaba más tarde.

Me preocupó su forma de cortar, pues más que estar a mi favor parecía en mi contra, así que en ese momento decidí prescindir de sus servicios. Le llamé de vuelta para decirle que quería ver la copia del inventario para ver todos los artículos encontrados en el auto, pero el abogado dijo que estaba revisando el documento y no aparecía ningún disco duro.

—Es pequeño, color negro y rectangular, marca WD; estaba en la mochila que hallaron en la cajuela.

—La cosa es que no aparece en el dictamen y si no está, será complicado recuperarlo.

Colgué el teléfono convencido de que aquello era un complot. No podía confiar ¡ni en mi abogado!, pues era muy probable que aquello fuera un contubernio y tal vez él también estaba coludido con los investigadores para sacarme dinero. Tenía lógica: cómo era posible que de entre todo lo que se había encontrado en el Jeep, el agente de investigaciones me abordara para mostrarme fotos del disco duro, precisamente el dispositivo que intentaba recuperar. ¿Cómo lo supo?

Y de la nada me di cuenta de que tenía todo en mi contra. Buscando una solución llamé al comandante para decirle que quería verlo. Me preguntó si ya tenía el dinero, yo le dije que tenía una parte.

—Pues las cosas cambiaron, amigo, resulta que usted me echó mentiras; dijo que tenía cosas personales ahí y cuando lo revisamos resulta que usted tiene una película. Y sólo por eso, ya no van a ser 10 mil pesos para recuperar su disco duro, va a tener que traernos ¡80 mil pesos!

Su propuesta era ridícula. No iba a dar esa cantidad de dinero a un policía corrupto. Antes grababa todas las escenas que me faltaban y mandaba al diablo al comandante y al abogado, ¡y que se metieran el disco duro por el culo! Después de todo, sólo necesitaba unas cuantas escenas, pues lo demás estaba respaldado. Tendría que editar de nuevo el proyecto y reeditar el tráiler, hacer otra vez *proxies*, pero todo era mejor que ceder ante la extorsión que intentaban ejercer contra mí.

Llamé a Checo para ver cómo iba con la preproducción, pero decepcionado dijo que estaba batallando para cuadrarlo todo, pues dos de los actores no tendrían disposición de tiempo durante los próximos dos meses por estar en temporada de teatro y, además, al concluir ese tiempo, otro de los actores se iría por dos meses más a grabar una película al extranjero. De la nada, todo se complicó. Nuevamente llamé al abogado para exigirle una copia del inventario de toda evidencia encontrada en el Jeep, pero ya no respondió. La fiscalía, por su parte, no podía entregarme una copia de lo confiscado, a menos que fuera familia del imputado. ¿Cómo era posible que todo se volteara con tanta rapidez? No podía explicármelo. Empecé a sacar cuentas y poco a poco fui tragándome mi orgullo. Si grababa las escenas faltantes gastaría 220 mil pesos, contra 80 mil pesos que pedía el comandante. Invertiría una semana de grabación, pero debía esperar durante dos meses a los dos actores que estaban en temporada de teatro, y cuando acabaran, otro se iría por dos meses al extranjero; si cedía con el comandante, en cambio, tendría la película en 15 minutos. ¿Qué hacía? La respuesta la conocía. Aun así, pensé todo el día, una y otra vez, sobre qué haría. ¡Tenían secuestrado mi trabajo de varios años y la promesa que le había hecho a mi padre! No había mucho que pensar.

Dos días después llamé al comandante para vernos en un lugar público. Pero esta vez el policía no respondió. Le marqué otra vez y seguía sin responder. Pasó un día entero, dos y tres días: seguía sin responder, incluso su teléfono empezó a mandarme a buzón. Fui a buscarlo a la fiscalía, pero no pude localizarlo. Quise preguntar por él, pero ni siquiera sabía su nombre, sólo que era un comandante. Y en la fiscalía de la ciudad más poblada del mundo había más de mil comandantes.

Pasó una semana, y resignado a perder el disco de manera definitiva, me dispuse a esperar cuatro meses para grabar lo que nos hacía falta. Pero justo cuando creía que todo estaba perdido, marcó el comandante. Según dijo, estuvo involucrado en un tiroteo y había resultado herido; por eso tenía el teléfono descargado y no se comunicaba conmigo.

—¿Tienes el dinero? —finalmente preguntó.

—Lo tengo.

Quedamos de vernos en un Starbucks de la colonia Nápoles, justo en la esquina de Insurgentes y Pensilvania; él llevaría el disco duro y yo una computadora para confirmar que la película y las escenas que me interesaban realmente estuvieran ahí.

La transacción fue tranquila: sin sorpresas ni desacuerdos. La película estaba ahí, en su totalidad. La edición no, pues seguramente quedó en el escritorio de la computadora de Pablo. Pero eso ya no me importaba, el proyecto estaba de nuevo en mis manos. Sobre la edición, sería cuestión de montar todo y listo.

Aunque no era la forma, había dado un paso gigantesco porque tenía la película en mi poder. Lo primero que hice fue resguardarla en tres discos duros que mandé a diferentes lugares, pues no quería sorpresas ni quería fallas.

Esa noche festejé en grande, de la misma forma en que celebró Chuck Noland cuando por fin encendió el fuego en la isla desierta donde se encontraba, en la película *Cast Away*, y como nunca, pensé que tenía todo a mi favor, que ya nada podría detenerme. Qué equivocado estaba: claro que habría algo que pararía en seco mi carrera hacia la felicidad.

3

LA MUERTE SE VISTE DE ROJO

RÉQUIEM

Soledad. Vestigios de un plan que nunca ocurrió: esperas, inercias, silencios. Y en medio de todo: la muerte. Callada, indiscreta, terriblemente inoportuna, como un claro de vaho en la noche más oscura. Es la muerte. Siempre en guardia y siempre terca; consecuencia de los *nunca*. Allanadora de tristezas, abandonos y constructora del olvido. Todos le huyen y le temen, nadie la quiere. Al final, sin embargo, con todos se queda. Es la muerte.

Fue en 2017 que la muerte se vistió de rojo como nunca. Pero nadie pudo anticiparla (¿cómo anticiparse a la muerte?). Y sin embargo, aquel enero mostró con descaro su rostro durante una helada terrible que entonces cayó en Culiacán.

Había prometido a mi madre pasar las fiestas de fin de año con ella, pues ese diciembre se cumpliría un año de la muerte de mi padre y no quería que ella se sintiera sola. Luego aprovecharía para avanzar en mi primera asignación como *Fixer* de 2017.

Darren Foster, con quien ya había trabajado en un par de ocasiones, sería el director del proyecto, necesitaba investigar y concluir si el arresto del Chapo Guzmán, un año antes, había debilitado de alguna manera las actividades ilícitas del Cártel de Sinaloa.

Para lograrlo nos acercaríamos con gente de esa organización criminal, incluyendo campesinos, sicarios y mulas; y con un poco de suerte, con algún coordinador de nivel medio. Aunque era algo relativamente sencillo, no quería confiarme, por eso desde noviembre empecé a localizar a quienes debía entrevistar. Luego de preguntar aquí y allá, di con alguien que podía explicar si la ausencia del Chapo realmente había afectado el negocio. La asignación estaba planchada y sólo bastaba esperar al equipo.

Darren llegó a Culiacán la primera semana de enero y todo quedó listo para iniciar la investigación. Peter Alton, el mismo director de fotografía que nos acompañó a La Tuna con Mariana van Zeller y Alex Simmons, documentaría todo. Me dio gusto, porque Pete es un tipo tranquilo, divertido y con un concepto visual muy preciso de lo que quería, además siempre bromeábamos con él por su enorme parecido con el actor Josh Brolin.

—¿Seguro no son hermanos? —le insistí alguna vez y Pete sólo sonrió.

Luego de que ambos periodistas se registraron en el hotel, cenamos en un restaurante de mariscos muy cerca de donde se hospedaban. Repasamos el plan de lo que querían y todo quedó en orden para ir al poblado de Bastantitas, en Durango, con los sembradores de amapola. Allí nos recibiría quien por esos días controlaba la zona.

Fue precisamente a partir del día siguiente que las cosas empezaron a salir mal; empezó con los camarones que cené la noche anterior, me intoxicaron de manera terrible debido a una bacteria, ¡hasta pensé que moriría envenenado! Así empezaba el año, con una salmonella de tres días, la cual sería apenas un preámbulo de lo que viviría en 2017. Pero ¿cómo iba a saber lo que deparaba ese año?

Aun con la infección estomacal y la muerte siguiéndonos los talones, no dejamos de trabajar; poco a poco avanzamos en las necesidades de la producción. Hasta que llegó el día de ir a Bastantitas: un camino largo y sinuoso, lleno de curvas, soledad y ríos caudalosos que debimos atravesar. Luego de ocho horas de viaje se asomaron por fin las primeras casas del poblado.

Nos recibió una familia de campesinos, quienes tras invitarnos a cenar y preguntarnos qué buscábamos por allá, nos sugirieron pasar la noche en su casa. Todo transcurrió tranquilo entre la calma de las montañas y el silencio de lo desconocido. Al día siguiente fuimos con la persona que controlaba la zona. Luego de explicarle lo que hacíamos (y garantizarle que no éramos gobierno), nos brindó los accesos que necesitábamos. Así, sin más, empezamos a grabar. Había campos de amapola extendidos a 30 minutos del pueblo vigilados por gente armada.

La historia de los campesinos, amables siempre más allá de los límites, regularmente es trágica y llena de miseria. Las entrevistas, sin embargo, fueron exactamente lo que Darren buscaba, pues revelaron que ni la captura ni extradición del Chapo debilitaron el *modus operandi* del Cártel de Sinaloa, todo lo contrario, estaba más fuerte.

Viniendo de uno de los socios del capo, era imposible dudarlo.

Todavía grabamos aspectos de la sierra, y tanto Darren como Pete quedaron satisfechos con lo logrado; de momento la historia tenía un final feliz. No obstante, los verdaderos efectos de aquella primera asignación se revelarían tiempo después, pues a los meses de aquella ida, casi todos los campesinos y pistoleros con quienes hablamos durante el viaje fueron asesinados, incluyendo el coordinador que nos abrió las puertas para grabar campos de amapola y nos facilitó documentar a gente armada.

Meses más tarde, indagando sobre lo ocurrido, supe que aquel coordinador de nivel medio, a quien sólo identificaré con el nombre falso de Emiliano, fue quien ayudó al Chapo a ocultarse cuando se escapó del Altiplano, el 11 de julio de 2015. Gracias a esa fidelidad, don Emiliano se ganó el respeto de los jefes y tiempo después fue designado para cuidar esa región. Le dieron presupuesto suficiente para custodiar el territorio y entonces se hizo de una docena de hombres que lo protegían día y noche. Tuvo poder. Pero el problema del poder es que genera envidia: el peor enemigo de quienes se involucran en la mafia. La envidia se vuelve deseo incontrolable, según cuentan pistoleros, pues hace que una persona aspire lo que otra persona tiene; entonces, quien desea ese poder, hace hasta lo imposible por arrebatarlo.

Pero matar a don Emiliano no era fácil, por eso sus enemigos planearon muy bien el golpe: incendiaron un granero que el capo tenía al lado del pueblo para que don Emiliano mandara su gente a sofocar el fuego. Nunca imaginó que aquello era en realidad una celada, pues una vez solo, sus enemigos enviaron otro comando armado que lo masacró a balazos.

La gente que lo protegía poco a poco tuvo el mismo fin: durante los días siguientes fueron levantados y ejecutados. Era la envidia dentro del cártel. Y la envida no perdona nada, una vez estando ahí, de esa forma, sólo se sale muerto o terminas podrido en la cárcel.

Nunca supe si aquella muerte fue consecuencia de la guerra que ocurriría en Culiacán durante ese año, pues tras la extradición del Chapo, a principios de 2017, la facción del cártel se dividió y los pistoleros de los Chapitos empezaron a pelear con las Fuerzas especiales de Dámaso López por el control de la organización.

Consciente de lo que ocurría continué trabajando como *Fixer*. Aunque ya había terminado de editar mi película y supervisaba la posproducción, también estaba entregado en lograr accesos para Univision, *Süddeutsche Zeitung, Fusion, The Guardian, Jigsaw,* Plum Pictures, entre otros medios. La guerra en el narco continuaba y cada vez era más común escuchar recomendaciones sobre circular por ciertas partes de la ciudad, pues el conflicto estaba a todo lo que daba. Tomaba mis precauciones y trataba de no acercarme al área de San Pedro, Altata, Eldorado, para no exponerme ni exponer a mis compañeros a algún ataque. Sin embargo, la tragedia tarde o temprano me habría de alcanzar.

JAVIER VALDEZ

Sonó el teléfono, en cuanto miré el nombre de Ismael Bojórquez en el identificador de llamadas me apresuré a responder. Teníamos como regla contestar a toda hora cuando se tratara de un compañero de *Ríodoce*, en parte para estar alertas en caso de presentarse una cobertura de última hora, pero también por si se trataba de una emergencia.

Aquella llamada sería diferente. Lo supe desde el momento en que escuché aquel silencio extraño bordeado por una larga hilera de ecos, como cuando el teléfono se marca de manera accidental.

"Ismael", mencioné, pensando que era una mala recepción, pero Ismael seguía sin responder. Una corazonada cruel me martilló la calma cuando una especie de moqueo o acaso un sollozo irrumpieron en aquel mutismo. Ismael entonces balbuceó algo que no pude precisar hasta que explotó en un llanto repentino que ya no quiso ni pudo controlar.

—¡Mataron Javier Valdez Cárdenas! —dijo al fin tras una breve compostura.

La noticia se sintió como un balde de agua hirviendo. Tuve que apoyarme en la pared para soportar la gravedad de la información. Por inercia murmuré que eso no podía haber sucedido, pero Ismael me regresó de tajo a la realidad:

—¡Sí puede ser, lo acaban de matar! —insistió.

Miré alrededor como buscando una respuesta distinta, como si el vacío cerca de mí fuera a corregir el sentido de su mensaje; al cabo de varios segundos nadie desmintió la revelación y entonces Ismael, aquel hombre inquebrantable que no sabía llorar ni doblegarse ante el dolor, fue arrastrado por un llanto triste y amargo.

—¡Chingada madre! —dijo finalmente.

Yo, envuelto en una confusión eterna, sólo alcancé a preguntarle en dónde había ocurrido, pero Ismael estaba en *shock* y sólo tartamudeaba la ubicación sin precisar nada hasta que, dando tumbos de palabras, señaló vagamente que había sido cerca de *Ríodoce*.

Colgué el teléfono y salí a toda prisa del hotel. Mi corazón palpitaba como un tambor, la adrenalina desbordada, la incertidumbre ensanchada y yo sin alcanzar a dimensionar la tragedia. No supe en qué momento llegué a mi auto ni cómo empecé a manejar a gran velocidad por la ciudad.

Aun cuando la información sobre la muerte de Javier era real, yo esperaba que todo fuera una equivocación o al menos una pesadilla de la que pronto despertaría. Sin embargo, el tiempo pasaba y no lograba escapar de aquel sueño imposible que para entonces ya había migrado a la realidad. Lo supe al estar cerca de la oficina, alcancé a ver una torreta policial en una avenida paralela a *Rídodoce*. Las patrullas detenidas, los curiosos ensimismados, el tráfico interrumpido; sin duda, una escena de crimen. Me eché en reversa, me di vuelta en *u* por Ramón Iturbe hasta detenerme a pocos metros de la calle Riva Palacio, donde decenas de curiosos recorrían el lugar, como si la muerte fuera una atracción turística que podía disfrutarse.

Bajé de la camioneta y caminé despacio entre un bullicio apenas perceptible. Las casas y negocios a cada lado de la acera, un kínder multicolor mostrando su indiferencia, los árboles callados, el pavimento impávido, el cielo azul, la gente, el silencio; todo pareció desvanecerse como si el mundo a mi alrededor fuera ilusorio. El tiempo de pronto se detuvo y por un instante creí estar dentro de un sueño que no era mío, sino de alguien más. No sé por qué, pero entonces concluí que estaba dentro de una pesadilla que tenía Javier mientras pernoctaba en su casa, cerca de Ciudad Universitaria.

Si aquello era una pesadilla, debía despertar y regresar a la realidad, pues entre más permanecía en ella, más real se volvía todo. Pero en lugar de despertar, avanzaba hacia la escena del crimen, como un sonámbulo que camina entre gritos que nadie escucha y miradas que nadie ve. Pasé al lado de una patrulla de policía y de pronto sentí miedo, pues del otro lado quedaría al descubierto el cuerpo de Javier. La gente alrededor cuchicheaba, un silencio mancomunado me desfiguraba la calma entre una confusión bárbara y trémula. Fue entonces cuando, sometido por una impresión que no olvidaré por el resto de mi vida, descubrí el cuerpo inerte de Javier tirado en medio de la calle junto a un grueso charco de sangre. La escena, la muerte como tal, no era lo peor, sino estar consciente de que no estaba soñando aquel asesinato.

* * *

Todo desapareció. También yo. El mundo se detuvo durante varios segundos en su larga marcha ancestral hasta que la realidad desechó mi idea de estar soñando, pues la muerte se irguió brutal ante mí.

Todo se volvió un manojo de sonidos silentes, ecos surrealistas, siluetas amorfas que simulaban figuras humanoides, que al ser enfocadas un poco revelaban a la gente que hormigueaba en el lugar. Yo avanzaba lento hacia el cuerpo, apenas sujetado por la incredulidad. Era la inercia, la sensación de soñar y por instantes tenía la sensación de que levitaba, como cuando se experimenta un viaje astral y se flota de un rincón a otro con total libertad.

En mi trayecto miré de sesgo a Ismael Bojórquez que, como una sombra, yacía sentado al borde de la banqueta; a su lado, Andrés Villarreal, Aarón Ibarra, Alejandro Mojardin y otros compañeros de *Ríodoce* permanecían estáticos.

Miré de nuevo el cadáver y sí, era Javier Valdez tirado en el pavimento, apenas cubierto con un manto azul y todavía con su acostumbrado sombrero puesto en la cabeza.

Intempestivamente choqué la mirada con la de Ismael Bojórquez que aunque también me observaba, parecía no reconocerme. Tampoco

Andrés Villarreal reparó en mí, como no lo hizo el resto de mis compañeros que, consternados y con los ojos vidriosos, ponían la vista en mí, luego hacia el suelo y después hacia el cadáver de Javier, en una alternancia cruel entre la confusión y la fatalidad.

Quise acercarme a Ismael o a Andrés, a alguno de mis compañeros, pero algo me detuvo en seco, pues para entonces ya no sentía fuerzas ni ánimos de nada; no tenía idea de qué hacer ni tampoco de qué decir. ¿Qué se puede decir en una situación así?

Permanecí quieto, clavado en el pavimento; quién sabe cuánto tiempo estuve estático entre el interminable ir y venir de desconocidos, hasta que Andrés se me acercó para decirme que habían encontrado el auto de Javier abandonado cerca del centro. El mundo adquirió entonces un matiz gris, muy parecido al dolor y al remordimiento.

* * *

Las horas posteriores al homicidio se volvieron eternas. Una confusión terrible bañada de temor nos acompañó a cada segundo y se extendió hasta después del funeral. Pensábamos en la muerte y en la posibilidad de un nuevo atentado contra cualquiera de los reporteros de *Ríodoce*; mientras tanto, el tiempo seguía pasando y nosotros seguíamos sin entender quién y por qué habían matado a Javier.

Las variantes eran infinitas: pudieron ser los Chapitos, también el gobierno o gente de Dámaso López Núñez, el Licenciado, a quien Javier había entrevistado semanas antes de su muerte. Mucha gente pudo tener motivos para acabar con él por el tipo de investigaciones que hacía, aunque también cabía la posibilidad de que el ataque hubiera sido contra el periódico; si éste era el caso, todos estábamos expuestos.

Lo comentamos en cada junta editorial que tuvimos después del homicidio y lo analizábamos con lupa; incluso cuando salíamos a comer disertábamos en secreto sobre la situación e inevitablemente comentábamos la posibilidad de que cualquiera de nosotros fuera el siguiente. Aquel temor se volvió una paranoia brutal que no nos dejó en paz día y noche, al grado de que en cada amanecer casi festejábamos por seguir con vida.

Una semana después del asesinato, un presagio se me reveló a través de un sueño. Estábamos en la redacción del periódico escribiendo el contenido de la próxima edición cuando entró Javier y silencioso caminó hacia el lugar donde yo escribía. Lo miré con sorpresa, pues tenía un semblante nostálgico, como si extrañara el mundo de los vivos, pero más me sorprendía que, aun cuando sabía que estaba muerto, él parecía ignorarlo. Lo curioso es que el resto de mis compañeros no notaban su presencia.

Intrigado por aquella aparición me levanté para preguntarle qué hacía ahí. Él permaneció en silencio y antes de que pudiera pronunciar una palabra, me abrazó con un misterio inusitado. Tal vez quería decirme algo, quizás añoraba la redacción o simplemente no quería irse, lo cierto es que me apretó con fuerza y entonces, sin dejar de abrazarme, empezó a llorar en silencio. Yo estaba sorprendido porque Javier no era el tipo de persona que realizara ese tipo de acciones, pero en ese momento concluí que tal vez no era él quien me abrazaba, sino su espíritu que deambulaba por la redacción. Quise apoyarme en mis compañeros para hacerle ver que estaba muerto, pero noté entonces con asombro que ya no estábamos en la redacción, sino en un gran almacén oscuro y polvoriento, y ya no nos acompañaba ninguno de mis compañeros. Extrañado por el cambio de lugar, levanté la vista hacia el techo y miré cómo varios pichones mataban a una paloma blanca. Javier por su parte no dejaba de abrazarme y aunque yo intentaba separarme de él, no podía. En el sueño él era mucho más fuerte que yo, así que empezábamos a forcejear; yo quería apartarlo de mí pero él no deseaba soltarme, hasta que frustrado por aquella disputa, le decía que me soltara porque él ya estaba muerto. Javier no me escuchaba, yo debí gritarle una y otra vez que él estaba muerto y sólo entonces pareció comprenderme. Sorprendido por la revelación, me miró con estupor sólo para aclarar que el muerto no era él, sino yo, pero que aún no lo sabía. En ese momento desperté.

El sueño, muy intenso y real, me hizo concluir que tal vez él quiso advertirme algo pero yo se lo impedí. Y sin embargo, me preocupaba su afirmación, así que yo terminé por interpretar el sueño como un presagio.

Durante el día siguiente mantuve presente el sueño y la idea de que la próxima víctima sería yo, la sensación me invadió por completo y ya no pude quitármela de la cabeza. Quise escapar de aquella premonición o al menos dejar de pensar en ello, pero no pude. Necesitaba distraerme con algo, lo que fuera, de lo contrario me volvería loco. Pero la imagen de Javier forcejeando conmigo me intranquilizaba. ¿Qué quiso decirme en el sueño? Tal vez aquella aparición fue un aviso claro para que yo hiciera algo o de lo contrario me matarían.

Un delirio de persecución me invadió y a partir de ese momento no dejé de pensar que la próxima víctima sería yo. Lo sabía de alguna manera, y si ése era el caso, no tardarían en acabarme. No tendría escapatoria, por el gran número de punteros que el Cártel de Sinaloa tiene distribuidos en la ciudad y porque es imposible burlarlos, pues cuando uno está en esa lista ya no hay escapatoria. Y sin embargo, no podía morir. Necesitaba terminar mi película y tampoco quería darle a mi madre semejante dolor.

La única solución que encontré fue investigar qué facción había matado a Javier. Si descifraba ese enigma podría negociar una salida. Sería cuestión de contactar cada acceso que conocía y preguntar quién y por qué mató a Javier Valdez. Era una estrategia infantil pues nadie me diría algo así. Pero al menos debía intentarlo. Tras las primeras indagaciones con algunas de mis fuentes, incluyendo amigos de mis enlaces, conocidos y familiares, pistoleros, burreros y punteros, nadie pudo darme razón.

O realmente no sabían, o nadie quiso decir qué facción jaló el gatillo. Los pistoleros de los Chapitos aseguraban que ellos no habían sido. La facción del Mayo también afirmó que ellos tampoco lo habían matado; así, nadie tenía idea de dónde pudo venir el ataque. Sólo restaba contactar a los pistoleros del Mini Lic, aunque por esos días era difícil localizarlos, pues andaban a salto de mata por la guerra que tenían con los Chapitos, que para entonces estaban por acabarlos. Pero algo en mi corazón me obligaba a seguir indagando. No era lógico que nadie supiera nada, ya que en Culiacán nada se mueve sin que el cártel lo sepa, por eso debía tener paciencia. Tal vez en unos días, una semana o un mes, alguna pista elemental surgiría, por el momento debía esperar.

¿Pero esperar a qué? A que vinieran por mí, en un día, una semana o un mes. O acaso a ser absorbido por la rutina y los compromisos con otras producciones y entonces olvidar todo. Tal vez así habría sido, pero un día de tantos, Ismael y Andrés me llamaron de la oficina. Con una paciencia obligada, esperaron a que todos los reporteros salieran para entonces discutir algo que, según dijeron, era de suma importancia. Cuando entré había en ellos un semblante de preocupación y aunque trataban de maquillarlo con anécdotas mal logradas, era evidente que algo les acongojaba. No me extrañó, pues habíamos vivido una tragedia muy grande la semana anterior y el incidente por sí solo era para preocupar a cualquiera. Sin embargo, ¿qué podía requerir tanto sigilo?

Ismael fue directo y sin andarse por las ramas: tras analizar la situación me aconsejó que me fuera de la ciudad. Lo dijo con una preocupación veraz, como si supiera algo que evidentemente yo ignoraba. Andrés lo secundó.

Convencido de que había una amenaza en mi contra, exigí a ambos la verdad por más dura que fuera. Ellos negaron que así estuviera sucediendo, pero aclararon que simplemente era lo mejor, "por el tipo de cobertura que hacía y por mi trabajo como *Fixer*"; al no saber por qué habían matado a Javier, lo recomendable era poner tierra de por medio.

—Vete a Los Ángeles, a la Ciudad de México, a París o a donde quieras, pero vete —dijeron.

No supe qué pensar. Era posible que hubiera una amenaza en mi contra y no la quisieran compartir para no alarmarme. Pero si ése era el caso, estaba ocurriendo exactamente lo contrario, pues la sugerencia me asustaba más que la pesadilla con Javier.

Les dije que lo pensaría, aunque en el fondo yo no quería irme a ningún lado. Tenía trabajo en Culiacán: una asignación para *Vice* sobre la siembra de marihuana y debía avanzar la preproducción de un proyecto para Netflix. Además, tenía programado grabar unos *Voice Overs* para *Antes que amanezca*. Irme desbarataría todos mis planes, además de que perdería ingresos destinados a la película.

Y sin embargo aquella plática encendió los focos rojos de mi temor, pues sugería que algo andaba mal. Lo supe desde el sueño que tuve con Javier, el cual yo interpreté como un augurio; la plática con Ismael y Andrés me confirmó tal premonición. Y si antes tenía miedo, ahora sentía pavor, pues la idea de que en cualquier momento vinieran por mí era real y el temor a la muerte me carcomía hasta el tuétano de cada pensamiento.

Salí del periódico consternado y cargando en la espalda un temor sobrenatural que cada vez me pesaba más, lo cual era malo para mi situación, pues en esos momentos debía estar más ligero que nunca.

Para sobrevivir, debía anticiparme al menos cinco segundos ante un posible ataque, de lo contrario no tendría oportunidad de nada, jamás les ganaría a las balas. Escudriñaba cada extremo por donde caminaba para estar listo por si llegaban los sicarios, que por fuerza debían aparecer al fondo de la calle, de otro modo no podrían, a menos que lo hicieran volando. Aun así, nada me garantizaba sobrevivir a un ataque, pero al menos no me quedaría estático. Eso tal vez ocurrió con Javier, cuando sus asesinos atravesaron un auto por la calle donde transitaba y él tuvo que detenerse. Entonces salieron dos de los sicarios, lo sacaron del carro y le dispararon a quemarropa en 12 ocasiones. Tal vez pensó que los agresores querían su auto o sólo robarle, cuando en realidad iban a matarlo. Yo no daría ese gusto a mis asesinos: si me cerraban el paso, los arremangaría hasta destrozarlos. Haría lo que fuera pero no me quedaría de brazos cruzados. Y sin embargo, qué fácil se dice todo.

Cuando llegué a la esquina de Teófilo Noris con Ramón Iturbe, miré a un adolescente moreno y de cabello corto hablando por teléfono en la acera de enfrente, al lado de una tapicería. Pero algo extraño ocurrió entonces, pues en cuanto me vio se sorprendió y rápido se volvió para evitar que lo reconociera. Aquel movimiento alertó mis sentidos. ¿Estaría informando a mis agresores que ya iba en camino? Ciertamente su actitud podría ser algo casual, aunque también podría ser un puntero reportando mis movimientos, por consiguiente, no debía confiarme.

Doblé en la calle Iturbe hacia la derecha y apresuré el paso, sabía que un descuido, por minúsculo que fuera, podría costarme la vida. Recordé la conversación con Ismael y Andrés minutos antes, y ese "vete de la ciudad" me hacía eco en la mente. Por instinto miré en todas las direcciones tratando de analizar la situación y lo que debía hacer en caso de que vinieran a matarme. Justo entonces miré un Honda Accord color tinto y vidrios oscuros dando vueltas al fondo de Ramón Iturbe; avanzaba lento a donde estaba. Si era real y venían por mí, estaba acorralado, lo único que quedaba era seguir de frente en espera de que todo fuera mi imaginación. El adolescente que hablaba por teléfono dio unos pasos a la calle y sin volver a verme hizo otro movimiento rápido hacia los ocupantes del Honda Accord, que cada vez estaban más cerca. Apresuré el paso hacia G. Robles con la intención de llegar a la esquina, dar vuelta a la derecha y perder a mis perseguidores. Entonces dos hombres jóvenes, con toda la facha de sicarios, aparecieron de la nada en la acera contraria y empezaron a cruzar la calle en dirección mía. En ese momento supe que iban a matarme.

Estaba a 15 metros de la esquina y antes de que los desconocidos sacaran sus armas y me dispararan, me anticipé y desesperado emprendí una carrera contra la muerte. Corrí con todas mis fuerzas hacia G. Robles, consciente de que en cualquier momento escucharía un manojo de truenos zumbándome los oídos, pero también sabiendo que podría estar corriendo a la boca del lobo, pues tal vez mis verdaderos agresores estaban esperándome a la vuelta de la esquina. Pero no tenía alternativa. Con el corazón a punto de salirse por mi boca, llegué a la esquina y di vuelta a la derecha; para mi fortuna, no había nadie del otro lado. Pero no tenía tiempo para celebrar y sin voltear a ver si los dos desconocidos que atravesaban la calle venían tras de mí, continué hacia la calle Francisco Villa, mi meta era salir de aquella ratonera lo más pronto posible, y si llegaba sano a la Francisco Villa tal vez tendría tiempo de regresar al periódico. Sin embargo, el camino era largo y la calle estaba bordeada de talleres y refaccionarias, sabía por mis fuentes que punteros y sicarios que informan al cártel laboran como mecánicos y chalanes en esos lugares.

Saqué el teléfono para llamar a Ismael y pedir ayuda, pero por alguna razón no tenía señal. Sin saber qué más hacer seguí de frente con la intención de regresar al periódico. Miré de pronto a un hombre que hablaba por teléfono desde un negocio, inevitablemente pensé que estaba informando a mis perseguidores sobre mi presencia; otro individuo salió de pronto de un taller y me observó con curiosidad, supuse que era un pistolero espiándome. Otra persona estaba en un auto al otro lado de la calle, también me pareció sospechosa. Al borde de la locura volví a marcar a Ismael, pero seguía sin tener señal. Estaba a cuadra y media del periódico y sin embargo lo sentía como el tramo más largo de mi vida. Si venían por mí, lo harían en cualquier momento y en cualquier lugar, sin importar la cercanía con el periódico. Lo sabía. A Javier finalmente lo mataron a poco más de dos cuadras del periódico y el que hubiera una patrulla con dos gendarmes frente a las oficinas no garantizaba nada. Por otra parte, los ataques ocurrían en segundos y sin contratiempos, pues sabía, por los mismos sicarios, que una ejecución ocurre tan rápido que las víctimas muchas veces ni siquiera se dan cuenta de que las han matado.

Esta última conclusión me hizo pensar que quizá ya estaba muerto y aún no lo sabía.

Justo en ese momento una camioneta Cheyenne azul se detuvo a pocos metros de mí, yo pensé que eran pistoleros dispuestos a liquidarme, me abalancé hacia el tráfico y sin importarme que los vehículos circularan a gran velocidad, atravesé hacia la otra acera; la acción hizo que el tráfico se detuviera estrepitosamente para evitar atropellarme mientras yo aproveché que un camión urbano de la ruta Barrio que pasaba por ahí también disminuyera su velocidad por el tráfico, subí a él estando en movimiento. Momentáneamente me había librado, pero qué lejos estaba de estar a salvo.

* * *

Pagué al chofer con un billete de 20 pesos y sin esperar el cambio avancé apurado al fondo del autobús, hasta sentarme en el rincón izquierdo de la última hilera, junto a la ventana. Todavía temblando de pánico, me asomé a través de los vidrios polarizados para ubicar a mis perseguidores; alcancé a ver de reojo el Honda Accord, que para entonces ya había llegado a la esquina de Iturbe y G. Robles y aparentemente esperaba que pasaran los autos para atravesar la calle.

A los hombres que andaban a pie ya no los vi, pero supuse que se habían quedado pasmados a mitad de la calle, tal vez preguntándose por qué demonios emprendí la carrera.

Y aunque momentáneamente estaba a salvo, me mantenía sumamente alerta. Sabía que si realmente existía la orden de matarme, la persecución no terminaría ahí, por eso veía en todas direcciones en busca de un indicio que sugiriera la menor señal de peligro. Además, no me confiaba de nadie, pues todos podían ser informantes. Por eso mantenía la mirada en el suelo, tratando de pasar desapercibido, aunque eso no impedía mirar a todo pasajero de reojo mientras encontraba una solución.

"¡Piensa, piensa, piensa!", me repetía en voz baja.

Pero no pensaba. Y cómo iba a pensar, si todos mis movimientos eran dirigidos por instinto, y más que pensar, caminaba al borde de la locura ante la cercanía de la muerte. En ese momento sólo tenía la certeza de que querían ejecutarme.

Pasamos al lado de mi auto, estacionado frente a un negocio de alarmas, por un momento consideré bajar y recogerlo, pero supuse que si me estaban cazando, mi carro sería lo más vigilado en aquel momento.

El camión siguió de largo, debía decidir qué hacer, a dónde ir. ¡No lo sabía! Además necesitaba analizar a los pasajeros y ver si alguno estaría informando al cártel sobre mi presencia. Pero por más que observaba no encontraba a nadie que se mirara sospechoso. Y sin embargo, las grandes preguntas eran: ¿Qué seguía? ¿A dónde ir? ¿A mi casa, a casa de mis padres, a casa de mi novia de aquel tiempo? Lo más probable era que todos esos lugares estuvieran vigilados por pistoleros y punteros del cártel. Las opciones parecían limitadas. Tal vez debía insistir con Ismael o con Andrés desde un teléfono público y reportar con ellos lo que me ocurría. O debía ir a la policía. O llamar al comité para la protección de periodistas y solicitar ayuda. No lo sabía. Dando tumbos en esa cadena de posibilidades caí en cuenta de que si mis perseguidores tenían mi número telefónico, podían localizarme a través de *scanners*. Tenía claro que así ubicaban a muchas personas que ejecutan y de inmediato saqué mi celular, lo abrí y le quité el chip para guardarlo en mi cartera. Pero esa medida no sería suficiente, esta acción no detendría un nuevo ataque, por eso debía buscar más alternativas, de lo contrario sería cuestión de tiempo para que me encontraran y me despedazaran a tiros. Tal vez tomaría el consejo de Ismael y Andrés y me largaría de la ciudad. Ciertamente había tenido suerte de escapar, pero esa fortuna no siempre estaría a mi favor y sólo por eso no podía arriesgarme otra vez, pues hablando con veracidad, difícilmente una persona se salva de un ataque y menos escapa de una persecución.

Para ese momento el camión se detuvo al lado de Plaza Fiesta, uno de los puntos de abordaje más concurridos en la ciudad. Una avalancha de pasajeros empezó a subir a la unidad. Una misteriosa revelación me tomó por sorpresa y me hizo ver la puerta por donde subían las personas; casi se me congela el corazón cuando dos tipos brutalmente parecidos a los dos individuos de a pie subieron al camión y abriéndose paso entre la gente del pasillo, avanzaban hasta donde yo me encontraba. ¿Eran los mismos desconocidos que topé cerca del periódico? Y si así era, ¿cómo me habían localizado? ¡¿Cómo?! ¿A través del chip de mi celular, por medio de punteros? ¿O es que lograron ver cuando abordé el camión en el último momento y simplemente se vinieron tras de mí? ¡No lo sabía! ¡No quería saberlo pues sería lo último que sabría en mi vida!

Desesperado busqué una forma de bajar, pero luego de un rápido vistazo supe que sólo la puerta frontal estaba abierta y al caminar hacia allá era inevitable toparme con ellos. Otra opción era salir por la puerta trasera del autobús, pero pedir al chofer que abriera la puerta ¡alertaría a los pistoleros!

Discretamente agaché la cabeza para evitar que me identificaran, por un momento lo logré, sin embargo ambos desconocidos seguían avanzando; no tardarían en llegar a donde estaba. Busqué una nueva salida, no la había. Fue cuando noté que los dos pistoleros miraban con atención a cada pasajero, como si intentaran reconocerlos. Lamenté no tener con qué defenderme. Además me pesaba haberme confiado y no anticipar una ruta de escape dentro del camión, pues aunque tuve tiempo de sobra, de nada servía si no tenía una ruta de escape. Y sin embargo, algo debía hacer, de lo contrario me ejecutarían ahí mismo. El corazón empezó a temblarme con violencia y la respiración se agitó desesperada, incluso creo que por momentos olvidaba respirar. Cerré los ojos en espera de lo peor. En ese momento supe que la muerte no es lo que más aterroriza a los hombres que van a matar, sino estar conscientes de que no podrán defenderse.

Mirando alrededor comprobé que lo único que restaba era romper los vidrios, ¿pero con qué? Podía inclinarme un poco para apoyarme en el asiento y soltar un par de patadas a la ventana en espera de hacerla añicos; sin embargo, no estaba seguro de lograrlo, pues los vidrios eran gruesos y fuertes, además no me daría tiempo de encaramarme por la ventana para entonces pegar el brinco y escapar, porque el ruido llamaría la atención de los sicarios, que sin dudarlo sacarían sus armas y me dispararían a quemarropa.

¿Por qué querían matarme? No había hecho nada, no era nadie, sólo un reportero que hacía su trabajo sin meterse en complicaciones. Además, no había publicado información lo suficientemente sensible como para merecer la muerte y hacía con respeto mi trabajo como *Fixer*, siempre protegiendo mis fuentes. Por eso estaba seguro que no debía nada y bajo esa conclusión no entendía por qué alguien quisiera matarme.

Era paranoia, pero también el asesinato de Javier, me tenía así. Y atrapado en aquel callejón sin salida, buscaba una respuesta, pero no encontraba nada. Justo en ese instante los desconocidos se volvieron hacia mí, yo de inmediato incliné la cabeza hacia el suelo tratando de evitarlos. Y aunque podía verlos de reojo cuando levantaba la vista, sabía que en determinado momento aquel artificio sería inútil, pues pronto llegarían a mi lugar y cuando eso ocurriera no tendría oportunidad de nada. Me bajarían a golpes para ejecutarme afuera. O tal vez me llevarían a la fuerza quién sabe a dónde para torturarme y acabar conmigo. Pero si ésa era la intención no lo permitiría. Me resistiría hasta la inconsciencia, no dejaría que me llevaran vivo hacia lo desconocido.

Atrapado y sin salida, en espera del trueno ensordecedor de los disparos y lamentando no haber terminado mi película, me resigné a morir. Estaba en espera de que mis asesinos llegaran para asestarme el zarpazo final. Inevitablemente recordé la frase de un pistolero de Ismael *el Mayo* Zambada: "Nueve meses tarda para que se geste una vida y nosotros la quitamos en menos de un minuto".

Entonces lo más improbable ocurrió: la puerta trasera del camión se abrió repentinamente y varios pasajeros empezaron a subir. El chofer había recurrido al viejo ingenio de abrir la puerta posterior para equilibrar la carga de pasaje que se había aglomerado salvajemente al frente. Era una oportunidad única para escapar con vida de aquel féretro con asientos. Intempestivamente salté sobre una pareja de preparatorianos sentados junto a mí y abriéndome paso entre los pasajeros que subían a tropel, alcancé la salida para velozmente bajar del camión. ¿A dónde iría? Estaba a punto de correr a la parte trasera del camión para luego cruzar al otro lado del bulevar Zapata, pero me pareció ver a la misma Cherokee azul que se detuvo frente a mí sobre la G. Robles, ¡estaba atrás del autobús! Yo me paré en seco. Tenía sentido; si los sicarios habían subido al camión para cazarme, era lógico que alguien los estuviera esperando para sacarlos. Corrí entonces por el frente del camión y rápido crucé el bulevar. No me volví a ver si venían tras de mí o si se habían quedado estancados dentro del camión, yo sólo corrí por mi vida hasta atravesar el gran congestionamiento de autos que había en la calle. Alcancé a un camión en movimiento que corría en dirección contraria por los carriles opuestos. Llevaba la puerta abierta, la viada en curso y circulaba hacia al centro de la ciudad.

Era de la ruta Petróleos, iba de regreso al centro a recoger más pasajeros.

Pagué el pasaje, esta vez no caminé hasta el fondo, me quedé de pie, muy cerca de la puerta, vigilando a través de las ventanas si alguien venía tras de mí. Parecía que no. El chofer y los pasajeros me miraban con curiosidad, pero esta vez no cometería el mismo error que en el camión anterior. Y mientras pensaba en esto, analizaba cómo me habían localizado: ¿Acaso notaron cuando abordé el camión y me pusieron cola hasta alcanzarme? ¿O escanearon mi número y entonces me ubicaron? No lo sabía.

El camión cruzó entonces la avenida Lázaro Cárdenas, alcancé a ver un tráfico pesado que bajaba desde lo alto de la periferia por una vía que corría en un solo sentido. Pensé que si lograba bajar y correr en sentido contrario del tráfico podría perder a mis perseguidores de manera definitiva, si aún me seguían. Me apresuré a la puerta y sin esperar que el camión se detuviera bajé, rápido me apresuré a la banqueta hasta quedar bajo la oscuridad de una pingüica. Había una cantina de mala muerte justo al lado del árbol, en la banqueta encontré una vieja gorra abandonada de los Tomateros. La levanté y me la puse con la intención de burlar a mis perseguidores; agachando un poco la cabeza y buscando las sombras de la banqueta, caminé hacia el poniente, atento a todo lo que acontecía a mi alrededor. Buscaba la Cherokee azul, el Honda Accord color tinto, pero también a los dos tipos de a pie. No veía a mis perseguidores. Tenía la esperanza de haberlos perdido definitivamente, y aunque en mi mente ya había librado dos atentados, sabía que si realmente quería sobrevivir, debía alejarme de ese sector, incluso de la ciudad.

La noche había caído y la ciudad, aún con todo y el tráfico de la hora pico, parecía estar en calma en medio de la oscuridad y las luces de los autos. Pero la calma era sólo una apariencia, en realidad la ciudad escondía a un monstruo en la soledad, que en cualquier momento podía emerger para tragarse todo lo que encontrara a su paso.

* * *

Cuando llegué a la esquina con Lázaro Cárdenas doblé hacia el sur en dirección contraria al tráfico. Caminaba entre los autos varados bajo el estupor del anochecer. Quería llegar a un camión de la ruta Díaz Ordaz que, varado en medio de la calle, esperaba que el semáforo cambiara a verde para avanzar.

Alerta de todo lo que se movía detrás y delante de mí, permanecía pendiente de los limpiaparabrisas que muchas veces son informantes del Cártel de Sinaloa. No supe en qué momento había llegado al lado del camión tocándole la puerta al chofer para que abriera. El conductor abrió en cuanto me vio. Subí de inmediato y justo entonces el camión arrancó; seguro de que mis perseguidores no me habían visto (ni los limpiaparabrisas habrían podido reportar nada), había logrado escapar de una muerte inminente. Y sin embargo, aún no escapaba, pues para ello debía llegar primero a un sitio seguro, y para lograrlo debía definir a dónde ir. A casa de mis padres, definitivamente no. A casa de mi novia, tampoco; a casa de algún amigo, menos. ¿A un hotel? ¡Imposible!

Ir a casa de un familiar lejano era una posibilidad, pero la pregunta era ¿cuál? El lugar que eligiera debía ser un sitio que ni compañeros ni amigos conocieran. Otro punto que debía considerar era: donde eligiera, no podía ser lejos. La distancia era un inconveniente para mis planes, pues no sólo lo complicaba llegar, ¡también salir! Y no podía avisar a nadie mi ubicación, pues la información podría filtrarse.

El camión se detuvo en uno de los paraderos, muy cerca del monumento a Cuauhtémoc, bajé a escondidas para luego ocultarme atrás de uno de los autos estacionados en la calle. No había necesidad de bajar, pero lo hice porque concluí que durar mucho en un mismo camión era peligroso, cabía la posibilidad de que hubieran reportado ruta y lugar donde subí, si era el caso, sería cuestión de tiempo para que me localizaran. Pero también lo hice para, desde abajo, cerciorarme de que nadie me siguiera. A simple vista, nadie parecía seguirme. Justo en ese momento pasó otro camión y rápido lo abordé. Por azares del destino, el camión iba a una vieja colonia al norte de Culiacán, donde vive una tía.

Me bajé a una cuadra de su casa y caminé al domicilio. Era una noche cálida, poco concurrida y apenas iluminada. Aunque seguía alerta ante todo movimiento, caminaba confiado en que todo estaba superado, y cerca del domicilio confié en que el peligro ya había pasado. ¡Pero aún estaba a punto de llevarme el susto de mi vida!

Caminaba por la calle al amparo de las sombras, cuando un auto Honda Accord color tinto (acaso el mismo Honda que rondada los alrededores de *Ríodoce*) dio vuelta en la esquina de la calle e intempestivamente avanzó hacia mí. Sentí que el corazón me iba a explotar de pánico, no tenía a dónde ir y correr hasta la esquina era irrisorio, pues no le ganaría al auto ni a la ráfaga de disparos que vinieran hacia mí.

Apresuré el paso, el auto se acercaba cada vez más. Inevitablemente esperé la muerte y por unos segundos contuve la respiración en espera del impacto final: escucharía un trueno, después un líquido ardiente me correría por la mejilla, lo demás sería caer dolorosamente al pavimento. Pero el dolor ya no dolería, entonces estaría hecho pedazos a tiros. Y acaso antes, o después, viviría ese *Fade Out* a negros.

Mientras pensaba todo lo anterior, apresuré el paso, pero el Honda Accord, por alguna razón, no me rebasaba; sin atreverme a respirar, pude sentir las luces marchar a mi lado y el ruido del motor detrás de mí. Pensé que era el fin, pero el carro extrañamente pasó de largo hasta perderse en el fondo de la calle. ¡No eran mis asesinos, sino otro Honda Accord color tinto, parecido a los otros mil Accords que circulaban la ciudad!

Sólo entonces corrí desesperado a casa de mi tía y entré sin avisar. Ella se sorprendió de verme llegar tan alterado y en semejante estado de excitación, y aunque preguntó qué me pasaba, nunca dije la verdad. De hecho, con muy pocos compañeros comenté lo sucedido.

A la madrugada siguiente recuperé mi auto y me fui lejos. Contrario a lo que la lógica dicta, no me fui a otra ciudad, tampoco mi partida tuvo como intención no regresar: partí hacia un sitio donde pudieran entrenarme para cuando vinieran por mí.

EL TRIÁNGULO DORADO

La ventaja de la sierra es que cuando llegas a sus entrañas, te desconectas del mundo. Desapareces de todo, pero también todo desaparece para ti. Quizá lo mejor sea que, contrario a lo que muchos creen, las montañas de Sinaloa son de las regiones más seguras donde he estado en mi vida. Aunque mi regreso en aquel momento no era por motivos de seguridad, iba en busca de un grupo de campesinos con quienes mantenía relación para lograr accesos y grabar campos de amapola y marihuana.

Me presenté sin avisar. Confiado en que tal vez les daría gusto verme, iba decidido a pasar tres o cuatro días en el área, mientras se calmaba todo en Culiacán.

A ellos les confié el impacto de lo vivido por la cercanía de la muerte, las consecuencias por el asesinato de Javier y mi delirio de persecución; por eso fui a la sierra, para ver si alguien ahí podía entrenarme para defenderme en caso de un ataque.

Debido a la salida tan repentina de Culiacán, tampoco le dije a nadie que estaría fuera de la ciudad, aunque supongo que no se extrañaron de mi ausencia; después de todo siempre entraba y salía de Culiacán sin avisar, y si alguien preguntaba por qué no me conectaba al WhatsApp, simplemente decía que estaba trabajando. Por eso no era nada nuevo ausentarme días o semanas, ni para mí ni para mis allegados, pues parte de la mecánica de mi trabajo era vagar a donde el trabajo me llevara.

Como nota aclaratoria, no diré el nombre del pueblo adonde me dirigí ni tampoco señalaré nombres reales de las personas que me recibieron durante esos cuatro días. Lo ocurrido en las montañas es responsabilidad mía.

* * *

Llegué a un pueblo anclado en el corazón del triángulo dorado, en la sierra de Sinaloa. La humildad de aquellas casas con techo de zinc pero cubiertas con tejas era apenas el recuerdo de un pasado que nada dejó a sus habitantes, sólo la nostalgia por jamás dejar sus casas. En palabras de ellos, preferían morirse de hambre en su tierra que morirse de lástima en la ciudad.

Muy lejos había quedado el tiempo en que caravanas de migrantes españoles llegaron hasta aquellos acantilados de pinos y encinos en busca de oro y plata y quedaron hechizados por la magia de los paisajes que hermosos se erigían en esa región. Nombraron al lugar Badiraguato, que en lengua cahíta significa "Arroyos en muchos cerros".

Convencidos de que ésa era la tierra prometida, fundaron pueblos y se avocaron a la búsqueda de metales preciosos con la finalidad de hacerse ricos un día. Encontraron los metales, pero no la riqueza, porque para avanzar necesitaban apoyo del gobierno, y la falta de esa ayuda los detuvo. Hasta que un día los mineros se cansaron de esperar y aceptaron el destino de su pobreza antes que irse en busca de nuevos horizontes. No fue el caso de sus hijos, que frustrados de mirar a sus padres morirse de pobres y en espera de apoyos prometidos por el gobierno, aprendieron de los chinos la técnica para sembrar amapola y extraer la goma de opio; el único producto que verdaderamente podían comercializar. Fue así como entraron al negocio del tráfico de droga y en pocas décadas lo convirtieron en una forma de vida que, hasta la fecha, se ha transmitido de generación en generación, dando como consecuencia lo que hoy se conoce como el Cártel de Sinaloa.

Pero aquellos narcotraficantes hoy son historia. Los hijos de éstos son los que industrializaron el negocio y también quienes hoy están muertos o se pudren en la cárcel, purgando condenas que en vida no podrán completar. De aquella opulencia que un día tuvieron, poco o nada les queda, pues los campesinos poco a poco han dejado de sembrar amapola, ya que la goma que cosechan ya no se vende como antaño. Cuando por fin alguien les compra lo que cosechan, se las pagan en poco más de 7 mil pesos por kilo, el precio que pagaban en 2019, pero en 2015 la llegaban a comercializar hasta en 35 mil pesos. Todo por culpa de la maldita heroína sintética (fentanilo), que por su potencia y facilidad para transportar, los sacó del mercado. Por eso muchos de los pueblos de la sierra estaban abandonados, pues al dejar de sembrarse *adormidera*, la gente ya no tuvo ingresos, y sin dinero, muchos jóvenes prefirieron irse a las grandes ciudades en busca de trabajo.

Pero yo no estaba en esa zona para escarbar la historia del narcotráfico en Sinaloa, iba en busca de un patriarca con quien conviví años atrás, durante la grabación de un documental para la televisión británica. Mi plan era pedirle apoyo respecto a mi situación: ser entrenado en el manejo de armas para al menos tener oportunidad de defenderme cuando vinieran por mí.

Una vez frente a la casa del patriarca, la única persona que conocía en el pueblo, me recibió el sonido del viento bajo un gran tejabán donde en otros tiempos llegaban los campesinos de *taspanar* la tierra donde sembraban amapola.

Encontré el sitio igual de solo que los caminos que me llevaron ahí, pero algo había en el aire que me hizo caer en un intervalo de nostalgia propia del abandono.

Llamé a la puerta y me recibió la esposa del patriarca, una joven mujer que nos hacía de comer cada vez que estábamos en el rancho grabando el documental. Le dio gusto verme, rápido me ofreció algo de alimento y de beber. Le acepté un vaso con agua, pero no la comida. Ella me soltó la noticia de que su esposo había muerto tres años antes.

—Lo mataron en una emboscada cuando regresaba de un entierro, pero ahí están sus hermanos. Usted conoce a todos; seguro pueden ayudarlo —dijo la viuda.

Llamó por radio a sus cuñados para avisar que había visita, y a la media hora llegaron tres hombres armados en dos cuatrimotos. Efectivamente, los conocía, incluso alguno me había dado un primer adiestramiento en el uso de las armas. Esta vez no venía en plan laboral ni recreativo, sino por una cuestión de vida o muerte.

Luego de dar el pésame por el fallecimiento del hermano, les expliqué el motivo de mi visita y la urgencia por recibir un entrenamiento básico, pues sospechaba que querían matarme.

—La última vez que vi a su hermano, que en paz descanse, me dijo que si alguna vez necesitaba apoyo, que regresara. Pues hoy necesito ese apoyo —les dije.

Se vieron entre ellos y guardaron silencio. No les asustó que quisieran matarme, todo lo contrario, me exhortaron a estar preparado porque quizá no descansarían hasta lograr su objetivo, y para eso debía estar listo porque, para escapar, necesitaría algo más que un simple adiestramiento de cuatro días: toda la suerte del mundo.

—Nadie se escapa de ésas a menos que el sentenciado ponga tierra de por medio; pero si usted está dispuesto a rifársela, entonces vamos a darle —dijo uno de los hermanos.

Yo asentí. Si estaba ahí era porque había decidido quedarme en Culiacán y los hermanos respetaron mi decisión. La conclusión unánime fue: tenía que conseguir un arma "limpia" que eventualmente se convertiría en mi sombra día y noche, hasta que librara el ataque o, de plano, acabaran conmigo.

Pero antes de lanzarme al matadero, como decían mis contactos, necesitaría un buen entrenamiento con alguien que me adiestrara en todo lo que respecta al manejo de armas. Para ello tenían a un sicario que tiempo atrás había trabajado para el Cártel de Sinaloa.

* * *

La pistola era una Colt .38 Súper y estaba nueva. El precio era un poco alto, 25 mil pesos, pero estaba dispuesto a pagar esa cantidad porque prefería gastar más en un arma jamás usada que portar una que debiera cien muertes.

La factura, sin embargo, sería alta, porque aunque la Colt ofrecía ser un arma segura, potente, precisa, fácil de portar y que difícilmente se traba al momento de usarla, también era de uso exclusivo del ejército, y si me detenían con ella, enfrentaría una pena de hasta 15 años de cárcel.

Sin embargo, prefería la cárcel antes que me sorprendieran mis agresores. O dicho en palabras de los hermanos del patriarca: "De la cárcel se puede salir, del hoyo no".

Y aunque andar armado contradecía mis principios, la realidad es que en ese momento creía no tener opción; no confiaba en el gobierno, ni en la policía del estado ni en un sistema de protección que pudiera brindarme la seguridad que necesitaba. Por otra parte, no quería que me mataran como lo hicieron con Javier, ni tampoco irme de Culiacán, así que la única ruta que creía tener en mis manos era armarme para responder ante un ataque.

Hoy, a la distancia, sé que mi elección debió ser irme de la ciudad mientras se calmaba todo, pero irme era huir y al mismo tiempo perder muchos dólares en ingresos destinados a la posproducción de la película, lo cual retrasaría mis planes; por eso no quería irme, arriesgaría el todo por el todo.

Así fue como, después del armero, subimos a los acantilados de la sierra para buscar al sicario que me adiestraría en el manejo de armas de fuego. Lo encontramos *taspanando* el predio donde sembraría amapola.

Le decían el Prieto, tendría como 38 años. Su apodo era por su marcada tez morena, aunque bien pudieron decirle el Rengo, pues rengueaba de la pierna izquierda luego de que en 2009 fuera herido durante un enfrentamiento contra los Beltrán Leyva. Debido a que el Prieto no se atendió la herida a tiempo, ésta se infectó, y aunque los médicos lograron salvarle la pierna, no pudieron evitar que rengueara por el resto de su vida.

—Si es el pegue con las viejas —solía presumir.

Nos entendimos bien, seguramente influyó el pago de 100 dólares diarios que le ofrecí por el adiestramiento. Como no tenía tiempo que perder, ese mismo día inició mi preparación en el manejo de armas de fuego, que también incluía estrategias de defensa personal y cómo anticiparse a un atentado.

Todo es mental —decía mientras caminábamos por los desfiladeros—. Puedes tener la mejor fusca, pero si te tiembla la mano a la hora de los chingadazos, te van a acabar.

La tarde era ardiente, pero el aire se sentía fresco y yo estaba dispuesto a aprender lo más que pudiera con tal de salvar mi vida. Hasta ese momento sólo teníamos conversaciones que rompían el hielo, pero para mí eran cátedras de supervivencia, pues de alguna manera el Prieto se valía de todo para programarme en situaciones de alto riesgo que tenían que ver con cómo reaccionar ante tal o cual peligro.

Él señalaba el miedo como el principal enemigo, pues en su opinión, es lo que primero vence a la víctima, incluso antes que la muerte. Pero si la persona logra controlar el miedo, controla la mitad del proceso de supervivencia, por eso sugería lo siguiente: en el segundo que notes que vienen por ti, sacas el fierro y jalas el gatillo, "aunque sólo tires al aire". Porque el sicario no espera que un periodista ande armado, y en cuanto escuche el cohetazo, va a recular; esos segundos de confusión son la vida o son la muerte.

—Vas a tener tres segundos para jalar los nueve tiros y en esos segundos no te debe temblar la mano, ni cuando jales el gatillo ni cuando cambies el cargador, si no lo logras, te van a chingar. También te digo que, bajo ninguna circunstancia, dejes que te levanten; que te despedacen a balazos, pero que no te lleven. Si te atoran 10 cabrones, por ejemplo, suéltales putazos hasta que todo acabe. Pero si son dos o tres, como los compas que dices que mataron a tu amigo el periodista, ahí es donde te va a servir esto que vamos a hacer.

El Prieto también me aclaraba que lo mejor es no arriesgarse, porque nadie le gana al cártel. Bajo ese principio, el pistolero no se tragaba la historia de haber sobrevivido ante un posible atentado y menos que burlara a mis perseguidores. Para el Prieto, ni me perseguían, ni me querían matar, todo había sido mi imaginación, como lo fue el vehículo dando vuelta cerca de casa de mi tía, que terminó pasando de largo mientras yo casi moría de un ataque al corazón. Si hubieran querido matarme, lo hubieran hecho muertos de risa, era imposible que teniéndome en corto nadie me disparara.

—Te lo imaginaste y te lo digo en buen pedo, ¡no te les escapas!

Por eso insistía en que si realmente el cártel quería matarme, ya lo hubiera hecho. Y si aún no lo hacía, tarde o temprano me iba a matar. Me decía con firmeza que mejor me largara porque ningún entrenamiento, ni escoltas, ni nada me iba a salvar.

COMO SI ESTUVIERA CARGADA

La primera lección fue teórica: siempre tratar al arma como si estuviera cargada. No importa que sepa que la pistola no tiene un solo tiro, incluso que el cargador esté afuera, el arma siempre debe tratarse como si estuviera cargada.

Didáctico hasta la locura, el Prieto se esmeró en explicarme lo que sabía respecto al uso de la Colt, no sólo incluía cuestiones básicas como la forma correcta de empuñarla, la posición del cuerpo y las partes de una pistola: cañón, gatillo, seguro, culata, cachas; también cómo funciona el mecanismo en que sube una bala a la recámara del cañón y golpea el martillo al momento de jalar el gatillo, además se preocupó por mostrarme estrategias de defensa y por cómo portar el arma en la cintura para que pase desapercibida, y por supuesto, cómo sacarla en un segundo en caso de presentarse una emergencia.

—Acuérdate de que esa acción es vital. Cuando sacas la fusca, el dedo índice ya debe estar en el gatillo y el pulgar ya quitó el seguro; es un segundo, pero en ese segundo está la vida.

Su observación tenía lógica, debía practicar desde sacar el fierro de la cintura y en el proceso tener el índice en el gatillo y, al mismo tiempo, quitar el seguro con el pulgar.

Siempre con el arma descargada, me exigía no titubear. Titubear era equivalente a tener miedo y ambos caminos conducen a la muerte. Por eso insistía en anticiparme y tener ojos en todas partes: en la nuca, en los hombros, "hasta en los pinchis dedos". Porque el sicario se vale del factor sorpresa y nunca tiene miedo, sabe que tiene poder: un AK-47, una Glock, una .45 o lo que sea. Y no van solos, sino varios. Pero su falta de miedo cuando vayan por ti será tu fortaleza, porque tú los recibes a tiros y ellos no se lo van a esperar, entonces se les va a fruncir el culo y esos segundos serán oro.

Esa noche me dejó de tarea aprender a expulsar el cargador y meter uno nuevo en menos de dos segundos. Porque si lograba sobrevivir en los primeros nueve tiros, debía disponer de otros nueve disparos para seguir respondiendo, de otro modo de nada valía mi respuesta pues el plan no era aguantar, sino sobrevivir. Debía estar preparado, tenía que dominar la técnica de quitar y poner un cargador en el menor tiempo posible y sin ver. Por eso me vendaba los ojos y a ciegas debía botar el cargador, al mismo tiempo buscar el otro cartucho con la mano izquierda, que podría estar a mi lado o en la bolsa trasera del pantalón y luego insertarlo para nuevamente disparar.

—Mira, si se repite lo que dices que ocurrió cuando te andaban cazando, pues ahí vas a tener chance para al menos repeler, pero si te atoran y te rocían con un cuerno, entonces ni te vas a dar cuenta cuando te maten, así mata esa gente.

Efectivamente, la emboscada y la ráfaga era la ejecución más común en Sinaloa: repentina, precisa, rápida y ciertamente las víctimas nunca tenían oportunidad de nada. Esa realidad pude anticiparla en distintas ocasiones, pues en más de una ocasión fui atorado por un grupo de pistoleros. De pronto estaba encañonado sin oportunidad de nada y era obligado a detenerme. La última vez ocurrió en enero de 2020, cuando bajaba de Tameapa con el escritor danés Magnus Boding Hansen. Veníamos por la carretera al anochecer cuando, casi al llegar a la cabecera municipal, miramos dos vehículos detenidos en medio del camino. Platicaban de carro a carro, yo detuve mi auto atrás de una de las camionetas que bloqueaba el camino. No tardaron mucho y luego se hicieron a un lado para cederme el paso; entonces avanzamos lento. Pero unos 100 metros adelante nuevamente me topé con otros dos vehículos detenidos, de nuevo me detuve.

De repente seis hombres fuertemente armados con fusiles de asalto salieron de entre las sombras y apuntándonos a la cabeza rodearon la camioneta mientras preguntaban quiénes éramos y de dónde veníamos.

Miré por el retrovisor y pude ver cómo uno de ellos se asomaba al interior de la camioneta, como buscando algo, mientras a mi derecha miré cómo tenían a dos jóvenes tirados en el suelo, apuntándoles con cuernos de chivo a la cabeza. El sicario me insistió:

—¿De dónde chingados vienen? les estoy preguntando.

—De Tameapa, somos periodistas —le dije.

Magnus, a mi lado, no miraba la gravedad de la situación, pero yo sabía que un error de los sicarios, si llegaba el ejército o si se les salía un tiro o simplemente si se les daba la gana, podrían cocernos a balazos en cinco segundos y todo acabaría casi sin darnos cuenta. Y aunque nada pasó esa noche, entendí que no importa cuán entrenado estés, si te atoran en medio un comando de sicarios, es imposible que les ganes. En una situación así nada ni nadie te salva. Y cómo saber si sólo es un retén, una revisión o una ejecución. Los asesinatos ocurren en menos de 15 segundos. Por eso me insistía el Prieto que mejor me largara lejos, porque si de verdad querían matarme, sólo sería cuestión de tiempo.

* * *

Esa noche, luego de mi primer entrenamiento, bajamos el Prieto y yo hasta el pueblo. Compramos tres veinticuatros de cerveza y los llevamos a la casa de uno de los campesinos. Al poco rato llegó otro de ellos con cinco kilos de carne e hicimos una carne asada; prepararon quesadillas, salsa y convivimos un poco. Era una noche de luna llena y al menos en ese momento hubo calma.

Así me enteré más sobre la vida del Prieto. Según me confesó a la cuarta cerveza, había terminado en la sierra de Sinaloa porque lo buscaba el gobierno. Debía una muerte y como la familia de la víctima tenía poder, no sólo lo buscaban los ministeriales para arrestarlo, sino también unos pistoleros, porque había una recompensa para quien lo atrapara, vivo o muerto.

No fue culpa suya, según se excusaba, pero como todos los que entran en el narco, un día quiso apartarse y lo hizo, con la intención de trabajar bien, casarse y tener una familia. Las armas, decía, no tienen futuro, pues un día, el menos pensado, te matan y todo se acaba y la realidad de todo es que, me dijo: "nadie quiere morirse".

Pero en su caso no le dejaron opción, ya estaba fuera y trabajaba como carnicero en el mercado Garmendia cuando una de sus hermanas fue violada por un pretendiente que además la golpeó salvajemente. Su familia buscó justicia, pero al no lograrla por una serie de huecos que hay en el sistema legal mexicano, el Prieto fue en busca del violador y enfrente de todos lo mató de cinco balazos. Por un tiempo se ocultó en Durango, después en Sonora, hasta que terminó oculto en la sierra de Sinaloa, donde ya tenía dos años, semanas en un rancho o en otro. Sembraba amapola y vendía la goma al primero que se la comprara. El problema fue que los últimos años habían sido malos, por eso estaba considerando irse a Estados Unidos para rehacer su vida o de plano unirse de nuevo a las células del Cártel de Sinaloa y "que pasara lo que tuviera que pasar". Lo animaba un poco mi ímpetu por no huir ni tener miedo.

Entonces brindamos y callados disfrutamos los sonidos nocturnos de la sierra.

* * *

Al día siguiente regresamos al acantilado para el adiestramiento. Era mi segundo día de entrenamiento y yo seguía sin disparar un solo tiro. Podía decirse que seguíamos en la fase teórica del manejo de armas. Aunque yo suponía que ya debía acabar, pues sólo tenía tres días para concluir el curso. Lo que ocurría era que el Prieto era muy exigente como pistolero y creo que se lo comenté en más de una ocasión; si hubiera sido maestro de escuela lo hubieran odiado casi todos sus alumnos.

El Prieto entendió la indirecta. Tomó dos botes de cerveza y los colocó a unos 15 metros de donde estábamos, separados unos ocho metros el uno del otro. Me dijo que les apuntara y jalara el gatillo.

Obviamente no le atiné a ninguno. Pero él se dedicó a estudiar mi posición: la forma en cómo me paraba, cómo sostenía el arma, la inclinación de mi cuerpo. "Todo es técnica, no te preocupes por hacerlo rápido", me decía, "sino por hacerlo bien. Ya después le vas a pegar a todo, pero primero hazlo bien", fueron sus primeras recomendaciones. Y tenía razón: pegarle era secundario, lo más importante era que no me temblara la mano y que me sintiera seguro. Me ponía una prueba: cada vez que aplaudiera, debía sacar mi Colt y disparar a los botes que él ponía en diferentes posiciones.

"Domina la técnica", solía decir. Y me exigía con un rigor militar. Fue entonces cuando me enteré de que realmente alguna vez había sido militar y había alcanzado el grado de sargento. Pero un día se cansó de ser pobre y se unió a las fuerzas del Mayo Zambada.

Los entrenamientos no acabaron ahí, ya más entrados en ellos, me hizo disparar a botes que él mismo lanzaba al aire. Y yo debía estar listo. Disparar corriendo, pues no es lo mismo disparar estático que correr por tu vida, y mientras corres, tienes que estar jalando el gatillo, pues los blancos en movimiento son los más difíciles.

Estudiamos la forma en que mataron a Javier Valdez el 15 de mayo de ese 2017. Qué pudo haber hecho para salvarse y qué debía hacer yo en caso de algo similar. Tal vez la estrategia era no detenerse y echarles el carro encima, pero si eso ocurriera, era necesario disparar a los agresores desde adentro, y para eso debía tener la Colt siempre lista y con el seguro arriba para, en cuanto salieran al paso, "arremangarlos con todo y al mismo tiempo tirarles".

—¡El factor sorpresa, compa! ¡Úselo! ¡Madrúguelos! Los pinchis pistoleritos guangos no se la esperan y ahí es donde va a salvar su vida —me repetía una y otra vez.

Y me recordaba el elemento miedo, el principal enemigo, por eso debía pensar rápido: "Que no me tiemble la mano cuando mis enemigos aparezcan". Agarrarles coraje. Eso elimina el temor.

—Si puedes, te tiras al suelo y arrástrate a un lugar seguro. La seguridad siempre es primero; resguardarse y no tirársela de héroe. Si te atacan y puedes, ¡tírate a matar! El objetivo siempre será salvar el pellejo.

Me despedí del Prieto al término del adiestramiento. Fue la última vez que lo vi, pocos meses después me enteré de que había regresado a

Culiacán a integrarse de nuevo al cártel, a los pocos días lo emboscó un grupo de pistoleros y le dieron muerte. Aunque se defendió, no pudo salir con vida. Ése fue su fin.

Cuando regresé a Culiacán, reanudé de inmediato mi rutina.

Moviéndome entre la preproducción para un nuevo documental de Netflix, el trabajo diario en *Ríodoce* y la paranoia brutal de pensar que en cualquier momento llegarían por mí. Iba y venía por las calles en completo sigilo, siempre atento a lo que acontecía a mi alrededor. Invariablemente estaba armado y supongo que nadie sospechó una sola vez que traía una pistola fajada en la cintura. ¿Y por qué habrían de sospechar algo así? No era un criminal, ni pistolero ni quería hacerle daño a nadie, pero el temor a la muerte me hacía actuar de manera ilógica, cuando lo mejor era irme de la ciudad.

Hoy así lo pienso. Pero a finales de mayo de 2017 no lo veía de esa forma porque entonces no era yo, sino un reflejo mal hecho de mí; una especie de animal asustado que al primer movimiento raro estaba dispuesto a sacar su arma para descargarla contra quienes significaran peligro.

Aquellos días fueron horas de infierno que si hubieran continuado no habrían acabado bien, pues no hay nada más letal que un hombre con miedo. Y yo tenía miedo y estaba armado. Finalmente sólo yo supe lo que verdaderamente ocurrió después del asesinato de Javier, lo mismo algunos de mis compañeros de *Ríodoce*, hecho brutal que nos hizo modificar rutas y rutinas, hora de movernos, dónde estacionarnos.

En mi caso, ya nunca dormí en la misma casa, empecé a pasar la noche en diversos sitios: un día en casa de mi tía, otro día en casa de mi hermano, después en casa de mi novia, en un hotel de paso ¡y hasta en el auto! Siempre con la .38 a la mano y analizando qué hacer en caso de presentarse una situación extraña. Por ejemplo, cuando llegaba a cualquiera de los domicilios, me aseguraba de que nadie estuviera vigilándome. Y si notaba algo sospechoso me iba. Cuando por fin elegía dónde dormir, estudiaba el lugar y por dónde escapar en caso de que vinieran por mí. Si eso ocurría, tendría cinco segundos para levantarme, tomar la pistola y, dependiendo de dónde vinieran los ruidos, salir por la ventana, brincar por el patio a otras casas o subir al techo y desde arriba concretar el escape. Debido a esa paranoia, todo ese tiempo dormí con los zapatos puestos, para no perder tiempo en ponérmelos y escapar. Una vez, estando en casa de una hermana, escuché que un auto se detuvo enfrente en medio de un chillido de llantas; me levanté de un brinco, tomé rápido mi .38 y salí por la ventana; todo en menos de 10 segundos. Subí al techo de la casa listo para correr cuando vi a unos vecinos que tomaban cerveza y miraban a la calle mientras un carro de la policía daba vueltas. Oculté de inmediato mi pistola y justo entonces los vecinos se volvieron hacia mí un poco confundidos, como preguntándose qué diablos hacía ahí a esas horas de la madrugada. Todavía abrochándome la camisa, les sonreí con inocencia y desde lejos los saludé, entonces regresé a la cama.

La paranoia era perpetua e igual de intensa cuando manejaba, pues siempre tuve el arma lista para sacarla y disparar. Y si un auto circulaba atrás de mí, dejaba que me rebasara. Si no lo hacía, tomaba rutas distintas hasta perderlo o circulaba a gran velocidad para asegurar que nadie me siguiera. Eran muchas las variantes y en todas la meta era sobrevivir a un atentado.

Y mientras el tiempo pasaba, yo sabía que algo debía hacer para aliviar mi paranoia. Lo supe el día que, conduciendo por una avenida, me detuve en una intersección; un payaso (de esos que hacen malabares en las esquinas) se me acercó sospechosamente mientras sacaba algo de su ropa estrafalaria y colorida. Yo, pensando que sacaría un arma para dispararme, tomé mi .38 y le apunté entre la carrocería, tal como me enseñó el Prieto. Con el dedo en el gatillo, estaba a punto de jalar cuando el payaso sacó un globo para hacer una figura animal, que me extendió condescendiente mientras sonriente me pedía dinero. Solté el arma sobre el asiento y le entregué unas monedas. Supongo que el pobre payaso nunca imaginó que había estado a medio milímetro de recibir un par de balazos en el pecho.

Por esos días inicié un documental producido por la empresa Wall to Wall para Netflix; obvio, sobre tráfico de drogas. Parte de la asignación incluía hacer un viaje a Caborca y después a Tucson para documentar cómo migrantes burreros se montan 20 kilos de droga en la espalda para cruzar el desierto de Arizona.

Sería aquél un buen pretexto para irme de Culiacán en lo que se me pasaba la paranoia. Era demasiada tensión, y seguir alimentando mi temor era una locura innecesaria.

EL FIXER

Por si lo anterior no fuera suficiente, uno de esos días me topé con un exfuncionario de gobierno en el *lobby* de un hotel y tuvimos un altercado. Se trataba de un antiguo secretario de gobierno, al verlo sentí rabia por su ineptitud durante su administración, pues para mí, él y el resto del gabinete eran culpables indirectos de la muerte de Javier.

Nos hicimos de palabras y estuve a punto de soltarle un puñetazo, a él y al guardaespaldas que tenía al lado. Al final nada pasó y terminé tragándome mi coraje. Todavía alcancé a ver al exfuncionario cómo ordenaba a su guarro investigarme, pero yo me las arreglé para salir de inmediato por la puerta lateral del hotel y ocultarme entre los autos del estacionamiento. Desde las sombras pude ver cuando el guarro salía a ver qué auto traía. Esperó un rato y como no me ubicó, sacó su radio y no sé a quién llamó, hasta que se cansó de esperar y fastidiado se dirigió al interior del hotel. Aproveché su ausencia para correr a mi camioneta y en el interior cambiarme de camisa, de gorra y preparar mi arma por si unos pistoleros llegaban por mí.

Cuando comenté el incidente en *Ríodoce*, Ismael me pidió que me calmara porque el funcionario en cuestión era un tipo poderoso y sin escrúpulos, y si yo representaba un estorbo para él, podría incluso ordenar acabarme. En ese extremo ya no sólo sería de los narcos de quienes debía cuidarme, ¡también del gobierno!

—Lo bueno es que te confundió con un gringo, si no, ya nos tuvieran rodeados —dijo medio en serio y medio en broma, pero feliz de que saliera de Culiacán por unos días.

Fue gracias a aquella oferta de trabajo que tuve el mejor pretexto para irme de Culiacán, esa misma tarde preparé todo para largarme: me deshice de la pistola, alisté un poco de ropa y al día siguiente dije que iba a la playa. En realidad me fui de la ciudad con la intención de tomar unas semanas libres en Estados Unidos para reconstruirme.

EL DUELO

El homicidio de Javier Valdez no sólo trajo como consecuencia paranoia, también detuvo todo proyecto de trabajo durante julio y agosto. Me refugié en Los Ángeles, donde por momentos olvidé lo vivido, aunque de vez en cuando me asaltaba la sensación de ser vigilado o de tener el teléfono intervenido. Por eso evitaba dar información cuando me comunicaba con mis contactos, aun cuando fueran plataformas relativamente seguras como WhatsApp, Telegram o Signal. Y si alguno de mis compañeros preguntaba dónde estaba, inventaba algún municipio cualquiera, ya fuera Guadalajara, Tijuana o Tapachula.

Consciente de que tarde o temprano regresaría a México, tomé cursos para conducir en situaciones extremas y de alto riesgo. Simultáneamente me puse a hacer ejercicio y tomé clases de defensa personal, incluyendo box, taekwondo y jiu jitsu.

Pero no podría durar toda la vida en Estados Unidos, porque aun cuando no tenía trabajo como *Fixer*, debía supervisar la posproducción de mi película, pues para entonces ya casi estaban terminados los vfx, la música, el diseño sonoro y la corrección de color.

Esos compromisos y la falta de proyectos empezaron a succionar mi economía.

Por aquel tiempo, a principios de septiembre, me propusieron producir el documental *Fightworld*, exhibido en Netflix. Me encargaría del capítulo en la Ciudad de México y nuevamente tuve la fortuna de hacer mancuerna con Ulises Escamilla, así que, silencioso, regresé. El proyecto era relativamente fácil, lo más difícil fue buscar accesos en reclusorios para grabar a presidiarios que boxearan dentro de la prisión, así como encontrar y grabar peleas clandestinas, ir a los gimnasios más rudos en zonas marginadas de la ciudad, además de aterrizar entrevistas con excampeones mundiales como Humberto *Chiquita* González, Carlos Zárate, Rodolfo *Gato* González y Julio César Chávez. El encuentro con este último fue especial, pues no sólo fue mi ídolo cuando era adolescente, sino que fuimos vecinos en Culiacán. Por eso, cuando por fin estuve frente a él, en el estadio Azteca, aproveché para decírselo. Chávez, pensando que yo era un gringo viejo que seguía su carrera, dijo algunas palabras en inglés y entonces le aclaré mi nacionalidad, pero él creía firmemente que era estadounidense y en inglés sugería que era bueno para bromear. Le aclaré, siempre en español, que fui criado a una cuadra de donde vivía, en la colonia Morelos de Culiacán, sólo entonces se interesó:

—¡Tú, *good*! ¡Investigaste dónde vivía allá en Culiacán; ah, *he is good*!
—decía sonriendo.

Ya no aclaré la veracidad de lo que decía, tampoco mi nacionalidad, porque sentí que no tenía caso seguir dando detalles que nadie más conocía. Sin embargo, aquélla fue una anécdota que habría de comentar con varios de mis amigos y que quedó para la posteridad, pues para mí, Julio César Chávez fue un boxeador legendario con quien festejé sus triunfos y sufrí sus derrotas. Jamás olvidaré la pelea contra Meldrick Taylor que miré junto a mi padre y la emoción que sentimos en el último *round*; festejamos el triunfo como dos niños chiquitos.

Retomando el tema del narco, tampoco es que me disgustara hacer crimen organizado. Disfrutaba mucho la adrenalina, la incertidumbre, el reto que significaba abrir puertas que para muchos era imposible abrir: porque no sabían o porque tenían miedo, o simplemente porque no podían. El problema es que se llega a un punto donde la asignación cansa, pues siempre es lo mismo: se abren las mismas puertas una y otra vez, y del otro lado, aunque te atienden personajes diferentes, siempre dicen lo mismo, como cuando dices la misma palabra una y otra vez hasta que el sonido pierde el significado.

Fue entonces que decidí probarme en otras ciudades y abrir nuevos accesos; eso incluía los sitios más peligrosos de México: Ciudad Juárez, Michoacán, Jalisco, Tijuana, Mexicali, Nogales, Tapachula. Ésa sería mi meta: construir la red más impresionante de accesos para temas ilegales; es decir, no sólo sería trasiego de droga, también migración, trata de blancas, tráfico de armas, de órganos, secuestro, corrupción, pesca ilegal de totoaba y otras especies en peligro de extinción, es decir, ¡todo! A otros dejaría la producción de películas y videos culturales, pero cuando se decidieran por temas rudos, inevitablemente vendrían y yo estaría listo para sacar adelante lo necesario.

Pero justo cuando estaba decidido a lograrlo todo, una noticia inesperada volvió a devastarme el alma: mi madre estaba enferma.

—Se está quejando de un dolor en el estómago. El doctor dice que es la vesícula, va a programarla para que la operen en dos semanas —me explicó mi hermano.

Convencido que no era nada grave, pero consciente de que debía estar con ella, tomé el primer vuelo a Culiacán. Ya no me importaron las amenazas, ni la paranoia ni nada, así que llegué sin avisar y en medio de un total sigilo pasé directamente a casa de mis padres. Encontré a mi madre reposando en el jardín, sentada en la soledad de su hogar. En cuanto me miró, se le dibujó una sonrisa en los labios y emocionada me abrazó.

—¿Cómo va la película? ¡Dime que ya casi la terminas! —preguntó entonces.

—¡Ya casi la tengo!

—¡Qué bueno, hijo! Quiero aliviarme pronto para ir a verla al cine contigo cuando la estrenes —dijo textualmente y yo le prometí que así sería.

Platicamos de mis hermanos, de la soledad, de otros planes que ella tenía de producir un producto que pudiera comercializar, para sentirse útil y al mismo tiempo para hacer algo con todo ese tiempo que tenía ahora que no estaba mi padre. Yo, dispuesto a alegrarle el día, le prometí invitarla a comer al día siguiente, la idea le agradó.

A a mañana siguiente, sin embargo, empezó a quejarse de un dolor agudo en el estómago, a la altura del vientre: pensé que podría ser algo grave y la llevé al Seguro Social para que la revisaran. Como tenía un amigo muy cercano en el hospital de especialidades, él se encargó personalmente de que la atendieran de inmediato.

Le tomaron una serie de radiografías, le inyectaron un medicamento para el dolor y nos pidieron que esperáramos. El diagnóstico fue terrible, las radiografías mostraban unas manchas negras en el hígado. El panorama era malo, luego de otros análisis, le detectaron un cáncer muy agresivo en el hígado, extendido en otros órganos del cuerpo. Era cuestión de una semana, tal vez dos, para que se nos fuera.

Durante todo ese tiempo, mis hermanos y yo fuimos a cuidarla al hospital, pero su condición fue empeorando. Al principio, salíamos a caminar por los pasillos, hacíamos planes y hasta bromeábamos, hasta que un día ya no tuvo fuerzas para caminar y prefirió quedarse a descansar. Poco a poco su condición fue deteriorándose.

Antes de perder la conciencia, mi madre sabía que iba a morir y estaba resignada. Yo trataba de pasar el mayor tiempo posible a su lado, le leía libros que pensaba podían entretenerla. Un día, mientras le leía *El Principito*, me interrumpió de pronto, me tomó de la mano y con una solemnidad inusitada me dijo que su ilusión respecto a mí era que terminara bien mi película, aunque lo que verdaderamente deseaba era verme entregado a una buena mujer, con quien tuviera hijos y formara una familia.

—Yo sé que pronto voy a morir y me voy tranquila porque confío en que vas a terminar tu película, pero no olvides la importancia de tener una familia; encuentra a una mujer que te siga en tus locuras y ten hijos con ella; respecto a la película, sé que la terminarás y sin duda vas a estrenarla—hizo una pausa y agregó—: Me hubiera gustado estar contigo durante el estreno, pero, ya ves, no voy a poder, aunque supongo que de alguna manera estaré contigo.

Yo trataba de contener las lágrimas pues sentía que era nuestra despedida. Ella percibió mi nudo en la garganta y dijo que no estuviera triste, que morir era un proceso natural de la vida; entonces, tomándome de la barbilla, dijo estas palabras:

—Me voy orgullosa de ti, me hubiera gustado darte más para que hicieras mil películas, pero fue la vida que nos tocó vivir y estoy agradecida con ella.

La abracé con fuerza. Entonces pensé en todo lo que me hubiera gustado darle… Al final, no le di nada, ni siquiera el gusto de ver la película terminada.

Fue una frustración muy grande después de tanta adversidad y coraje, contra Pablo, contra el médico de cabecera que la diagnosticó mal, contra el Seguro Social; y rabia hacia la vida, pero también hacia mí, por ni siquiera haberle dado la película. Pero más allá de aquella rabia, al final concluí lo afortunado que fui por tener a esa mujer como madre.

Finalmente, la mañana soleada del 29 de septiembre de 2017, mi madre falleció. Se llevó con ella mi compromiso de ver por mis hermanos, de buscar a una mujer para formar una familia y la promesa inflexible de terminar la película y exhibirla en cines.

Lo haría. Entonces supe que ya no temía a la muerte. Y si había alguien que quisiera acabarme, podía ir por mí en ese momento, pues entones ya no me importaba nada.

Es duro ser asaltado por la depresión.

* * *

Luego de la muerte de mi madre, no recuerdo qué más hice. Sólo sé que el tiempo fue pasando insípido, callado, lejano, pero sobre todo, veloz. Esa velocidad me daba ánimo porque al menos se llevaría a ese año para siempre.

Un día descubrí que ya no me cuidaba. Si querían matarme, que lo hicieran: no metería las manos. A fin de cuentas, qué más daño podían hacerme si ya me habían quitado todo.

Por sentido de responsabilidad acepté un nuevo trabajo por esas fechas, *Inside the Real Narcos*, luego de sacarlo con las garras, ya no tuve más trabajo, entonces me concentré en terminar la película. Pero mi depresión no se iba. Me sentía culpable por haber descuidado a mi madre, eso me carcomía los ánimos; la ilusión por seguir estaba al fondo de un pozo sin fin. Noté sin sorpresa que los avances relacionados con efectos visuales no eran los más adecuados pero nada me convencía ni me importaba. Por otro lado, los arreglos musicales eran agrios y sin ritmo, la corrección de color plana como una superficie triste. Era como si el encargado de cada departamento viviera en otro planeta. Lo peor era mi indiferencia, pues mi depresión me había llevado a un extremo casi intolerable.

Sumido en mi mundo y perdido en el tiempo que inútil pasaba, me preguntaba cuántas derrotas vale un triunfo. Cuánto había invertido, soñado y perdido desde que inicié la película y tres años después seguía luchando. Peor aún: despertaba sin ganas de vivir ni de terminar, mientras me preguntaba para qué seguía si al final no era dueño de mi destino. Al final, me decía, todos moriremos, entonces para qué seguir. Es cierto, terminaría la película, bien o mal, ¿pero luego qué? Haría otra, luego otra y tal vez otra, ¿y para qué?

Empezó 2018 y seguía sin trabajo. Pero no me importaba no trabajar. Hasta que a finales de febrero de ese año me llegó la noticia de que Rogelio Guerra había muerto. Don Rogelio era uno de los actores principales de *Antes que amanezca*, y además padre de Carlo Guerra, el personaje central de mi película, en la que ambos interpretaron a padre e hijo, como lo eran en la vida real. Homero McDonald me llamó para confirmarme la noticia y exigirme terminar el proyecto de una vez por todas. Tenía razón. Habían pasado años de iniciar la aventura y éste era el peor momento para detenerme, aunque Homero lo puso en palabras todavía más crueles: me estaba rindiendo. Por eso debía levantarme. Por quienes confiaron en mí, por mis padres, mis actores, mis inversionistas, pero sobre todo, por mí.

Comenté eso con Carmen Aida Ortega, una gran amiga que por entonces se había convertido en mi confidente y ella coincidió con Homero. Era hora de levantarme, dejar a lado la depresión y no detenerme hasta que el proyecto estuviera en cines.

A fin de cuentas era un compromiso y una promesa que hice con mis padres, y la muerte de don Rogelio Guerra me hizo entender que debía seguir: retomaría mi trabajo como *Fixer* hasta terminar y distribuir *Antes que amanezca*. Para ello debía asumir el liderazgo que me competía. Decidido desde esa misma noche, me senté frente a mi computadora para enviar correos electrónicos a periodistas, productores, directores, escritores, para decirles a todos que estaba de vuelta: *el Fixer*, sí, estaba de vuelta.

RASTREADORAS

Haciendo de lado la displicencia de meses anteriores y dispuesto a seguir, empecé a enfocarme en cuestiones de trabajo. Había escuchado sobre un grupo de mujeres que tenían a sus hijos desaparecidos y exigían justicia a las autoridades para que los encontraran vivos o muertos, o por lo menos los buscaran.

La escena en sí era potente y no sé por qué imaginé a esas mujeres manifestándose afuera de la fiscalía, invadidas por un dolor eterno que les devoraba la calma y las condenaba a un mundo que siempre les sería triste. Conocía la escena, la gran atmosfera lúgubre por donde esas madres se movían, acaso el sitio exacto donde la pena no logra ser eludida y la frustración no se puede controlar. Y sin embargo, qué lejos estaba de esa visualización, pues aunque ciertamente estaban sometidas a un duelo eterno, las madres no sólo deambulaban doloridas con pancartas en mano y con la frente muy en alto, pues además tenían valor suficiente para armarse con palas, picos y varas e ir a lo desconocido en busca de sus hijos que gobierno o crimen organizado habían levantado y desaparecido.

Intrigado por aquella determinación empecé seguirlas y a admirarlas en secreto. Sabía que tarde o temprano las toparía y entonces me amigaría con ellas. El encuentro se dio en marzo de 2018, en un restaurante de la ciudad, cuando por primera vez me encontré con dos de ellas. Quería una entrevista para un documental que preparaba con el periodista francés Romain Bolzinger.

Isabel Cruz era líder de las rastreadoras Sabuesos. Le habían desaparecido a su hijo mayor, Yosimar García, que era policía. Su historia no sólo era dramática, sino también terrible. Menuda, con una piel acanelada que jugaba bien con su pelo castaño; conocerla fue también saber de su dolor y amargura, de su valentía y determinación, pues era el tipo de mujer que no se detenía ante nada. En su momento el mundo entero habría de saber quién era ella, pues llegó a alzar su voz tan fuerte que creó un fuerte movimiento de mujeres con hijos desaparecidos.

Su tragedia inició el 27 de febrero de 2017, cuando un comando de policías llegó a su casa preguntando por su hijo y a quien le pidieron salir "para platicar".

Ángel, el hijo menor de Isabel, recuerda esos detalles porque estaba sentado junto a él en la sala de la casa. Aclara que no hubo violencia ni algún tipo de agresión en el llamado, aunque sí una advertencia, si no salía, todo iba a empeorar. Un manojo de confusión se dibujó en el semblante de Yosimar, quien, con tono seco, pidió a su hermano que se fuera a su cuarto y no saliera. Entonces Yosimar tomó su chamarra y salió al encuentro con los policías. Apenas saliendo fue recibido con un culatazo y la amenaza: "Te va a cargar la chingada".

Se lo llevaron con rumbo desconocido y sólo entonces Ángel salió de su cuarto para encontrar la casa invadida por un profundo silencio. Confundido y sin tener claro qué había pasado, llamó a su mamá para decirle que agentes de la policía municipal se habían llevado a su hermano. Isabel se encontraba entonces en Oaxaca, visitando a su familia, pero cuando escuchó lo ocurrido su mundo desapareció; tomó el primer vuelo que encontró a Culiacán y regresó. Ahí empezó su búsqueda y su travesía.

Durante las primeras pesquisas nadie supo darle razón de su hijo, pues en la corporación policial le dijeron que ellos no lo tenían; los compañeros de Yosimar tampoco tenían claro qué había pasado.

Consciente de que la situación era grave, denunció la desaparición forzada ante las autoridades del estado y quedó a la espera de alguna noticia. Pero los días pasaban y nada ocurría. Isabel no supo qué hacer y cayó en una depresión espantosa de la cual ya no salió. En su soledad, sólo dormir la salvaba de aquel infierno. De ser ordenada y responsable, se hizo floja y descuidada, y perdió el amor por la vida. Así inició una rutina entre la realidad cruel de su duelo y el mundo onírico que habitaba cuando dormía; en él soñaba que viajaba a tierras ignotas donde nunca nadie la esperaba.

Un día, pensando que vivir ya no tenía sentido, Isabel cerró los ojos con la intención de ya no despertar, entonces soñó que llegaba a un almacén gigante, sumergido en una oscuridad total por donde lentamente avanzaba. Aun cuando no veía más allá de unos cuantos metros, sabía que el lugar estaba vacío, y en ese momento sintió deseos de tirarse al suelo de sus sueños y dormir para nunca despertar.

Casi conciliaba el sueño (en su sueño) cuando escuchó la voz de su hijo llamándola.

—Yosimar, ¿eres tú? —preguntó mientras abría lentamente los ojos.

—Sí, madre, soy yo. ¡Ven por mí!

Aunque la voz de Yosimar se escuchaba apagada, no había duda de que él la llamaba; de nuevo sintió una gran ilusión de encontrar a su hijo desaparecido. Despacio y completamente confundida, se levantó y empezó a caminar a tientas entre la oscuridad de su sueño. Pero mientras más avanzaba hacia el sitio de donde provenía la voz, más se perdía.

—¿Dónde estás, hijo? —volvía a preguntar y trataba de ubicar el sitio donde estaba él.

—¡Aquí! —respondía Yosimar con una voz más lejana y que poco a poco empezaba a apagarse.

Isabel apresuró el paso tratando de alcanzarlo, pero cada vez que creía acercarse a la voz, Yosimar más se distanciaba.

—Hijo, ¡no te veo! ¿Dónde estás?

—Aquí estoy, ¡no tardes por favor!

—¡Pero dime al menos dónde estás!

—¡Aquí!

En un intento vano por alcanzarlo, Isabel corrió en dirección hacia la voz que parecía brotar desde el otro lado de la oscuridad, pero justo cuando parecía estar cerca, la voz de Yosimar cambiaba de lugar y entonces se escuchaba desde otro lado e Isabel se detenía en seco tratando nuevamente de ubicar el lugar donde estaba su hijo.

—¿Hay algo cerca donde estás para al menos ubicarme? —preguntaba desesperada.

—No lo sé, madre. ¡Todo está muy oscuro! No me dejes aquí por favor —le pedía.

De pronto Isabel despertó en la recámara de su casa. El día estaba completamente iluminado y la vida parecía radiante en la calle. En ese momento supo que no debía caer más, sino exigir a las autoridades que encontraran a su hijo Yosimar o al menos dieran resultados en torno a la investigación.

Se levantó de su lecho de muerte, tomó un baño con agua fría, se alistó y salió rumbo a la fiscalía para preguntar a los investigadores cómo iba el caso de su hijo. Recibió más de lo mismo y la vieja retórica de que estaban investigando, que debía tener paciencia. Pero Isabel ya no quiso tener paciencia ni tragarse las mismas palabras de siempre. Terminó gritándoles a los investigadores que hicieran su trabajo o que renunciaran para que al menos otros sí investigaran los casos de personas desaparecidas. Por más que trataron de calmarla no pudieron y ella, ofuscada por el llanto y la frustración, acabó mentándoles la madre por su ineficiencia y falta de profesionalismo.

Quedó sola, como en las jornadas de sus sueños: sin nada ni nadie en quién apoyarse. Abandonada a su suerte y a su desgracia, estaba a punto de irse cuando se le acercó una mujer para decirle que ella también tenía un hijo desaparecido e igual que ella, estaba sola pero, sobre todo, harta de tantas largas que le daban en la fiscalía.

Ambas mujeres se miraron a los ojos y quizá tuvieron una revelación, se dijeron que si realmente querían encontrar a sus hijos, ellas mismas tendrían que buscarlos. Así iniciaron un largo peregrinaje entre el fuego que quema (nada parecido con el fuego de las veladoras de los cementerios) y la terrible esperanza de encontrarlos vivos o muertos, ¡pero encontrarlos!

* * *

Romain Bolzinger programó llegar a Culiacán la última semana de marzo de 2018. Quería documentar la forma en que opera el Cártel de Sinaloa, pero desconocía la geografía de las organizaciones criminales en México. Contactó a un *Fixer* de Ciudad Juárez para que lo trajera a Culiacán y le abriera todas las puertas de los grupos organizados de la región.

Como en aquellos días yo era el único *Fixer* que tenía contacto con miembros del cártel, el juarense no tuvo de otra que referirlo conmigo y así conocí a Romain, con quien en pocos meses desarrollé una estrecha amistad.

Desde un principio le aclaré a Romain qué accesos podía abrir para su documental y cuáles serían imposibles; él apreció mi honestidad y empezamos a trabajar. Nos enfocamos en lo posible y con ese principio exploramos los diferentes ángulos que podíamos abordar, siempre bajo el entendimiento de que no sólo de pistoleros y narcos se componía la anatomía del cártel, también de víctimas de violencia pocas veces documentada. Romain confesó que ya tenía contemplada esa parte y quería explotar esos ángulos.

Me gustó su disposición, pues contrario a producciones donde periodistas y documentalistas enloquecen cuando ven a gente armada, laboratorios de droga, campos de amapola y tráfico, se olvidan del lado humano de la historia. Así, documentales que pueden ser grandes trabajos periodísticos terminan siendo iguales a otros, lo único que cambia en todo caso es el presentador con su eterno tono dramático.

Eso no indica que Romain deshechara esos accesos, que incluían a gente armada y narcolaboratorios, sino que también construiría a personajes para que ellos contaran cómo opera el cártel así como las consecuencias de una actividad que cada año cobra la vida de miles de personas en México. Su estilo *vérité* consistía en la improvisación narrativa mediante el seguimiento de distintos personajes en su rutina, que puede ser sobre tráfico, armas, mulas, sicarios y hasta el mismo duelo, todo con un orden narrativo.

Por eso fue que desde un inicio pensé en Isabel para abordar el ángulo humano, por lo vasta que era su historia y porque encajaría perfecto en el proyecto. Ése había sido el motivo principal por el cual iniciamos el documental con ella, esto incluía seguirla en sus recorridos en busca de su hijo y de otras personas desaparecidas.

Siempre incansable, Isabel me contó cómo despertó del sueño en donde su hijo la llamaba, se dispuso a buscarlo y ya no paró. Empezó a hacer mucho ruido y resultó muy incómoda para las autoridades. Cada vez que la fiscalía encontraba una osamenta, de inmediato la llamaban y le decían que era Yosimar. Desesperada iba a la morgue a reconocer el cadáver, entonces se encontraba con los restos de otra persona.

—Mi hijo no tenía brackets —les aclaraba.

—Se los puso una semana antes de que lo levantaran —le aseveraban los peritos.

Decidida a desmentirlos, revisaba las últimas fotos de Yosimar. Recordó que días antes del levantón Yosimar fue a Mazatlán con su novia; con ello pudo ver que no tenía brackets y nuevamente se lo expuso a la autoridad, que evidentemente quería darle una osamenta cualquiera para que ya no investigara por su cuenta.

Supo que debía estar preparada para no dejarse engañar y empezó a tomar cursos de medicina forense, peritaje social, anatomía, geología, psicología, tanatología, derechos humanos, antropología, sociología y hasta leyes; así que no sólo diferenciaba un hueso humano de uno animal, sino también podía discutir la constitución y la ley con la misma fiscalía del estado, o bien dar apoyo emocional a familiares de desaparecidos que, eventualmente, se unirían a su búsqueda. Pronto fueron tantas las madres que se le unieron que debió formar un colectivo al que nombraron Sabuesos Guerreras: mujeres decididas que buscaban hasta tres veces por semana a sus hijos desaparecidos.

Y aunque a simple vista su labor parecía sencilla, la búsqueda era realmente muy complicada, pues no sólo evaluaban minuciosamente el lugar, llegaban al sitio, se cubrían los rostros con pasamontañas o pañuelos para proteger su identidad y analizaban el suelo en busca de tierra suelta, fueran hoyos, piedras removidas, cenizas de llantas o madera donde pudieron haber quemado cadáveres, y hasta analizaban ropa y objetos personales que encontraban mediante el olfato y la textura, luego regresaban al lugar original con el argumento de que "pudieron pertenecer a alguna víctima".

Llamaba la atención que mientras buscaban a sus hijos, decían en voz alta una súplica, un conjuro que rezaba: "¿Dónde están, hijos? Ya venimos por ustedes, denos una pista sobre dónde debemos escarbar para encontrarlos y llevarlos a casa", entonces elegían un terreno al azar, siempre basado en el reconocimiento del suelo, y tomaban palas, picos, barras y empezaban a escarbar sobre la tierra seca y comprimida, suelo duro y resguardado por rocas que se interponían en la búsqueda, pero ellas las rompían golpe a golpe, con una insistencia admirable y bajo un sol ardiente que les quemaba las manos, la nuca y las hacía sudar como si estuvieran en un sauna.

Todo este proceso fue grabado por Romain, admirando la determinación de esas mujeres que podían ser fuertes y duras como el acero y también frágiles como burbujas; seres sensibles y vulnerables, unidos por tragedias distintas. Tal vez por eso, cada vez que encontraban una osamenta se juntaban, se abrazaban hasta formar un círculo y entonces rompían en un llanto amargo y silencioso, pues sabían que la osamenta encontrada podía pertenecer a sus hijos, esposos, hermanos o padres. Y justo entonces dejaban de escarbar para llamar a la fiscalía para que fuera a recoger los restos y se iniciara la investigación correspondiente. Esa investigación nunca rendía frutos, pero al menos servía para identificar el cuerpo de una persona desaparecida.

Romain, impresionado por aquella práctica, muchas veces no sabía si grabar o consolarlas, pues antes que ser periodista, Romain es un ser humano tocado por el dolor de aquellas mujeres. Debido a eso, terminó admirando a las rastreadoras.

—Nunca había conocido a una mujer con tantos huevos —decía Romain, al referirse a Isabel.

Aquella primera vez que tuve cerca a Isabel y a las Sabuesos Guerreras entendí por qué el gobierno, más que ayuda, consideraba su labor un estorbo, pues los hacía ver mal. Tal vez por ello en más de una ocasión intentaron levantar a Isabel, pero ella opuso tal resistencia que los criminales no tuvieron de otra que soltarla, pues habían escuchado un reporte de que el ejército patrullaba muy cerca del lugar.

Una de las anécdotas que más llamó mi atención ocurrió en las afueras de Culiacán. Isabel y las Sabuesos llegaron a un predio abandonado y apenas empezaban a mapear la zona cuando llegó un comando armado que, apuntándoles con metralletas, les dijo que se fueran porque estaban en propiedad privada. Las mujeres, aunque asustadas, no se intimidaron y luego de identificarse les dijeron que eran madres que buscaban a sus hijos desaparecidos.

—¡Aquí no hay nada y se me largan si no quieren que las saquemos —amenazó el pistolero.

Isabel y Rosa Neriz, otra de las rastreadoras, se armaron de valor y jugándose la vida dieron un paso al frente y dijeron que sólo querían mapear el predio para confirmar que sus hijos no estaban ahí, y si no encontraban nada, se irían y no volverían.

—Sólo unos minutos y nos vamos; lo único que queremos es encontrar los cuerpos de nuestros hijos para sepultarlos y aliviar el dolor de no saber qué pasó con ellos —dijo Neriz.

El pistolero tragó saliva e Isabel aprovechó esa pizca de humanidad, reforzó aún más el argumento al emitir una súplica que hizo tragar más saliva al resto de los sicarios:

—No estamos aquí para acusar lo que ustedes hacen, sólo queremos calmar el dolor de una madre, que bien podría ser la de cualquiera de ustedes, tengan por seguro que si un día a ustedes los desaparecen, nosotras vamos a salir a buscarlos por mar y tierra, y vamos a dar apoyo a sus madres y demás familiares.

Los sicarios se miraron a los ojos y entonces suspiraron, tal vez sabían que dada la atmósfera en donde se movían, el señalamiento tenía un alto grado de probabilidad, pues en una semana, un mes o un año, ellos podrían ser desaparecidos y aquellas mujeres de mirada noble y corazón triste serían las únicas que los estarían buscando.

Les cedieron el paso bajo la condición de que no tardaran más de 30 minutos.

Tiempo después, Isabel me contó que los grupos delincuenciales no las dejan buscar porque existen búnkers con armas o dinero que los narcos ocultan bajo tierra en zonas que son vigiladas por pistoleros y punteros; por ese simple motivo, nunca dejan que se acerquen a ciertos territorios.

Este tipo de incidentes no son documentados por medios de comunicación, donde se muestra la labor de las rastreadoras que, aun con miedo, salen decididas a buscar a sus hijos, esposos, padres, hermanos, primos y no se conforman con la falta de resultados de la autoridad, saben que viven en un país donde prevalece la impunidad, la corrupción y la injusticia, así que como víctimas no tienen de otra que buscar a sus desaparecidos.

Contrario a la labor de las rastreadoras, también seguimos a gente armada que patrullaba la zona, pero nos enfocamos en un joven pistolero que nos llevó a una casa de seguridad —ellos la llaman "oficina"— donde se parapetan a navegar en internet mientras esperan una llamada con instrucciones sobre qué hacer en caso de presentarse un incidente con grupos enemigos o incluso enfrentar al gobierno si fuera necesario, como ocurrió el 17 de octubre de 2019 en Culiacán —como ya lo anoté— cuando todas las facciones del Cártel de Sinaloa salieron para confrontar al ejército y rescatar a Ovidio Guzmán López.

Según el joven sicario, existen más de 300 oficinas en toda la ciudad, con al menos seis gatilleros cada una; todos esperando las 24 horas un llamado que deberán atender. Estas oficinas, que a simple vista parecen casas comunes, tienen armas, municiones y equipo táctico; en ocasiones también llevan ahí a prisioneros o a gente problemática para interrogarla y, si es necesario, torturarla.

El sicario detalló ese tipo de situaciones con orgullo, pues presumía que ellos no eran malos y cuando hacían algo que pudiera considerarse un delito no era en contra de gente normal, sino contra quienes hacían cosas malas, ya fuera que anduvieran secuestrando, abusando, extorsionando o robando.

Siempre enfatizando que no eran malos, el pistolero nos explicó que dejó la escuela porque no le gustó el estudio y gracias a su patrón encontró trabajo y una profesión. Aunque delgado y bajo de estatura, con apenas 22 años ya debía 15 muertes. No se sentía orgulloso de eso, pero tampoco arrepentido, porque nunca mataba a gente inocente, sólo a personas que merecían morir.

De pronto y sin previo aviso, el joven sicario explicó que tenían a una persona en la casa a quien habían levantado horas antes. Hizo una seña para que lo siguiéramos y Romain y yo llegamos hasta la puerta de uno de los cuartos; la abrió, entró y nosotros tras él: vimos a un hombre tirado en el suelo, amordazado de pies y manos con cinta gris y con el rostro cubierto con un pasamontañas. La escena era brutal porque ni Romain ni yo esperábamos ver una situación así, sobre todo tener ante nosotros a un hombre a quien posiblemente iban a matar. El pistolero le dio una patada en el estómago al levantado, mientras le exigía que dijera por qué lo tenían ahí. El hombre joven de unos 27 años dijo que no sabía por qué lo habían levantado.

—¡No te hagas pendejo! ¡Diles que andabas de roba carros! —entonces el sicario sacó su pistola y le apuntó al rostro.

Romain dejó de ver el *viewfinder* de su cámara y pidió por favor que no le hiciera nada. ¡Era demasiado grabar algo así! Podía hacernos cómplices de algo que estaba más allá de nuestra ética periodística.

—Ya estuvo, compa; no le haga nada a este hombre… No enfrente de nosotros —le solicité.

—Sí, por favor señor, no queremos grabar violencia para la televisión —pidió Romain.

El sicario guardó su pistola y le dijo al levantado que tenía suerte de que hubiera ahí dos periodistas, si no, le hubiera dado un tiro en la cabeza, pues no estaba bien que anduviera robando carros cuando ya se le había advertido que no lo hiciera.

Era una fórmula que tenía el Cártel de Sinaloa para mantener una relación estable con la sociedad: mantener la seguridad en las zonas que controlaban a cambio de no exigir al gobierno que fueran tras ellos, como hacían con otros grupos criminales como los Zetas o la MS13, que extorsionaban, asaltaban, robaban. Eran, pues, "héroes anónimos" que limpiaban la sociedad de robacarros, robaniños, ladrones, extorsionadores.

Esa práctica, además de escuchar narcocorridos y el poder que les daba tener un AK-47 en las manos, hacía que muchos adolescentes de Culiacán quisieran ser narcos más que otra cosa en la vida. No soñaban con ser un Michael Jordan, Michael Phelps, Cristiano Ronaldo o Joe Montana, sino ser el Chapo, el Mayo o la Barbie y vivir para contarlo.

Y sin embargo, la vasta mayoría de quienes sueñan con ser narcos quedará en el camino, ejecutados en la primera intersección de la ciudad o encerrados en una prisión de máxima seguridad. Todos esos accesos y detalles permitieron entender a Romain qué es y cómo opera el cártel más poderoso de México.

Aun así y más allá de pistoleros, laboratorios de metanfetaminas, los lujos del narco y los autos traficando droga, el personaje principal fue Isabel, pues su historia fue lo que verdaderamente dio fuerza al documental, el cual logró uno de los *ratings* más altos en la historia de la televisión francesa. Incluso meses después de su estreno, fue seleccionado para el festival de cine documental Figra 2019 bajo el título *Dans Les Griffes Du Cartel* (*En las garras del Cártel*), donde tuvo una gran acogida del público.

Mientras todo esto ocurría, me sentía estancado en la posproducción de la película, luego de mil contratiempos para completar su realización, muchos inverosímiles, como el caso del supervisor musical que contraté para analizar los *bits* musicales de la historia, darle mayor dinamismo al *score* y hacerla menos monocromática. Todo iba bien hasta que un día se desinteresó ¡debido a un llamado de extraterrestres! que lo contactaron para dar a conocer un mensaje a la humanidad. Decidido a salvar el mundo, hizo a un lado mi proyecto y se hizo *youtuber*.

FRANK LUCAS

Por esos días me contactó un director de cine, quería ir a Culiacán a grabar un documental sobre el Cártel de Sinaloa. Por cuestiones de seguridad, lo identificaré con el nombre ficticio de Frank y sólo diré que era un puertorriqueño-estadounidense que había obtenido mi número gracias a un asesor de seguridad con quien trabajé años anteriores.

El plan de Frank, que dijo venir de Queens, Nueva York, era ir a Sinaloa y trabajar en la preproducción, y a partir de los accesos logrados, hacer un *pitch* a Netflix o NatGeo para que financiaran el proyecto.

La estrategia, aunque no era inédita, tenía lógica y era el espejo de muchos otros productores y directores que llegan a México siguiendo la misma ruta.

Acepté el trabajo porque necesitaba el dinero para invertirlo en la distribución, por eso mismo aclaré a Frank que, aprobaran o no su proyecto, le cobraría mi tarifa y cualquier otro gasto adicional lo absorbería la producción.

—En cuanto aprueben los recursos, tú serás nuestro principal productor —prometió Frank.

Hablaba con soltura y seguridad, y aun cuando su inglés era impecable, como el de un americano, tenía un marcado acento puertorriqueño que adornaba con jergas afroamericanas; su español, por el contrario, era terrible y con un vocabulario sumamente pobre. No me extrañó, pues la mayoría de latinos que viven en Estados Unidos desprecian su idioma natal y el inglés termina convirtiéndose en su lengua materna.

Sin embargo, había algo fuera de lugar, pues era extraño que un director de cine no puliera su español, cuando por lo regular están siempre ávidos de aprender otro idioma.

Esa discordancia me hizo indagar más sobre con quién producía y qué casa productora haría el *pitch* a la televisora, pero sobre todo necesitaba ver trabajos previos para conocer su estilo. Frank, sin embargo, ya no respondió a ninguna de mis preguntas, argumentando que debía irse; así, abruptamente terminó la llamada.

Fue una conversación extraña y tuve que contactar al asesor de seguridad que lo puso en contacto conmigo para saber más sobre Frank; el asesor me confirmó que, efectivamente, él le había proporcionado mi número telefónico, pues sabía que yo le abriría muchas de las puertas que necesitaba cruzar para llegar a los intermediarios del Cártel de Sinaloa, y tratándose de un "director tan talentoso" sería fácil lograr el financiamiento.

Pero algo no cuadraba y sentía un eslabón perdido en aquella conexión. Después de colgar con el asesor de seguridad empecé a buscar el nombre verdadero de Frank en Google, IMDB, Facebook, LinkedIn, Twitter, Instagram, YouTube, y luego de varios intentos no encontré nada. Era como un fantasma que no tenía vida social; además, ninguno de los periodistas y documentalistas neoyorquinos que contacté para preguntarles por él sabía quién era; sólo el asesor de seguridad lo conocía, curiosamente el mismo que lo recomendó conmigo, y de no ser porque cuando trabajamos juntos resultó un tipo muy profesional y responsable, hubiera creído que aquella asignación era una trampa.

Pero una trampa por qué o para qué. No tenía sentido. No había hecho nada malo. Ni debía nada y tampoco estaba metido en negocios ilícitos. Por otra parte, ¿era simple paranoia mía o mi instinto me alertaba sobre un peligro no anticipado?

Si Frank no era quien decía ser, podría convertirse en un problema de vida o muerte para mí. Si resultaba ser un agente encubierto de la DEA o un cazarrecompensas tratando de llegar a algún líder del Cártel de Sinaloa a través de mí y cobrar por ello, entonces era una irresponsabilidad de su parte porque inevitablemente pondría en riesgo mi vida, pues si caía un líder por información que yo diera, irían sobre mí.

Cinco días más tarde se volvió a comunicar. Era una mañana azul y verde en Culiacán y desprovista de toda planeación que no fuera un viaje que haría a Nueva York para narrar un podcast para *Vice*. Por eso cuando Frank llamó y me saludó con su frase habitual, "Miguel, *my man*", y preguntó si en aquel momento andaba en Culiacán, me extrañó la pregunta. Por un momento dudé si decir la verdad o inventar algo, aunque al final respondí afirmativamente, sólo entonces él confesó que, al igual que yo, estaba en la ciudad y quería verme.

Yo creí que no había escuchado bien, incluso pensé que su retórica quería ser abstrusa o imprecisa; resuelto volví a preguntarle dónde estaba; esta vez fue más específico:

—En el Hotel Westinghouse, del centro.

Según dijo, hizo el viaje exprofeso para hablar conmigo, pues había detalles que quería aclarar en persona, principalmente porque era mejor hablar de los accesos de manera directa y sin tapujos para entonces definir la ruta del proyecto. "Por eso fue sin avisar."

—Te veo en el hotel para desayunar —dijo y entonces colgó.

Consternado y confundido me dirigí al lugar. La situación era cada vez más rara, yo sabía que algo estaba fuera de lugar, aunque no podía precisar qué. En mis años como *Fixer*, ningún equipo con quien trabajé actuó con el misterio e informalidad de Frank, que a esas alturas rayaba en lo irresponsable. Esa gran incongruencia empezaba a generarme todo tipo de dudas, pero sobre todo sentía inseguridad.

Sin embargo, aquel encuentro sería ideal para develar el misterio que lo rodeaba.

Conforme avanzaba a mi encuentro con Frank, una desconfianza mortal empezó a ganarme. No recuerdo si llamé a Ulises, a Andrés o a los dos, para avisar que me veía con un documentalista neoyorquino que había llegado a Culiacán en una situación muy extraña y quería mantenerme en comunicación con ellos. Luego de darles detalles sobre Frank, quedé en estar en contacto con ellos cada media hora.

Antes de llegar al hotel manejé por los alrededores para ver si notaba algo sospechoso en las calles. Nuevamente era víctima de esa paranoia cruel que bien podría acompañarme el resto de mi vida. Por esa sensación de inseguridad era que yo entraba y salía de Culiacán sin avisar nunca a nadie: por temor a que mis enemigos (si es que los había) se enteraran y me montaran un cuatro para cazarme.

Tal vez por ello terminé acostumbrado a las ausencias en las terminales de los acropuertos, donde nunca nadie pasaba a recibirme o a despedirme, por temor a que oídos ajenos supieran que iba o venía. Más que paranoia, era un delirio de persecución que sentía desde la muerte de Javier, y lo aplicaba siempre en exteriores, ya fuera en calles y caminos por donde circulaba, siempre buscando el más ínfimo vestigio de inseguridad o identificando punteros de la misma manera que un astrónomo identifica constelaciones en el cielo (yo lo hacía en el suelo).

Pero aquella mañana no encontré nada sospechoso en los alrededores del hotel, aun cuando había mapeado cada centímetro de calles, banquetas, puertas y ventanas: nada sugería peligro, todo lo contrario, la gente parecía reciclar sus rutinas.

A pesar de aquella calma relativa, me estacioné a dos cuadras del hotel. Prestando suma atención a la gente en los alrededores y analizando sus miradas, bajé de la camioneta. Eran precisamente las miradas de la gente mi señal de alerta, pues en el momento en que notara que alguien me estudiaba o me observara con sigilo, yo podía interpretarlo como si algo estuviera fuera de lugar, y en esa circunstancia lo mejor era largarme, no sólo del lugar, sino de la ciudad. Por ese motivo de pronto me iba o llegaba a Culiacán sin nunca avisar. Y por eso siempre tenía un plan de contingencia, pues en el momento en que notaba algo sospechoso, por mínimo que fuera, apagaba mi teléfono, sacaba el chip y me metía en centros comerciales o en lugares abandonados que a su vez me conducían a otros sitios, hasta encontrar un acceso a alguna azotea por donde me escabullía.

Pero ese día la muerte no parecía rondar las calles. Aun así me había estacionado lejos, pues ante la muerte siempre es preferible la exageración. Como siempre hacía antes de bajar, caminaba por las calles con la mirada al suelo, una gorra para cubrirme el cabello gris, gafas oscuras y camisa de manga larga.

Parecía un día normal, yo caminaba lento, pero buscaba a través de las gafas algo que no encajara. Cuando llegué al hotel, entré por una de las puertas laterales que conducen a las salas de conferencias, de ahí seguí hacia el interior.

Checando cualquier movimiento sospechoso, caminé por los pasillos de los salones hasta llegar al *lobby* del hotel; cuidándome de meseros, botones, recepcionistas y otras personas que estuvieran ahí, seguí de largo hasta el restaurante. Una vez ahí, me bastó una rápida ojeada para ubicar a la única persona que podía ser Frank: estaba sentado en una mesa que quedaba de frente a la entrada, tal como yo lo hubiera hecho. Él también me ubicó de inmediato y rápido levantó su mano para que me acercara.

Con precaución y mirando de reojo alrededor, me quité las gafas y caminé hacia él, que inquisitivo me veía a través de sus lentes oscuros.

—*My man!* —dijo al levantarse y me dio un fuerte abrazo.

Frank era un mulato de 40 años aproximadamente, de 1.80 metros de estatura y cabeza rapada; tenía tatuajes en brazos y antebrazos y una musculatura propia de alguien que acaba de salir de prisión. Más que director de cine, Frank parecía un pandillero de Nueva York pues vestía camiseta blanca de manga corta, tipo JC Penny, pantalón de mezclilla bombacho y tenis blancos marca Louis Vuitton.

Me preguntó si había desayunado, le respondí que no, pero que no tenía hambre. Pidió la cuenta y empezó a platicar de lo maravilloso que le estaba resultando Culiacán: la gente, sus avenidas, sus mujeres y su comida. Dicho en sus propias palabras, el lugar ideal para entrar, hacer negocios y salir, aunque no era un sitio para vivir.

Le pregunté cuándo había llegado y por qué no avisó que vendría, pero Frank sólo dijo que todas esas respuestas venían en camino, antes debíamos irnos del hotel.

—¿Irnos adónde? —pregunté.

—A donde tú quieras, tú conoces la ciudad mejor que yo —dijo.

Salimos del restaurante y caminamos dos cuadras hasta donde estacioné la camioneta. Siempre atento a mi alrededor, escuchaba a Frank y al mismo tiempo estudiaba su postura, pues mientras hablaba sobre Culiacán, Queens y lo difícil que era Donald Trump como presidente, parecía relajado. Su lenguaje corporal, aunque me tranquilizaba, me decía que no bajara la guardia, al contrario: estaba más atento que nunca.

Fue hasta que subimos a mi camioneta y empezamos a circular por la ciudad que dijo el verdadero motivo de su visita: conectarse con gente del Cártel de Sinaloa para mover droga de Culiacán a Nueva York.

Su confesión me dejó estupefacto: no era un director de cine como me dijo, sino un narcotraficante que había escuchado de mí a través de documentales y del asesor de seguridad, con quien posiblemente trabajaba negocios de diferente índole y entre ambos habrían planeado contratarme para que los conectara con campesinos, cocineros y mulas que proveyeran y le proporcionaran flete para la droga que traficarían a Estados Unidos.

Tuve que detener el auto en seco.

—Te estás equivocando, amigo; yo soy periodista y no hago ese tipo de enlaces.

—Yo sé quién eres —me dijo con tono tranquilo—. Mira, amigo, no quiero embarrarte, sólo conéctame con la gente de por acá como harías en cualquier documental o reportaje, yo me encargo de lo demás.

—¡No es la forma en que trabajo! —le dije—. En primer lugar, no sé nada de ti, en segundo, si jalara contigo y llega a saberse, mi carrera se acaba, ¡sin mencionar que el gobierno gringo podría acusarme de conspiración!

—Sólo dame este día, platicamos con tus intermediarios, es todo. ¡Te voy a pagar el triple!

Yo sonreí con incredulidad, entonces agaché el rostro y sin volver a verlo le dije:

—Esto no tiene que ver con dinero.

—¡Todo tiene que ver con dinero!

—En serio, aunque quisiera ayudarte, no puedo.

Un silencio profundo y oscuro, como mazmorra, lo asaltó. Parecía decepcionado, pero realmente no podía ayudarlo. Peor aún, yo sentía que en el fondo, Frank era un agente encubierto de la DEA, el FBI, incluso de la CIA, que estaba llegando a mí disfrazado de traficante en un afán por enredarme con un delito que bien podría ser *narcoperiodismo*.

Ya no dijo más, sólo se aventuró a pedirme que lo dejara de vuelta en el hotel.

Manejé en silencio de vuelta al centro. Frank sabía perfectamente que no podía ayudarlo y fue lo suficientemente inteligente como para no insistir.

Pero algo ocurrió en el camino, uno de esos encuentros que sólo se dan en las películas: Jesús M., el mismo narco que entrevistó Keegan Hamilton y Kate Osborn para el Podcast que semanas antes hice para *Vice*, cruzaba el paso de cebra de la intersección donde me detuve a esperar el semáforo en verde; de pronto Jesús me miró y caminó a mi ventana.

—Qué pedo, carnal. ¡Andas acá en *Culichi* y no te reportas! —me reclamó.

Yo sólo hice una mueca y apenas le extendí mi mano para saludarlo.

—¿Cuándo llegaste? —volvió a preguntar.

Yo no supe qué responder; todo ocurría demasiado rápido. Jesús, por educación, extendió la mano para también saludar a Frank, mientras preguntaba si era estadounidense. Aprovechó esa minúscula fracción de segundo el falso director de cine para decirle, con un español mocho, que andaba "haciendo negocios" en Culiacán. Jesús sonrió con desdén y mitad en broma, mitad en serio, le dijo que en Culiacán había la mejor *chiva*.

—We have the best *Chinawhite* —le dijo con un inglés igual de mocho que el español de Frank.

Frank lo miró fijamente a los ojos y con una voz fría como el hielo le respondió en español:

—Yo interesado, ¿te interesaría hacer negocios conmigo?

Jesús entendió rápido que la invitación no era broma, pero estando yo en medio de aquella transacción improvisada, intervine y rápido aclaré a ambos lo siguiente:

—¡Hey, yo no te conozco a ti, ni a ti!, no van a hacer negocios en mi auto.

Frank bajó entonces de la camioneta y llamó a Jesús para que lo siguiera. El semáforo entonces se puso en verde y los carros atrás empezaron a tocar el claxon con desesperación. Yo, mientras tanto, temía meterme en problemas: si Frank era agente encubierto y Jesús lo llevaba con sus jefes y éstos con gente de más arriba, y si por una trampa del destino la relación entre ambos propiciaba el arresto de uno de los grandes del Cártel de Sinaloa, habría consecuencias, primero irían por Jesús para que dijera quién había llevado al puertorriqueño, entonces yo entraría en la escalera y ahí se acabaría todo. Por eso debía aclarar aquel encuentro de inmediato.

Me orillé cruzando la calle, bajé del auto y corrí a donde ambos empezaban a hablar:

—Vamos aclarando algo; si tú haces negocio con este compa, es tu pedo. No me ensartes a mí si algo llega a salir mal, porque aunque te conozco no sé dónde vives ni conozco a tu familia; tampoco conozco a este compa, es más, es la primera vez que lo veo en mi vida y eso es real —les dije, mientras Jesús me miraba con una expresión divertida.

—Tranquilo, *bro*; ocupas ir a un *table* a que te hagan un jale y te relajes —dijo con sarcasmo.

—Nada más te digo: si algo sale mal entre ustedes, ¡no es mi bronca, es bronca de ustedes! —me di la vuelta y partí sin despedirme.

Cuando entré a mi camioneta saqué mi teléfono, abrí la aplicación para grabar y reproduje el último *track* de la lista: había grabado el reclamo anterior sin que Jesús ni Frank se dieran cuenta, para aclarar posibles malos entendidos en caso de ser necesario. Fue un acto instintivo, lo hice justo antes de bajar de mi camioneta; abrí la aplicación para grabar diálogos, la misma que utilizo para hacer entrevistas. Sin perder tiempo, presioné el botón rojo para que, a partir de ese momento, se grabara todo sonido alrededor y después coloqué el teléfono en la bolsa de mi camisa y caminé hacia ellos. Lo demás fue la inercia del momento, y funcionó porque la plática se oía claramente, lo cual era elemental, pues si un día venían por mí, aquel archivo sería mi salvoconducto.

Pero no era suficiente aquella aclaración, llamé al asesor de seguridad para reclamarle la forma tan desleal de lanzarme a las patas de los caballos. Obviamente él insistió en que Frank era director de cine, hasta que le aclaré que "su socio" ya me había confesado todo.

—¡Yo estoy fuera de esa madre, no me involucren, no me llames; ya estuvo! —le dije.

—Te lo juro, *bro*, no sé de qué me estás hablando. ¡Tal vez Frank está bromeando!

Pero ya no lo escuché más y colgué.

Esa noche pasé al hotel para hablar con Frank. Necesitaba aclarar ciertos puntos y grabarlos como había grabado la llamada con el asesor de seguridad y el reclamo a Jesús. Llegué y fui directamente a la recepción para que me comunicaran a su habitación: no estaba en su cuarto y decidí esperar.

Dos horas después, llegó.

—¡Necesitamos hablar!

—Miguel, *my man*, entiendo tu frustración y te debo una disculpa por no decirte desde un principio cómo estaba la cosa, nunca pensé que fueras a molestarte.

"Nunca pensó que fuera a molestarme." El *compa* casi me involucra en transacciones de crimen organizado, ¿y no quería que me molestara? Pero yo no estaba ahí por sus disculpas ni para conocer detalles sobre lo que estaba pasando, sino para pedirle que cortara la gran farsa y me dijera realmente quién era.

—¿Eres agente encubierto?

—No.

—Si lo eres, tienes que decirme, porque si algo sale mal me vas a poner en riesgo a mí, a mi familia y a mis amigos, y para qué destruir tantas vidas de esa manera, ¿gloria o acaso dinero?

Había preocupación en su mirada, pero no miedo. Suspiró hondo, entonces me contó el verdadero motivo por el cual había ido a Culiacán: eliminar a todo intermediario en la cadena criminal del cártel para él mismo hacer trato directo con los sembradores de amapola, de ese modo crear una red sólida que le hiciera llegar la droga desde las montañas de Badiraguato, hasta Queens, en Nueva York.

Su plan se basaba en una estrategia ideada originalmente por Frank Lucas, un traficante de los sesentas que viajó a Laos, Tailandia, Myanmar, para tratar directamente con los campesinos y cocineros del triángulo dorado del sur de Asia y de ese modo conseguir el mejor precio de heroína. Este Frank quería hacer lo mismo, pero en Sinaloa.

Según agregó, su idea nació cuando miró la película *American Gangster*, donde por primera vez escuchó el nombre de Frank Lucas. Coincidió que esos mismos días empezó a leer reportajes en el *New York Times*, *Daily News*, *Washington Post* y otras publicaciones sobre cómo en Culiacán y sus alrededores se produce muy buena goma de opio. Esa información la corroboró viendo documentales sobre narcotráfico en NatGeo, Discovery, History Channel y Netflix, todos coincidían en algo: Sinaloa no sólo producía los narcos más poderosos, también más opio que cualquier otro estado mexicano.

Lo único que tenía que hacer era llegar a Sinaloa y acceder a la gente adecuada para concretar su plan. Esta parte era la fase difícil, para ello necesitaba un *Fixer;* alguien que hablara inglés y fuera capaz de enlazarlo con sembradores y cocineros de la misma forma que conectaba a reporteros, directores y corresponsales; ahí era donde entraba yo.

En el caso de Frank, su plan era empezar con poco: dos o tres kilos, para lo cual enviaría dinero a alguien de su confianza en Culiacán para que comprara la goma a los sembradores de Badiraguato, y ya con el opio en su poder, trasladar todo a un laboratorio donde un cocinero calificado procesara el producto como heroína.

La parte final de su plan era pagar un flete para traficar la droga a la frontera, y de ahí a Nueva York. Al principio sería tráfico normal, pero cuando creciera el negocio, Frank iniciaría una nueva fase para mandar el producto por cientos de kilos; en esa parte aplicaría un plan que lo llevaría a otro nivel.

Esta fórmula, que él llamaba "plan magnánimo", sería épica, pues mientras Frank Lucas aprovechó la guerra de Vietnam para meter hasta ocho kilos de heroína en el ataúd de cada soldado muerto en batalla, Frank dijo que haría algo similar, no igual —aclaraba—, pues emplearía una fórmula de la cual nadie sospecharía, como nadie sospechó del ejército de Estados Unidos, y eso haría que la droga llegara sin problemas a Estados Unidos.

Nunca supe si aquella historia y su tan sonado plan era un invento o era real, sólo le pedí no ponerme en una situación donde pusiera en riesgo mi vida o la de mi familia.

—Tú tus cosas y yo las mías; no te conozco, no me conoces —le dije.

Frank asintió con el rostro, aunque todavía me soltó una última propuesta:

—*My man*, pensé que podríamos trabajar juntos, que me ayudarías a coordinar todo: tú aquí en Culiacán y yo allá en Nueva York… Al menos deberías considerarlo: sólo piensa en lo que ganarías ¡y sería temporal!, con lo que ganes puedes juntar dinero para terminar tu película.

Yo agaché la mirada y, sin verlo, levanté ambas manos a la altura de los hombros, como diciéndole basta, entonces di la media vuelta para retirarme y nunca más volver verlo.

Antes de partir, Frank me llamó, me detuve en seco y sin voltear escuché su voz:

—*My man*… esta plática fue entre tú y yo, nadie más. Tú a tus cosas y yo a las mías, como dices; por lo demás, esta conversación nunca ocurrió… Por el bien de ambos.

Ése fue el único día en mi vida que vi a Frank, pero no la última vez que sabría de él.

* * *

La vida siguió su curso y fue hasta enero de 2019 que volví a saber de Jesús. Durante todo ese tiempo me concentré en proyectos para *Vice*, TF1, ABC y Zero Point Zero; pero ante todo, enfoqué mi energía en estrategias para estrenar la película. El problema era que aún no estaba terminada y los cines seguían sin verla, por eso no había fecha de estreno, entonces consideré lanzarla hasta finales de 2019. Mientras tanto, aprovecharía ese tiempo en lograr intercambios de publicidad con todo tipo de empresas para juntar el dinero que ganara como *Fixer* e invertirlo en la distribución.

Precisamente analizaba qué empresas podrían interesarse en intercambios publicitarios cuando recibí una llamada de Jesús en mi celular. No sabía de él desde el encuentro furtivo con Frank, en Culiacán, y que de pronto llamara sin motivo aparente me hizo dudar. Siempre era así: las llamadas imprevistas de involucrados en el narcotráfico me confundían. Pero yo no tenía nada que temer, por eso contesté:

—*Brother*, qué rollo, ¿andas en Culiacán o en la Ciudad de México? —me extrañó su pregunta, aun así no consideré mentir, le dije la verdad.

—En la Ciudad de México.

Hubo una ligera pausa. El mundo, y acaso la vida, pasó en una fracción de segundo, hasta que Jesús retomó la conversación, esta vez para señalar que él también se encontraba en la capital del país y que le gustaría platicar sobre un problema.

Yo guardé silencio. "Un problema." ¿De dinero, de vida, de muerte, de salud?

—Es sobre Frank, se presentaron "unas situaciones" y necesito hablar contigo.

En ese momento supe que algo malo había pasado. Pensé en colgar, ir a la azotea y brincar entre los tejados hasta salir a otra calle y entonces desaparecer para siempre. Porque si algo había salido mal entre esos dos, muy probablemente vendrían por mí.

Sin colgar, corrí a mi computadora y busqué en Google para ver si el gobierno había arrestado a uno de los grandes capos del Cártel de Sinaloa, pero no encontré nada.

Jesús, por su parte, seguía hablando, no recuerdo sobre qué, hasta que volvió a insistir:

—¿Hay manera de que nos miremos más tarde?

—La verdad es que ando súper ocupado —le dije, mientras seguía buscando en el ordenador.

—¡Te espero! Es sobre un jale que voy a aventarme y me gustaría hablarlo con alguien.

El tono resignado en sus palabras hacía la propuesta todavía más peligrosa. Verlo, a mi juicio, era como jugar a la ruleta rusa, pues se trataba de una situación extraña, y por más que me preguntara qué hacía en la Ciudad de México, no tenía respuesta; aunque la pregunta vital era porqué me buscaba con semejante urgencia.

Quizá trataba de localizarme porque, si efectivamente algo había salido mal con Frank, el cártel ya andaba tras de mí y utilizaría todos sus recursos para ubicarme. Obviamente, como nadie sabía dónde estaba ni dónde vivía, habrían enviado a Jesús para rastrearme.

—Entonces qué, *brother*, ¿te veo más tarde? —me dijo, interrumpiendo mis conclusiones.

No respondí de inmediato, le dije que le regresaría la llamada más tarde y colgué. Empecé a dar vueltas en mi departamento. Debía pensar rápido. ¿Qué había detrás de aquella llamada? No lo sabía. O no quería saberlo. Lo más sensato era desaparecer en aquel instante para que nadie lograra ubicarme, pero entonces pensé en mis hermanos. Si realmente había pasado algo y nunca daba la cara, podrían ir tras ellos y una tragedia así no me la perdonaría nunca. Recordé la grabación que hice cuando advertí a Jesús y a Frank sobre sus negociaciones y que no me involucraran si algo salía mal, entonces consideré aquel registro como un salvoconducto que no sólo podría salvarme la vida, sino aclarar cualquier malentendido que hubiera en mi contra. Tal vez debía dar la cara y ver a Jesús. Pero si así lo hacía, debía ser un encuentro bien planificado y sin margen de error.

Primero llamaría a Ulises para que me monitoreara. No iría conmigo, por supuesto, porque no quería involucrarlo en algo que pondría en riesgo su vida, pero era obvio que necesitaba a alguien que emitiera una alerta roja al CPJ o a Reporteros sin Fronteras, por si algo salía mal.

—¡Estás loco, Mike! ¿Cómo vas a ir a esa reunión? —me dijo Ulises cuando le expliqué todo.

—¡Tengo que ir! Debo enfrentar lo que está pasando, sea lo que sea, porque sólo aclarando por qué me andan buscando, estaré tranquilo —respondí.

Pero Ulises no parecía convencido. Era peligroso, cierto, pero también era necesario asistir a aquel encuentro; no lo hacía sólo por mis hermanos, sino también por mí, pues lo último que quería era vivir con una paranoia todavía más brutal que la pasada.

Decidido a acabar con mi incertidumbre, desarrollé un plan para verme con él en un lugar público y contralado: la puerta 3 de la terminal 1 del Aeropuerto Internacional de la Ciudad de México a las siete de la noche, cuando hay más tráfico. Era un sitio seguro y me daría margen para reaccionar ante lo que fuera. Además, compartiría con Ulises mi ubicación en tiempo real, así que si algo salía mal, me daría tiempo para que la Policía Federal me ubicara. En otras palabras, si realmente venían por mí, no se las pondría fácil.

Con eso en mente llamé a Jesús para decirle lugar, hora y dónde lo vería. Él accedió.

Esa tarde limpié la casa con singular ahínco. Quería dejar todo en orden por si ya no regresaba, tal vez por eso barrí sala, cocina, habitación; después trapeé el piso con una gran nostalgia. Lavé también la loza, el baño y, finalmente, tendí la cama con sábanas limpias. Con la casa aseada, me senté en mi escritorio y escribí cuatro cartas: una para Homero McDonald, le daba instrucciones sobre los detalles que estaban pendientes en la película y qué hacer en caso de que ya no lo viera; otra carta la dirigí a mis hermanos, les pedía disculpas por mi temeridad; una más para Ismael, contándole lo que había pasado, y una última para Andrés Villareal, por su amistad y también pidiéndole que tomara mi computadora, la guardara y la entregara a una hija que tenía en Los Ángeles y a quien nunca conocí. Esa niña sabría qué hacer con mis guiones escritos que nadie conocía.

No supe en qué momento llegaron las 6:15 de la tarde. Apenas había oscurecido y para mí era hora de ir al encuentro con el destino.

Pedí un Uber y justo en ese momento, como en las películas de terror, empezó a llover. Entonces lamenté no tener una pistola conmigo para al menos ir armado a la cita. Aunque tal vez estar desarmado era lo mejor. Sin embargo, qué terrible sensación la de saber que pueden matarte y no defenderte.

Subí al Uber y avanzamos entre el tráfico de la gran ciudad, el neón, los semáforos, el agua que caía a cántaros y los relámpagos iluminando el cielo. El chofer, por su parte, trataba de abrirse paso entre los autos, la gente, las prisas y los cláxones. Envié un mensaje a Ulises para decirle que iba en camino, que estuviera alerta. También le había compartido mi ubicación en tiempo real. En aquel intersticio de miedo, mezclado con duda, con alerta y resignación, esperanza y recuerdos, noté cómo el Uber entraba por fin a la terminal aérea.

La lluvia y los relámpagos no aminoraban. Las ventanas empezaban a empañarse, tal vez por mi respiración profunda y mi adrenalina intensa, lo cual dificultaba mi visión a través de los cristales.

Saqué el teléfono y le marqué mientras pedía al chofer estacionarse al lado de la banqueta, entre la puerta 3 y 4, para esperar ahí a mi objetivo. En ese momento Jesús respondió:

—¿Ya estás aquí? —preguntó.

—¡Aquí ando!

—¡No te veo! ¿En qué vienes?

Miré hacia afuera para ver qué tipo de autos había en el lugar y entonces respondí:

—Un Aveo azul. ¿Tú en qué vienes?

—¡A pie!

—No te veo. ¿Puedes salir a donde pueda verte para ubicarte? —le sugerí, pues antes de lanzarme al ruedo necesitaba saber dónde estaba.

—¡Estoy al lado de la puerta 3, traigo un impermeable negro, la pinchi lluvia se vino con madre! Voy a salir a la lluvia para que me ubiques —me dijo.

—No, mejor te veo en la terminal; adentro hay un Vips. Alcánzame ahí —le dije cuando lo miré, y colgué.

Era lo mejor, pues sería un acto suicida tratar de atacarme o levantarme adentro del aeropuerto. Dije entonces al Uber que me condujera hasta la puerta 5, después le mandé un mensaje nuevo a Ulises.

—Voy a entrar para verme con aquel compa —le dije.

Ulises, no muy convencido, respondió:

—Mike, ¡déjate de pendejadas, aborta esa madre y vente para acá, pero de ya!

—No puedo; necesito acabar con esto de una vez.

Hubo una ligera pausa y respondió que tuviera cuidado. Seguía compartiéndole mi ubicación en tiempo real y le notificaba por WhatsApp cada movimiento que hacía. En ese momento el Uber se detuvo ante la puerta 5, baje rápido del auto y caminando entre la lluvia corrí hacia el interior de la terminal aérea.

Atento a todo movimiento seguí de frente hacia el Vips al fondo del corredor, atravesé el pasillo y entré al restaurante. Cuando llegué, miré a Jesús sentado en una mesa del fondo, de forma que podía ver a quienes entraran o salieran. Todavía traía puesta la chamarra impermeable color negra; en cuanto me miró se paró para saludarme.

Lo saludé con dudas, pero con un abrazo efusivo. Seguí mirando el lugar, viendo entre los comensales si había algo sospechoso. Pero por más que buscaba no encontraba nada.

Llegó la mesera y ordené agua mineral; Jesús pidió una cerveza.

—¡Tengo una bronca! Las cosas salieron mal con el Frank; ya sabes, el puertorriqueño.

Claro que ubicaba perfectamente a Frank. ¿Cómo olvidar al único narcotraficante que me propuso trabajar de narcotraficante?

—El güey me chingó con seis kilos de *Chiva* y ¡necesito localizarlo para que me los pague! —dijo.

¿Por qué tenía que enterarme de todo lo que Jesús había hecho con Frank? El sólo saberlo me comprometía. Se lo hice saber y quise levantarme para irme, pero Jesús insistió que por favor esperara un poco. Antes necesitaba terminar de platicar todo lo que había pasado en esos meses, aunque también me insistió si sabía cómo localizarlo.

—No sé. ¡Yo te dije desde un principio que no conocía al compa! Y aunque supiera dónde vive, no te lo diría; no me voy a meter en una bronca que no es mía —le dije.

Había tristeza en su mirada: una mezcla de frustración y temor.

Finalmente soltó lo que traía:

—Me van a matar… Los seis kilos que le mandé a Frank me los fiaron los Chapitos; me dieron tres semanas para que pagara todo o me daban piso. Ya casi pasan las tres semanas.

La noticia me tomó con la guardia baja y por un momento sentí lástima por Jesús.

Lo miraba y apenas podía creer el problema en que estaba metido. Es difícil decir algo alentador en tal situación: la voz se le quebraba, las lágrimas casi lo traicionaban, pero no había nada que pudiera hacer.

Jesús, aquel tipo bonachón que conocí mediante un intermediario, era un narcotraficante independiente que soñaba con salir de pobre para dar un mejor futuro a su familia, pero en ese momento estaba contra la pared, posiblemente con una pierna en la tumba: ya no daría riquezas a su esposa, ni a sus hijos, en cambio, les daría el duelo inminente de su muerte.

—¡Huye! ¡Vete a algún lugar lejano y ya no regreses! —le dije.

Pero no podía irse a ninguna parte porque entonces irían por su padre, su madre, sus hermanos o hermanas, y todo sería peor porque de alguna manera tendrían que pagar. Lamentablemente para él ésa era la realidad de una deuda con gente del cártel: la deuda no se acaba con la muerte del deudor, la hereda a la familia. Por eso Jesús debía enfrentar su realidad como hombre, y como tal debía encontrar una solución. Por otra parte, él no era de los que corrían, como antiguo pistolero del cártel, debía dar la cara y resignarse a ser muerto o enfrentar a la facción más violenta del Cártel de Sinaloa.

* * *

Tenía 34 años al momento de aquella plática, pero una tercera parte de su vida la había pasado en actividades relacionadas con crimen organizado. Según me contó, empezó como sicario a los 22 y pudo retirarse con vida a los 25, gracias a la suerte y a una tragedia ajena, luego de que la *clicka* a la que pertenecía matara por accidente a Edgar Guzmán López, hijo del Chapo, en enero de 2008. Según reportes confirmados por la propia facción del Chapo, los pistoleros del cártel confundieron a Edgar Guzmán y a sus amigos con un grupo rival cuando platicaban en un centro comercial de Culiacán, y en cuanto los vieron, les dispararon sin misericordia.

La muerte fue instantánea, pero las consecuencias fueron eternas, pues tras la muerte de Guzmán López se ordenó la ejecución de quienes esa noche jalaron el gatillo.

De aquella *clicka*, sólo Jesús sobrevivió gracias a que, el día que mataron a Edgar Guzmán, él no participó en la ejecución, esa mañana se fracturó una pierna en un accidente, lo cual le impidió ir con sus compañeros a patrullar la zona en busca de zetas.

Cuando Jesús se enteró de lo ocurrido, llamó a uno de sus amigos, pero éste le dijo que los ejecutarían a todos por haber matado a Edgar Guzmán. A partir de ese día, Jesús se encerró en su casa y no salió hasta que le quitaron el yeso de la pierna. Visitó a sus compañeros muertos en el panteón, les prendió veladoras en sus tumbas y en ese momento decidió ya no ser sicario sino y mejor dedicarse a algo menos peligroso: abrió un puesto de tacos.

No le iba mal, pues al menos sobrevivía. Pero la avaricia y el ambiente del narco lo fueron llamando a lo que, decía, era su destino. Todo empezó cuando se reencontró con un viejo conocido, gente cercana al Mayo, quien le propuso invertir en el trasiego de *chiva blanca* para mandarla al norte del país. No arriesgaría mucho, al menos eso dijo, pues no quería que la ambición le ganara y que con el tiempo lo estuvieran buscando como buscaban al Chapo y al Mayo. Su filosofía era conformarse y sólo mandaría un kilo de heroína blanca a Mexicali. La enviaba cada mes y la ganancia le permitía sobrevivir. Como no quería problemas con los gringos, también aseguraba que sólo llegara a la frontera, pues prefería ganar poco, pero no meterse con el gobierno de Estados Unidos.

No obstante, la avaricia lo sedujo nuevamente, luego de que otro narco, independiente como él, le propusiera enviar 10 kilos de coca a Los Ángeles. La ganancia sería buena y el flete seguro; Jesús no lo pensó mucho y le entró al negocio invirtiendo 50 mil dólares, que en un mes habría de duplicar.

Esta vez, sin embargo, la mala suerte lo emboscó entre sus sueños, pues pocos días después le notificaron que la coca había caído en un retén militar. Jesús intentó pedirle pruebas, pero su socio nunca las proporcionó ni le demostró que, efectivamente, la droga se había perdido, así fue que su inversión se esfumó.

Nuevamente tuvo que empezar desde cero. Enviando poco, Jesús volvió a amasar suficiente dinero para sacar adelante a su familia, y en ese momento conoció a Frank, aquella mañana ingrata cuando el semáforo estaba en rojo y justo cuando al cruzar me miró.

* * *

Cuando Frank y Jesús se vieron, platicaron largo rato y decidieron hacer negocio. El plan, como confirmó Frank en su momento, era comprar la goma de opio directamente de los campesinos, procesarla como heroína y enviarla directamente a Nueva York.

Iniciaron bien, según me confió Jesús esa noche en el aeropuerto, pues Frank le envió 35 mil dólares para que comprara goma de opio.

Empezarían lentos, apenas dos kilos por mes, paulatinamente incrementarían la cantidad. Así fue como Jesús envió los primeros dos tabiques de *chiva* blanca y Frank los recibió; tras verificar que el producto era bueno, enviaba el resto del pago a través de casas de cambio y así cubría los 70 mil dólares por los dos kilos de heroína. Había que pagar una comisión a la casa de cambio que hacía la transacción, exactamente 3% del total enviado, pero eso corría a cuenta de Jesús, aun así le quedaba una fuerte ganancia.

Al segundo mes mandó otros dos kilos y nuevamente la droga llegó bien a su destino; Frank la recibió, checaba la calidad y entonces enviaba el resto del dinero.

Parecía un negocio redondo donde ambos ganaban, pues un kilo de heroína blanca en Nueva York costaba entre 45 y 48 mil dólares, Frank lo pagaba a 35 mil; así, se ahorraba 13 mil dólares por kilo. Jesús, por su parte, procesaba cada kilo en 15 mil dólares, más una inversión de cinco mil dólares por flete hasta Nueva York, el costo total era de 20 mil dólares por kilo y generaba una ganancia de 15 mil dólares por cada kilo vendido.

Pero algo pasó en el tercer envío y de pronto la mercancía se cayó antes de llegar a la frontera, y esta vez eran cuatro kilos. Entonces todo cambió.

Frank, que había enviado 70 mil dólares por los cuatro kilos, exigía una respuesta. Pero la verdad, o al menos la verdad de Jesús, es que la mercancía se había caído en Nogales. La explicación no convenció a Frank, que estaba dispuesto a ir a Culiacán a aclararlo todo, pues era mucho dinero el que estaba en juego. Jesús trató de calmarlo:

—No creas que quiero chingarte, *bro*; la mercancía en serio se cayó.

Como prueba de la verdad, Jesús consiguió el reporte de la Policía Federal y recortes de periódicos sobre el decomiso de la droga, pero Frank seguía sin creer; el motivo era que de común acuerdo se pagaría un "dinero extra" a la gente del cártel para asegurar la droga en caso de un decomiso. Si caía en un retén o donde fuera, el cártel respondía y reponía los kilos asegurados, no en la frontera, pero sí en Culiacán, así sólo se perdería el costo del flete. No obstante, la realidad de aquella falla fue que Jesús, en su afán por ganar un poco más, no pagó el seguro y eso fue lo que molestó a Frank.

Como prueba de su honestidad, Jesús se comprometió a enviar dos kilos de *chiva* que Frank necesitaba urgentemente para suplir la demanda en Queens. Arriesgando el todo por el todo, contactó a un socio de los Chapitos en Culiacán, para que le dieran crédito por dos kilos de heroína blanca que debía entregar en Nueva York. En 15 días, a lo mucho, cubriría el adeudo. El problema es que la *chiva* ya puesta en Queens no costaba como en Culiacán, era mucho más cara, aunque "por tratarse de él", le darían precio especial: 42 mil dólares por kilo. Jesús aceptó. De la nada se había endeudado con 84 mil dólares, pero según dijo, no tenía otra opción. Sabía que le estaba perdiendo, pero no le importó porque para él era más importante recuperar la confianza de Frank. Seguramente así habría sido, de no ser porque Frank le llamó al día siguiente para decirle que la heroína entregada era de muy mala calidad y sus clientes la estaban regresando. Jesús llamó de inmediato a su proveedor en Culiacán y le dijo que necesitaba una nueva entrega porque la mercancía había salido mal. Se hizo otra entrega, pero Frank no regresó el producto malo, pues olvidó enviarlo con el emisario que recogió la mercancía.

De pronto Jesús debía cuatro kilos que daban un total de 168 mil dólares; mucho dinero para pasar desapercibido, y por ello fue que una semana después fueron a buscarlo a su casa; eran ocho hombres armados, sólo querían checar que todo estuviera bien, "pues eran cuatro kilos".

—Son dos —aclaró Jesús—. Los otros dos fueron los que salieron mal; mi compa los va a regresar a más tardar mañana.

Los sicarios hicieron una llamada con su jefe y éste entendió. Pero tenía tres semanas para responder al crédito. A partir de ese momento, Jesús presionó a Frank con su inglés mocho para pedirle "de favor" que devolviera los dos kilos que salieron mal. El argumento de Frank fue que andaba muy ocupado porque la DEA estaba tras él, pero que le urgían otros dos kilos para recuperarse, entonces las cosas serían como antes. Nuevamente Jesús le consiguió lo que pedía con la condición de que devolviera los kilos que habían salido mal y Frank accedió. Así, recibió otros dos kilos, pero no regresó los que habían salido mal y la gente en Culiacán empezó a desconfiar de Frank, empezaron a preguntarle a Jesús de dónde conocía a ese *dealer*; Jesús tuvo que mentir:

—Es mi socio, tengo años de conocerlo y nunca me ha quedado mal.

—Nada más toma en cuenta que ya debes seis kilos, a 42 cada uno, son 252 mil de los verdes y a como está todo, vamos a necesitar que nos des un adelanto —le dijeron.

Al tipo de cambio de esos meses, Jesús debía más de 5 millones de pesos mexicanos al Cártel de Sinaloa, particularmente a los Chapitos, que no permitían retrasos en sus deudas, por eso debía responder o de lo contrario lo matarían. El problema es que su muerte (como ya expliqué) no deshacía la deuda, ésta era heredada por su familia que, de una u otra manera, tendría que pagar hasta el último centavo.

Desesperado empezó a llamar a Frank para pedirle el dinero por los kilos entregados o al menos que le devolviera los que salieron "mal". Pero a partir de ese momento Frank ya no respondió mensajes, ni llamadas ni nada, y Jesús quedó de pronto con una deuda que amenazaba con destruirlo a él y a toda su familia.

Tenía una semana para dar un adelanto y tres para pagar, Jesús no tuvo de otra que rematar propiedades, casas, joyas, vehículos y todo lo que tuviera para cubrir el adelanto. Aun así no fue suficiente, pues a pesar de vender todo y sólo quedarse con su casa, apenas logró cubrir 70% de lo que debía; el resto, más de un millón de pesos, lo tendría que pagar en dos semanas a lo mucho.

Por eso viajó a la Ciudad de México, pues necesitaba hablar conmigo para saber más sobre Frank y definir en qué parte de Queens operaba para mandar gente por él.

—Ya lo andan buscando, pero en los departamentos donde le entregaron la mercancía ya no vive nadie y otros están abandonados.

—Yo te dije desde esa vez que no sabía nada de él, ¡no lo conozco y no sé dónde vive!

—¡Algo debe haber! ¿Cómo lo conociste?

—Él me contactó.

No podía decirle que había sido a través de un asesor de seguridad de Chicago que llegó a mí, pues eso desencadenaría más preguntas, incluso dudas, y era lo que menos quería. Además, no sabía qué consecuencias tendría enredarme indirectamente en su localización, pues quien tenía ubicada a la gente de Jesús, y posiblemente hasta a mí, era el propio Frank, por eso la negación era mi única arma para zafarme de aquel interrogatorio. Por otra parte, no era problema mío que los negocios entre ambos salieran mal. En su momento advertí a Jesús que no conocía a Frank, pero él no me escuchó y ahora debía pagar las consecuencias.

—Si no lo encuentra la gente del Cártel de Sinaloa en Nueva York, estoy perdido. Sólo me queda una opción para salvarme y salvar a mi familia —dijo.

Lo miré fijamente a los ojos; ignoraba cuál era su única opción y él parecía indeciso entre decirla o no, aunque en el fondo yo sabía que ése era el verdadero motivo por el cual quería verme y esperaba un pretexto para decirla mientras yo, malamente, se lo di:

—¿Cuál es la única opción que te queda? —pregunté.

Se abrió un poco el impermeable y mostró una Glock 9 mm fajada a la cintura.

Consciente de que lo iban a matar, Jesús decidió ir a la Ciudad de México para aterrizar la única opción que creía salvarlo: ir con otros dos pistoleros a una comunidad del norte de Puebla para bajar a un huachicolero que "estaba podrido en billetes".

—Al compa lo tenemos bien ubicado, y si todo sale bien, soluciono mis problemas.

—Pero si sale mal vas a endeudar a tu familia —le dije, pues con gente del Cártel de Sinaloa la deuda no acabaría con su muerte, su familia heredaría el adeudo y la única manera de librarlos sería pagarles hasta el último centavo.

Previendo esa realidad, Jesús explicó la segunda parte del motivo por el cual quería verme:

—Si no regreso para mañana significa que estoy muerto; y si eso pasa, voy a pedirte que busques a mi padre y le expliques lo que pasó, y que él se arregle con quienes vayan a buscar a mi mujer; le dices que no se preocupe, porque mi mujer va a cobrar un seguro de vida que tengo a mi nombre y con ese dinero se cubre la deuda y le sobrará para vivir bien.

Lo miré sorprendido. No sólo porque su vida se resolvería esa misma noche, sino porque de la nada me había acorralado y yo empezaba a sentirme contra la pared.

—*Brother*, la neta no quiero involucrarme más en este pedo, ni directa ni indirectamente.

—Yo he jalado contigo cuando has necesitado entrevistas, te las he dado, ahora yo te pido que jales conmigo y me hagas el paro; además no te estoy pidiendo nada ilegal.

Yo me quedé un momento pensativo. Miré hacia la mesa que tenía a mi derecha, luego hacia la mesera que servía café en otra de las mesas, después hacia la cocina; finalmente agaché el rostro. Jesús me miraba con miedo, comprendí que era el mismo miedo que yo tenía antes, quizás el mismo temor que tuvo cuando era sicario y del cual siempre salió avante. Aunque en ese momento las cosas eran diferentes y todo apuntaba en su contra, él mismo era lo más parecido a un hombre muerto.

Según él, su plan no tenía margen de error, pues primero se reuniría con dos pistoleros en Puebla, uno de ellos sinaloense, para luego ir por los fierros, incluyendo tres AK-47, dos AR-15, un lanzagranadas y pistolas; luego ir a la guarida del huachicolero, dejar la camioneta a un par de kilómetros y caminar al rancho donde, tras ubicar a la gente de seguridad del huachicolero y con todo bajo control, entrarían a la vivienda con toda la violencia del mundo para bajarle el dinero.

—Tenemos a una persona adentro que nos va a estar informado, está de nuestro lado.

En ese momento lo interrumpí:

—No quiero saber más, ya sé suficiente y ahí quiero dejarla.

Todavía me preguntó si le haría el paro con lo de su papá. No tenía opción, accedí. Era la última voluntad de un hombre que iba a que lo mataran, era imposible negarme.

Esta parte era quizá la desventaja más grande de ser *Fixer*; conoces a un intermediario que te conecta con traficantes, pistoleros, mulas, punteros y no sabes cuándo te llamará para pedirte favores, que van desde que le prestes dinero —el más común— hasta que le ayudes a rentar un vehículo usando tu tarjeta de crédito o simplemente le prestes tu auto para hacer unas vueltas de emergencia; incluso hay quienes me han pedido que les ayude a traducir pláticas con narcos de Estados Unidos.

Por eso trato de no mantener comunicación con ellos, hasta que un día me llaman como ese día me llamó Jesús. Por inercia pregunté si debía preocuparme por algo, me dijo que no, que yo estaba libre de todo. Nos levantamos de la mesa para despedirnos y lo miré durante unos segundos. Era quizá la última vez que lo veía con vida y sentí una gran tristeza por su situación. Lo iban a matar, indudablemente, pues el huachicolero no estaría desprotegido con sólo tres o cuatro sicarios, como Jesús creía. Obviamente a él y a sus compañeros se les hacía fácil llegar y bajarlo, pero no sería tan sencillo: la realidad era que iban a matar o morir.

¿Y qué podía hacer yo? ¡Nada! O mucho: gritar que había un hombre armado en el aeropuerto y así lo arrestarían para evitar que cometiera una locura, pero justo entonces veía la otra realidad: lo matarían salvajemente en la cárcel y luego irían por su familia.

En ese momento Jesús me dio un fuerte abrazo, me dio un papel con el número de teléfono de su papá, se dio la media vuelta y se fue. Lo último que vi fue su figura pesada perderse entre los viajantes que indiferentes pasaban a su lado.

Afuera había escampado y yo, perdido en mis pensamientos, pedí la cuenta a la mesera cuando de pronto sonó el teléfono: era Ulises.

—¿Cómo vas?

—Ya acabó todo, voy para la casa, te llamo en cuanto llegue —dije escuetamente.

—¿Todo bien? —preguntó alarmado.

—Todo bien —le dije luego de un largo suspiro—. Más tarde te explico.

Esa noche casi no pude dormir. Lamenté trabajar como *Fixer* y por enterarme de todas esas barbaridades de narcos; llegué a pensar que si me hubieran platicado algunas de esas anécdotas, pensaría que eran inventadas por alguien que busca protagonismo o quiere llamar la atención.

Cuando por fin me dormí, soñé que llegaba a un rancho lejano perdido entre la vegetación del campo. Caminaba entre sendas que se abrían paso a través de las viviendas humildes del pueblo, hasta que indistintamente llegaba a una choza igual de humilde que las demás construida con adobe y techo de palma. Entré sin tocar, una vez adentro noté que todo era una sola habitación; había un comal de barro junto a la pared izquierda, la loza propia de una cocina humilde estaba enseguida del comal y al lado una jarra con agua. Como único mueble se miraba una mesa de madera al centro de la habitación, con sus cuatro sillas mal distribuidas a cada lado. Justo detrás de la mesa descubrí a un hombre tirado en el suelo. No tenía camisa y estaba todo percudido y manchado de sangre de la espalda, tenía el pantalón embarrado de fango. No estaba muerto, se movía, aunque parecía estar muy lastimado.

Caminé un poco hacia él, luego lo llamé, pero el hombre sólo balbuceó unas palabras que no pude entender. Me acerqué para verle la cara, el hombre estaba en una posición que dificultaba su identificación. Traté de moverlo con la mano, entonces se volvió y con pavor noté que aquel hombre herido era Jesús, con un par de balazos en el pecho, justo en ese momento empezó a quejarse de las heridas. Asustado, salí de la choza para pedir ayuda, pero afuera ya estaba lleno de gente que no conocía, extrañamente todos llevaban armas de alto poder mientras se reunían en pequeños grupos en un convivio extraño de algo que no podía precisar.

Caminaba entre ellos cuando de pronto me saludó un pistolero al que hace años había entrevistado. Me preguntó si a mí también ya me habían matado, yo le dije que no. Entonces se acercó otro pistolero y dijo que a él lo habían ejecutado en 2008, porque mató al hijo del Chapo y que había ido a la choza a recibir a Jesús.

Yo estaba cada vez más confundido, quería alejarme de ahí, pero el pueblo era repentinamente interminable y cada vez llegaba más gente que se atravesaba por donde trataba de escapar. Hubo un murmullo generalizado y algunas personas empezaron a decir que ya casi moría, yo de alguna manera sabía que se referían a Jesús, pues en ese momento

supe que me encontraba en el pueblo donde habitaban los espíritus de
todos los pistoleros muertos del Cártel de Sinaloa y el motivo de aquella
algarabía era porque iban a recibir a Jesús cuando muriera.

Uno de ellos se me acercó y me preguntó: "Y tú, ¿estás muerto?"

Yo negué y quise decirle que no, entonces todos empezaron a cantar
al unísono: "¡Que se muera, que se muera, que se muera!" De pronto salió Jesús de la choza y mientras unos lo fueron a recibir, otros se abalanza-
ron hacia mí apuntando sus armas a mi pecho, empezaron a dispararme,
primero al pecho ¡y luego un disparo en la cabeza que se sintió como un
golpe seco! En ese momento desperté.

Eran casi las 10 de la mañana y confundido por la pesadilla me incorporé en la cama. Afuera se sentía un frío retrasado, pero el día estaba
brillante. Rápido tomé mi teléfono y busqué mensajes o llamadas perdidas, pero no encontré nada. Nuevamente me asaltó la duda y el temor:
¿habrían matado a Jesús? La última vez que se conectó en su WhatsApp
eran las cuatro de la mañana, más o menos la hora que atacaría el rancho. Ingresé entonces a los sitios de noticias nacionales y locales de Puebla para ver si encontraba algo relacionado con balaceras entre grupos
de narcos, pero no aparecía nada. Por otra parte no quería llamarlo por
temor a que estuviera prisionero y uno de los rivales tuviera el teléfono y
me asociara con él. No tuve otra opción más que esperar. Pasó una hora,
luego dos, tres… casi a la una de la tarde no pude más y salí a la calle, de
un teléfono público llamé.

Sonó cuatro veces, a la quinta, justo antes de entrar el mensaje de
voz, contestó Jesús:

—Soy Miguel —le dije—. Me tienes casi sin dormir. ¿Qué pasó?

—Nada pasó… Al último no se hizo.

La explicación de Jesús fue: de camino hacia el rancho del huachicolero, los interceptó un comando armado y se agarraron a balazos.
Lograron escapar, pero aquella intercepción la interpretaron como un
mensaje de Dios para que no fueran, porque si se acercaban más los
matarían, además ya estarían esperándolos. Por eso cancelaron. Nunca
supieron si los agresores eran gente del huachicolero o una gavilla cualquiera, lo que sí era definitivo es que iban hacia una muerte segura, pues
como le dije a Jesús, el huachicolero no estaría sólo con cuatro pistoleros,
sino tendría unos 20 hombres.

Jesús dijo que regresaría a Culiacán para vender su casa y así cubrir al menos parte de su deuda. Sería pobre pero al menos estaría vivo y con su familia. No descartaba un día regresar al negocio que le había dado todo… y todo se lo quitó.

—Mucha gente piensa que cuando eres narco te llueve el dinero, nunca saben lo arriesgado que es y menos lo que se pierde. Se necesita suerte, pero sobre todo una buena línea que llegue hasta arriba, y aparte de eso, buenos clientes; aun así, nada es seguro.

Aquélla fue la última vez que hablé con Jesús. Ya no volví a comunicarme con él y cuando intenté contactarlo para una entrevista para NatGeo, había cambiado de número. Nunca supe si logró arreglarse con los Chapitos, si lo mataron o si continuó en el negocio del narco, pues al no saber dónde vivía ni tener forma de comunicarme con él, el contacto se perdió, sólo deseaba que estuviera bien. La realidad es que los narcos nunca se alejan, sólo se apartan unos días y luego regresan. Acaso sólo la muerte o la cárcel los detiene. Nada más.

LO IMPOSIBLE

La película *Antes que amanezca* quedó casi lista en febrero de 2019. Faltaban algunos ajustes para mejorarla, los cuales estaba trabajando con el jefe de posproducción; en general eran detalles mínimos. Lo principal era asegurar que los cines vieran la película, aprobaran su exhibición y entonces definieran fecha de estreno.

Con esto en mente concerté una nueva cita con dos cadenas de cine, y tras hacerles ver que estaba lista para estrenarse, sugerí octubre de 2019 como fecha tentativa. No lo vieron mal, pero insistieron en que antes debían ver la película. Era lo más lógico, así que acordé subirla a Vimeo y enviar el link con una clave secreta de acceso.

Convencido de que ya no me retrasarían, conté siete meses para finiquitar distribución, *marketing* y difusión, pues me enfrentaría a los grandes monstruos de distribución en el mundo, los mismos que aplastaron a *Cáliz* 12 años atrás. Y aunque ahora eran más poderosas, no tenía miedo, ¡todo lo contrario!, era tanta mi fe que estaba dispuesto a tirarla a nivel nacional de un jalón, aunque para ello tuviera que meter más de mil copias.

Me aliviaba que, a diferencia de los años en que estrené *El robo* y *Cáliz*, ya no tuviera que preocuparme por hacer el *data to film*, ni tampoco de los gastos relacionados con la maquila de copias en celuloide, gracias a que en 2019 ya todo era digital.

Pero qué equivocado estaba, pues al entregarme tanto a mi trabajo como *Fixer*, el mundo había cambiado de mil formas, ignoraba que siete años antes Hollywood había implementado un impuesto por 700 dólares por cada sala donde se exhibiera una película. Llamaron a la cuota *virtual print fee* (VPF), con ello buscaban que los cines sufragaran la transición de proyectores de 35 mm a digitales. ¡Pero qué culpa tenía yo respecto a ese cambio! ¿Por qué alguien como yo debía financiar el negocio de un cine, cuando los cines nunca financiaron mis películas? Pero así era. Y aunque en 2019 bajó la cuota a 350 dólares por sala aun así era mucho, considerando que quería estrenarla en mil salas. Además tendría que maquilar mil DCP (el dispositivo en el que se almacena la película que se envía a cines) y cada uno tenía un costo aproximado de 400 dólares, lo que significó que en total necesitaba 750 mil dólares, lo cual era una locura.

Lo único que podía salvarme era encontrar a un inversionista. ¿Pero quién iba a invertir conmigo? Era sólo un periodista que escribía guiones y trabajaba como *Fixer*. ¿Quién era yo frente a las grandes distribuidoras? ¡Nadie!

Una opción era acercarme a ellas y rogarles apoyar *Antes que amanezca*. Pero hasta ese momento ni siquiera tenía la película cien por ciento terminada. También podría enviarla a festivales de cine o, de plano, venderla a Netflix, HBO, Amazon o cualquier otra plataforma de *streaming*.

No sabía qué rumbo tomar. Quizá lo único verdaderamente claro es que aquella avalancha de gastos era una estocada al corazón y la simple posibilidad de que mi película nunca llegara a cines me quemaba la ilusión. Pero no podía rendirme, había llegado tan lejos para de pronto rendirme no tenía lógica. Sería una traición para mis amigos, mis actores, mis hermanos, mis padres, pero sobre todo, una autotraición.

ANTES QUE AMANEZCA

Cuando la película por fin quedó terminada, la proyectamos en los estudios de New Art, cerca de Coyoacán. Todo parecía estar bien, pero el audio, por alguna razón, estaba fuera de sincronización. Algo había pasado durante la transferencia a DCP y lo que sería un día especial se volvió una pesadilla que debía corregirse. Precisamente para eso son los *screenings*, para identificar errores y corregirlos.

Pero al menos ya teníamos un corte preliminar; corregiríamos la sincronización, un efecto visual de un perro agresivo y otros detalles mínimos que sólo se ven en una pantalla de cine. Si todo salía bien, en dos semanas más se tendría el corte final.

Mientras tanto, debía preparar un nuevo documental que empezaba a alterarme. Lo producía Muck para NatGeo, trataba sobre tráfico de armas y tentativamente se titulaba *Trafficked*. Mariana van Zeller sería la corresponsal y, conociéndola, seguro querría llegar hasta las mismas entrañas de toda la red criminal que movía armas de Estados Unidos a México.

—Queremos ver desde que las compran de este lado, cómo las transportan y seguir su ruta hasta que llegan a su destino final —explicó Mariana.

Más ambicioso no podía ser lo que quería, deseaba documentar algo nunca antes hecho y eso me obligaba a rebasar la frontera y abrir un acceso fuera de mi territorio. La única manera de hacer algo semejante era establecer un acceso desde Tijuana o Mexicali que me llevara hasta Los Ángeles o a cualquier otra ciudad de la Unión Americana.

Por supuesto tenía contactos en Mexicali, Tijuana, Ciudad Juárez, Nogales, pero no en Los Ángeles. En Phoenix tenía un conecte que recibía pastillas M-30 de un proveedor en Sinaloa, pero no traficaba armas. Por otra parte, los criminales que conocía del lado mexicano tampoco controlaban a quienes las distribuían, compraban y traficaban.

Luego de indagar con varios grupos criminales, pude contactar a un traficante en San Luis Río Colorado que compraba armas en esa franja fronteriza. Él me conectaría con su proveedor en Los Ángeles, un cholo de South Central que compraba armas en Phoenix, pero también allá.

Volé exprofeso a California para explicarle de qué trataba el proyecto y le pedí al director del documental, Eric Strauss, que me acompañara.

No sólo veríamos al cholo, el creador de la operación, sino también al comprador de armas en San Luis Río Colorado, que entonces surtía al Cártel de Sinaloa, al CJNG y al Cártel de Tijuana. El proyecto sugería un alto grado de riesgo, y si algo salía mal, podría haber problemas.

Luego de explicarle lo que queríamos, de jurar por nuestras vidas que no éramos agentes encubiertos y que protegeríamos identidad y direcciones de toda casa de seguridad donde se nos brindara al acceso, el proveedor de armas accedió a ayudarnos: grabaríamos una operación encubierta de tráfico de armas desde Los Ángeles hasta Mexicali y después a Culiacán. Era un acceso de oro, y cuando Mariana, Jeff Plunkett, productor ejecutivo, Darren Foster y todo el resto del equipo se enteraron, supimos que tendríamos oportunidad de hacer algo único en cuanto a crimen organizado, y a su vez la causa principal de tanta muerte que teñía de rojo a todo México.

Por ese tiempo, platicando con Carmen Aida sobre lo que verdaderamente hacía, se asustó y sintió un gran temor por mi seguridad, pues según ella, lo que yo hacía sólo se miraba en el cine.

—Deberías de escribir todo eso para que quede como recuerdo tuyo, pero sobre todo debes cuidarte, es muy peligroso donde te metes —dijo.

Era mi mejor amiga, pero pronto no lo sería, pues desde antes estaba interesado en ella pero tenía miedo de acabar con mi libertad. Ese temor lo llegué a compartir en una ocasión con uno de mis compañeros, Josh Flannigan, quien me dijo una frase que escuchó o leyó en uno de sus viajes y compartió conmigo: "Si quieres llegar rápido, ve solo, pero si quieres llegar lejos, ve acompañado".

En ese momento supe que quería llegar lejos.

Tres semanas después hicimos el documental sobre tráfico de armas con uno de los equipos más sólidos con quienes he trabajado. Lo confirmé cuando me enviaron un corte preliminar para aprobar que ninguna de las personas entrevistadas fuera identificada. Luego de verlo un par de veces y felicitar a todo el *crew*, me olvidé de las amenazas del CJNG en San Felipe, Baja California, cuando contactamos a esa organización criminal para pedirle autorización para documentar cómo movían armas desde ese puerto hasta Santa Clara, Sonora, y de ahí traficarlas a la zona de Altar y Caborca.

Antes de eso, me vi con el jefe de un grupo de sicarios que quería saber más sobre mí, y rodeado de al menos otros cinco pistoleros me cuestionaron de qué cártel era.

—No pertenezco a ningún cártel, como ya expliqué, soy periodista —les dije.

A mi lado estaba Mariana van Zeller, que insistió en acompañarme bajo el principio universal de que, al ser mujer, los sicarios se sentirían menos amenazados. Pero ocurrió exactamente lo contrario, porque aunque Mariana habla español, los sicarios se volvieron más desconfiados. De nada valió mostrarles credenciales de prensa, ni notas de *Ríodoce* firmadas por mí, ni videos donde aparecía Mariana reportando investigaciones, pues para el jefe de sicarios del CJNG todo eso era muy fácil de plantar y amenazante insistía en que le dijéramos a qué cártel pertenecíamos.

—¡Somos periodistas! —repetíamos, pero el pistolero seguía sin creernos.

Estábamos a la vista de todos, pero rodeados de al menos cinco pistoleros distribuidos en puntos estratégicos. Mariana, consciente de la amenaza, le pidió al bandido un cigarrillo. Lo hacía para calmarse, pero también para romper el hielo que no acababa por romperse. El sicario, confundido por la petición, buscó entre su ropa un paquete de cigarros, y cuando por fin lo tuvo, le extendió uno.

Era un momento de confusión, pero bien jugado por Mariana. Sin embargo, el sicario insistía en que le dijéramos quiénes éramos realmente: DEA o un cártel contrario. De nada valieron argumentos ni pruebas mostradas y yo empezaba a desesperarme.

Consciente de que perdería el acceso, decidí cerrar aquella negación:

—Mire, si no va a brindarnos el acceso, no hay problema, nos vamos por donde llegamos y no pasa nada. Sólo quiero decirle que estamos diciendo la verdad: no somos narcos ni agentes encubiertos y con el respeto que usted se merece, le hemos mostrado documentos que prueban que somos periodistas, pero usted sigue desconfiando, no hay problema…

Miré a los pistoleros en los alrededores; conté a cinco, aunque Mariana dijo que había otro más, cerca de la playa. Sabía que estábamos en sus manos, pero al mismo tiempo debía mostrar seguridad en mi aseveración y aclarar que si no abrían las puertas nos regresábamos y ya. Pero el sicario entonces cambió de opinión y nos dijo que nos mostrarían cómo cruzaban las armas por el golfo hasta una isla y después a Santa Clara. Ése era el plan *B*. Y aunque funcionó a la perfección el plan *A*, Eric Strauss determinó que visualmente era más atractivo grabar cómo las armas se cruzan también por mar.

Grabamos el recorrido hasta terminar en Culiacán, donde concluimos con las rastreadoras y la violencia producto del tráfico de armas, pero también documentamos cómo convierten los fusiles semiautomáticos a completamente automáticos.

Por esas fechas la vida empezó a sonreírme. Sólo restaba supervisar una vez más la película para que el audio estuviera bien, lo mismo los efectos y la música. Para mi fortuna, Carmen empezaba a programar reuniones con los cines para definir si el estreno de *Antes que amanezca* sería en marzo o abril. Pero antes debía preparar un nuevo documental para NatGeo, en Ciudad Juárez.

LA NUEVA EMPRESA

A mediados de septiembre de 2019 comencé con el proyecto en Ciudad Juárez para NatGeo. La asignación consistía en analizar los niveles de violencia que había en el municipio y compararlos con la guerra ocurrida 10 años antes entre el Cártel de Sinaloa y el de Juárez, que tan sólo en 2010 cobró la vida de más de 3 mil personas.

Luego de aquella guerra brutal, la ciudad entró en un periodo de calma relativa, y fue hasta marzo de 2019 que las cosas empezaron a cambiar y la violencia resurgió de manera salvaje. NatGeo quería investigar el porqué de ese cambio.

Sugerí ir de avanzada para hacer un sondeo rápido del lugar, elaborar un reporte de seguridad y establecer un primer contacto con quienes nos darían los accesos.

Mediante un par de llamadas con mis contactos en esa ciudad, localicé a una persona que me conectó con una mujer a cargo de una célula criminal. Era joven, de unos 26 años y guapa, pero también mortífera. Tenía en su currículo más de 30 ejecuciones y se valía de todo tipo de estrategias para llegar a sus enemigos, desde vestirse de enfermera para ingresar a hospitales y acabar con los sobrevivientes de algún ataque armado, disfrazarse de prostituta en bares visitados por grupos rivales hasta presentarse como empresaria para pasar desapercibida en restaurantes donde comían líderes enemigos.

Su astucia, eficacia y belleza llamaron la atención de uno de sus jefes, que en pocos días la hizo su mujer y tras dar a luz a sus primeros dos hijos la delegó para dirigir ejecuciones masivas y organizar a las diversas células criminales que componían la organización.

Aun cuando se sentía segura y era protegida por al menos dos pistoleros, había en su semblante un viejo halo de psicosis por vivir siempre al filo de la muerte. Consciente de que en cualquier momento podía acabarse todo, vivía lo más que podía, aunque en el fondo no lograba aliviar su paranoia, por eso decía con nostalgia: "Me quieren chingar, y si tanto lo quieren, ¡que vengan! Al cabo yo también sé chingar".

El tono en su voz estaba lleno de odio que bien podía confundirse con coraje.

Y no era imaginaria su psicosis: en los últimos meses le habían matado al novio que le brindó aquel poder inútil, a varios de sus amigos, a muchos de sus pistoleros y hasta a familiares que no tenían nada que ver con el cártel, los mataban sólo por ser sus parientes. Esa oleada mortal la obligó a ocultar a sus hijos y a convocar a las esposas de los sicarios muertos para no quedarse de brazos cruzados, sino salir a vengar a sus hombres.

El llamado tuvo efecto y en pocas semanas generó un movimiento de viudas asesinas que estaban dispuestas a sacrificar sus vidas con tal de vengar a sus parejas, lo único que necesitaban era un AK-47, un entrenamiento básico sobre cómo jalar el gatillo y cómo cambiar de cargador cuando se acabaran las balas, un pago inmediato que les alcanzara para la renta y mantener a sus hijos, y todos los "huevos" que alguna vez tuvieron sus hombres. Las mujeres entonces se proclamaron "listas" para salir a matar, o por lo menos a que las mataran a todas y no sólo a la mitad, como decían que quedaban cuando ejecutaban a sus novios, amantes o maridos. Lo que restaba era buscar a sus enemigos que, para su fortuna, sabían dónde encontrarlos pues, como buenas mujeres, conocían sus nombres, dónde vivían y hasta dónde se drogaban, pues no hacía mucho habían sido parte de la misma *clicka*. Pero todo cambió cuando la mayoría de ellos empezaron a vender droga por su cuenta y los jefes del Barrio Azteca, sintiéndose traicionados, ordenaron su muerte. Los sentenciados, sabiendo que los matarían, se organizaron y repelieron la agresión. Como todos se conocían, era fácil identificarse y agarrarse a balazos en el primer sitio que se toparan. Muy pronto las muertes arreciaron en cada barrio de Juárez.

El grupo rebelde, creyéndose autosuficiente, envió un mensaje por escrito a los jefes de los aztecas: que no se metieran con ellos pues no sólo estaban organizados, sino también estaban dispuestos a enfrentarlos y hasta firmaron el documento con un nombre que muy pronto cada pandillero del Barrio Azteca, los jefes de éstos, la gente del Cártel de Sinaloa y hasta el mismo gobierno llegó a conocer: La Nueva Empresa.

El guiño de la muerte

La situación se tornó crítica. Los sicarios de La Nueva Empresa empezaron a cazar a los del Barrio Azteca y viceversa. No importó la amistad, compadrazgo o hasta ser familia, pues la orden era matarse a como diera lugar y salían decididos a la calle dispuestos a cumplir la orden. Sigilosos y confundiéndose entre la gente que día a día camina por las calles, buscaban hasta al más insignificante de los contras y sin averiguar con quién estaba ni cuántos eran, arribaban cinco o seis pistoleros y rociaban a balazos el lugar hasta matar a todos sus ocupantes. Poco a poco fueron acabando con los hombres de cada bando y fue entonces cuando las mujeres entraron al quite.

Con las mujeres al frente, más que aplacarse, la guerra creció, pues las hembras resultaron más violentas y eficaces que sus maridos, de tal modo que ni los mismos jefes se sintieron seguros; todos coincidían en que nadie saldría vivo de aquel infierno, pues la guerra ya no sólo era contra los Artistas Asesinos (AA) y los Mexicles, también contra la policía del estado, que aparentemente operaba para el Cártel de Sinaloa y contra La Nueva Empresa, es decir, contra ellos mismos, de modo que la muerte tenía toda forma y destino posibles, incluso hasta en sus propios hogares estaba, pues había antecedentes de que la misma familia los estaba entregando.

"Está cabrón", decía uno de los sicarios que cuidaba a la mujer, y quien se identificó como el Gordo.

Los gatilleros nos aclaraban que, gracias a que veníamos bien recomendados, nos brindarían el apoyo, aunque señalaban que mejor la pensáramos bien, porque estar con ellos era muy arriesgado, ya que si sus enemigos nos encontraban juntos, "nos matarían a todos".

—¿Y qué más queda? —decía el Gordo resignado.

Vivían una realidad confusa mientras jugaban a las escondidas con la muerte; esa realidad me hizo entender que Juárez era tan peligroso como 10 años antes. Por ello me reportaba con NatGeo cada vez que salía del hotel y cada vez que volvía, pues estar cerca de ellos era estar cerca de la muerte. Y como nunca antes, tomé precauciones muy rigurosas, sabía que el peligro era real y las precauciones tomadas para salir avante de aquella asignación debían ser muy bien calculadas.

Esa noche, justo antes de dormir, escribí un reporte minucioso de la situación y dos días después regresé a la Ciudad de México en espera de respuesta. El corresponsal, un buen amigo mío con quien ya había trabajado, coincidió en que debíamos tomar todas las precauciones posibles para esa cobertura, la cual no debía durar más de cinco días.

Una vez en la Ciudad de México, terminé de organizar la primera fase de los accesos donde se incluía entrevistar a un pistolero de origen cubano, tipo Tony Montana, que desde hacía meses operaba en la ciudad, hablar con las viudas de la muerte y hacer un breve patrullaje con los aztecas para que explicaran cómo controlaban su zona.

Tras una semana de finiquitar esos últimos detalles, volé de vuelta a Ciudad Juárez, esta vez acompañado de todo el equipo de producción conformado por el chofer, el fotógrafo, el asistente de foto, el director y yo. El director era el único que laboraba para NatGeo, el resto éramos *freelancers*.

Cuando aterrizamos en el aeropuerto internacional de Ciudad Juárez recogimos nuestro equipaje, rentamos una minivan y nos dirigimos al hotel. No estábamos nerviosos por encontrarnos en uno de los municipios más inseguros del mundo, pues no era la primera vez que cubríamos algo ahí, más bien nos sentíamos emocionados por iniciar un nuevo proyecto.

* * *

Llegamos al hotel ya entrada la noche, cuando el tráfico empezaba a adquirir una densidad colosal, casi enfermiza. Luego de hacer el *check-in*, fuimos a cenar a un restaurante de mariscos y desde ahí intenté llamar a mi contacto, la Chica. No me contestó. Diez minutos después volví a marcarle, pero nada. No respondía mensajes ni llamadas. ¿Le habría ocurrido algo? Rápido deseché esa idea. Hubiera sido terrible, pues si la Chica ya no aparecía, tendría que cancelar el proyecto, pues a diferencia de otras asignaciones hechas en Sinaloa, por ejemplo, en este caso no contaba con una opción *B*.

No fue sino hasta la treceava llamada que por fin la Chica respondió, justo cuando la locura empezaba a taladrarme los riñones (no hay cosa peor que estar atado a los tiempos y en espera de quienes proporcionan los accesos sin solución para corregir tal contratiempo, pues todo se hace con total impunidad).

Se disculpó y argumentó que se le había presentado un incidente, que por eso no podía responderme. No me importó su explicación, sino que había aparecido.

La invité a cenar para discutir los accesos: cuándo grabaríamos, dónde y cuáles serían sus reglas y también para introducirla con el resto del equipo. Amablemente se rehusó argumentando que todo estaba muy caliente y prefería no exponerse. Yo pensé que exageraba, pero no dije nada. Acordamos que eligiera un lugar para vernos, pues al menos debíamos hablar. Ella, no muy convencida, sugirió vernos media hora después en el estacionamiento de un supermercado al sur de la ciudad.

Llegamos puntuales al lugar. Íbamos el director del proyecto, el chofer (que también hacía labores de seguridad) y yo. Las precauciones eran las de rigor: reportarnos y enviar nuestra ubicación en tiempo real a nuestros contactos, lo mismo que el teléfono de la persona con quien nos veíamos, pues aunque el sitio del encuentro era público, no podíamos ni debíamos confiarnos, menos en esa ciudad donde se vivía una guerra.

La Chica, como la mayoría de delincuentes a quienes alguna vez entrevisté, se retrasó en el encuentro.

Veinte minutos más tarde y justo cuando estaba por pedirle al director que entráramos al supermercado para no levantar sospechas, la Chica apareció. Llegó en una camioneta negra con placas de Texas acompañaba por el Gordo.

Sin bajarse del auto, nos explicaron que las cosas habían empeorado en las últimas horas, incluso aseguraban que varios pistoleros habían visto a la muerte vagar por las noches en busca de otros incautos para llevarlos con ella. Por razones obvias, no creímos aquel cuento de realismo mágico, así que concluimos que querían zafarse de nosotros.

Quizá leyeron nuestro pensamiento o sintieron nuestra decepción por sus argumentos, o simplemente se dieron cuenta de que no les creíamos, pero rápido aclararon que cumplirían con lo acordado.

Antes de entrar en detalles respecto a los accesos, sugirieron movernos a otro sitio porque ahí no se sentían seguros, habían visto a gente que nos espiaba. El director y yo, desconfiados, intercambiamos miradas. Aunque no es recomendable cambiar de locación, accedimos a movernos, en parte porque no quería perderlos de nuevo, pero también porque a donde iríamos sería un sitio público. Pidieron que los siguiéramos y al poco rato íbamos tras ellos. De nuevo compartí con mis contactos nuestra ubicación en tiempo real. El director también reportó a Washington sobre el cambio de sitio. Seguimos a la Chica a corta distancia durante 15 minutos al menos, yo iba a abortar el plan porque nuestra orden era no estar hasta muy noche con ellos.

Luego de varias calles de camino, un puente y un par de vueltas raras, entramos al estacionamiento de otro supermercado. A diferencia del anterior, éste era menos concurrido, tenía la ventaja de que el lugar donde nos estacionamos mostraba mayor visibilidad de quien se acercaba y también estábamos muy cerca de la fiscalía del estado.

Ahí, en medio de la nada pero a la vista de todos, rompimos por fin el hielo y empezamos a discutir detalles sobre los accesos. Aclaramos que preferíamos grabar todo de día, para que fuera más seguro para todos. Ellos aprobaron la petición, aunque señalaron que no podían comprometerse a garantizar nuestra seguridad. También indicaron que, aunque accedían a que grabáramos la forma en que patrullaban su zona, no era recomendable dado el alto riesgo que implicaba, pues la gente de La Nueva Empresa tenía bien ubicados sus vehículos y las calles por donde circulaban. El director no tuvo que pensarlo mucho, pues en su opinión era algo que ya se había hecho y, más importante aún, no había necesidad de exponernos. Era una decisión sabia, pues andar con gente armada no sólo es inconveniente, sino altamente riesgoso. Lo sabía por experiencia cuando, sin hacer caso a esa realidad, accedí ante las exigencias de un corresponsal que acomodó todo para que un camarógrafo y yo nos subiéramos a un vehículo conducido por sicarios del Cártel de Sinaloa. La idea era entrevistarlos mientras patrullaban su zona y al mismo tiempo que mostraran su poderío. El argumento del corresponsal era que nada malo podía pasar, porque si ellos controlaban todo (o casi todo), no había por qué preocuparnos. Su conjetura era mala, casi ridícula, pero el camarógrafo y yo accedimos. Todo transcurría en orden hasta que la luz de un semáforo en rojo nos detuvo en una intersección. Sería mala suerte, un descuido de los punteros que no avisaron a los pistoleros o una serie de eventos desafortunados, pero justo cuando iniciábamos la entrevista un convoy militar se detuvo al lado de nosotros. Nadie pudo precisar cómo ni en qué momento uno de los uniformados se volvió hacia nuestro auto y alcanzó a ver al conductor que sostenía un AK-47 sobre las piernas. Todo ocurrió en cuestión de segundos: el militar gritó al resto de sus compañeros que había gente armada en el Jetta blanco al lado de ellos, entonces el sicario entrevistado pisó el acelerador con la clara intención de darse a la fuga; los militares de inmediato fueron tras nosotros iniciando una persecución vertiginosa.

El pistolero manejaba con negligencia y a gran velocidad, pasándose altos y semáforos en un afán por no ser alcanzados mientras el camarógrafo y yo nos agarrábamos de donde podíamos para evitar ser lanzados por la inercia y el desorden de la fuga. Dando tumbos en los asientos traseros, nos aterrorizaba la posibilidad de un accidente (o que los militares nos dispararan en la primera oportunidad); el camarógrafo puso la cámara sobre el suelo del vehículo e infructuosamente intentó abrocharse el cinturón pero no podía por la velocidad de la unidad y porque a cada momento se volvía para ver a los militares que nos seguían. El conductor por su parte viraba por callejones y avenidas tratando de perder al convoy de los soldados, mientras el copiloto llamaba por radio a su gente para que nos guiaran en aquel laberinto mortal; era evidente que necesitaba ayuda para escapar de los soldados, además cabía la posibilidad de que los militares se dividieran y nos cercaran para atorarnos y dispararnos hasta matarnos. Pero como nadie le respondía, tomó su AK-47, cortó cartucho y dijo que primero se moría antes que ser aprehendido. El conductor, sabiendo que aquello no acabaría bien, viró en uno de los callejones y justo bajo la sombra de un roble detuvo el vehículo de manera intempestiva y nos dijo que bajáramos, porque "lo que menos querían eran dos reporteros muertos en un enfrentamiento con el ejército". No lo dijo dos veces, descendimos rápido del auto mientras los sicarios huían a gran velocidad hasta perderse en las calles oscuras de la gran ciudad.

Desde aquel incidente, era regla de oro no subirse en los vehículos con sicarios, pues las consecuencias podían ser fatales.

Analizando la situación, el director concluyó que, efectivamente, "era un riesgo innecesario" y decidimos omitir ese acceso y concentrarnos mejor en entrevistar a las viudas durante la noche siguiente.

Volvimos al hotel casi a las 11 de la noche, cuando la ciudad empezaba a quedar solitaria y a llenarse de un tumulto de sirenas, torretas de ambulancia y un caos reposado. Era 2 de octubre y el aire fresco venido de las montañas parecía augurar una buena estadía en Ciudad Juárez. ¡Qué equivocado estaba!

LAS VIUDAS DE LA MUERTE

La noche que las entrevistamos esperábamos ver a cuatro o cinco de ellas, pero llegaron sólo dos; una era la Chica de los accesos, así que en realidad sólo llegó una. Nos sentimos defraudados, pero la decepción se borró cuando las dos mujeres, que no sabían lo que era temer a la muerte, sacaron sus rifles AK-47, AR-15 y pistolas calibre 5.7, llamadas *matapolicías*, y nos mostraron su poder.

Tampoco parecía que la Chica de los accesos fuera improvisada, pues también era viuda. No era consuelo, pero al menos funcionaba, pues muchas otras veces era frustrante que cada que se lograba un acceso, quien lo ofrecía también fuera sicario, mula, cocinero de droga, traficante de armas y hasta dueño del producto, de modo que podía pensarse que todo era montado. En esta ocasión no sería el caso.

La segunda viuda, aunque más joven, se miraba más grande. La conocían como la Viuda Negra porque ya le habían matado a tres de sus parejas.

Aun cuando no pasaba de los 26 años, tenía tiempo de haber perdido las ganas de vivir. Decía que la muerte la acechaba desde que era adolescente, pero no se atrevía a asestarle el golpe final. En cambio le arrebataba a cada hombre de quien se enamoraba, lo que la hacía concluir que de alguna manera era culpable indirecta de esas muertes. Por eso trataba de no enamorarse, pues sucumbir ante un sentimiento tan antiguo y voraz como el amor, al menos para ella, era un asunto de vida o muerte. Pero invariablemente siempre llegaba alguien que con múltiples detalles le robaba el corazón. Cuando eso ocurría era cuestión de tiempo para que le mataran a su pareja. Así ocurrió con el primero, cuando apenas tenía 16 años. Una mañana se despertó y supo que estaba enamorada del hombre que dormía a su lado: a la semana siguiente lo mataron de un par de balazos.

Sola y sin nadie a quién recurrir, empezó a buscar un trabajo para mantener al bebé que había procreado con su marido muerto. Como el tiempo pasaba y no encontraba nada, terminó como teibolera en un bar de mala muerte. Tenía buenas carnes, decía la mujer, tanto en la parte inferior de la cintura como en la parte superior, y los pretendientes no faltaron. No pasó mucho para que otro pistolero se fijara en ella, y tres meses más tarde se fue a vivir con él. Así reinició la aventura de una nueva relación. Todo parecía ir bien, hasta que al año de estar con él experimentó la alegría inconmensurable del amor y fue entonces que le volvieron a matar al hombre. Nuevamente quedó a la deriva y de otra vez buscó una ocupación. Regresó al bar a seguir trabajando como teibolera, pero esta vez se puso a vender droga para uno de los *puchadores* del Barrio Azteca y acabó juntándose con él. Tenía 19 años cuando dio a luz a su segundo hijo y fue entonces cuando tuvo una visión relampagueante: con aquel hombre de mirada triste con quien estaba pasaría el resto de su vida. Pero más que felicidad experimentó un miedo terrible que escondió en lo más profundo de su corazón, pues aquélla era la prueba inequívoca de que le iban a matar a su pareja. Lloró amargamente su muerte antes de que se lo mataran. Al cabo de muchas lágrimas no aceptó su porvenir y pensó en una última medida: odiaría al hombre que amaba con todas sus fuerzas, pues pensaba que así podría burlar a la muerte. Resultó inútil, por más que buscaba aborrecerlo, no podía. Entonces empezó a tratarlo mal para ver si con el maltrato él se apartaba; por un tiempo funcionó, pues el hombre pensó que su mujer ya no lo quería y decidió abandonarla. Resultó peor porque ella empezó a buscarlo. Le prometía entonces amor eterno, le mandaba mensajes de arrepentimiento e irremediablemente se reconciliaron. El encuentro fue una obra maestra de desaforada pasión que, una vez concluida, los dejó divagando en profundos silencios. Él pensando en ella, y ella en la muerte. Sentía remordimiento, pues esos encuentros podrían traer consecuencias fatales. Entonces sentía coraje contra ella, contra él, contra la muerte y contra todo lo que tuviera vida y tuviera muerte. Sentía rabia por no dejarlo. Lo tenía claro: dejarlo era morir, pero no dejarlo era matarlo. Y por más que buscaba una solución no la encontraba, pues todos los caminos conducían al mismo callejón sin salida donde siempre estaba la muerte y al lado de ella una gran desolación. Por eso le hacía la vida imposible, para que se fuera de una vez por todas, pues estaba comprobadísimo que ella nunca lo dejaría. Pensó en una nueva solución y tras darle varias vueltas se le ocurrió buscar a la causante de todos sus males: se hizo adoradora de la Santa Muerte.

Durante meses la estrategia pareció funcionar, hasta que a mediados de 2017 una de sus antiguas amigas fue a buscarla para darle "una mala noticia". Ella, pensando lo peor, cayó de rodillas envuelta en un llanto repentino y dramático, pues estaba convencida de que le habían matado a su hombre.

—No es eso, sólo que al J lo agarró la policía —le aclaró su amiga.

Ella, con un halo de esperanza en la mirada, se calmó. Al menos su hombre estaba vivo. Preso, pero vivo. Lo habían arrestado vendiendo droga y poco tiempo después lo sentenciaron a cinco años de prisión. Ella decidió esperarlo.

Así fueron pasando las horas, los días, los meses y después los años, con terrible lentitud, hasta que una tarde en que estaba con él, muy próximo a su liberación, ella le propuso que se fueran lejos de Juárez, a un sitio desconocido donde pudieran iniciar desde cero, pero también donde la muerte nunca pudiera encontrarlos. El hombre aceptó y ambos acordaron irse a vivir a Estados Unidos una vez lograda la libertad.

Pero justo dos meses antes de la fecha fijada, el Barrio Azteca se dividió y surgió La Nueva Empresa, y apenas tres días después de aquella fractura le mataron a su hombre. Aparentemente uno de sus amigos lo había citado para sugerirle "un trato", pero antes de que dijera una palabra, llegó otro y lo apuñaló por la espalda.

Ésa fue la pérdida decisiva. Y la más cruel. La que realmente le quitó las ganas de vivir, pues el puñal que le cortó la vida a su novio también se la arrancó a ella.

Fue durante el funeral que, ahogada en llanto y con la más amarga de las suertes, se topó con la Chica de los accesos. Fue ella quien le sugirió que se vengara y encontrara al asesino. La Viuda Negra no tuvo que pensarlo dos veces y rápido aceptó. Fue la Chica de los accesos quien terminó por entrenarla en el mortal arte de las armas, de la guerra y del odio. Desde entonces ambas mujeres se volvieron un arma letal y su blanco fueron los integrantes de La Nueva Empresa.

* * *

Quería que la mataran. Pero ni poniéndose a modo lograba su objetivo. La muerte, la misma que le arrebató a los hombres que más quiso en la vida, seguía resistiéndose a acabar con ella. Y aunque era la primera que salía a enfrentar a sus contrarios y a pesar de haberse vuelto descuidada y temeraria, aun así la muerte seguía negándole el capricho. Mientras varios de sus colegas quedaban tendidos en enfrentamientos, la Viuda Negra resultaba ilesa. Sería acaso su odio, su dolor o su deseo de ser asesinada, lo cierto es que nunca resultaba ni siquiera herida. Su argumento era que ya estaba muerta desde hacía tiempo, y como no se puede matar lo que no tiene vida, por eso la muerte la ignoraba y la dejaba a sus anchas.

—Desde hace tiempo estoy muerta, pero ya ve, todavía respiro —decía con tristeza.

Estaba en la etapa de mayor depresión cuando otro pretendiente apareció en su vida. Ella, como era su costumbre, lo rechazó. Había rechazado a muchos otros antes que a él, pues aunque sus pechos y muslos empezaban a ser sometidos por la flacidez, y a pesar de que la gordura abdominal empezaba a acumularse despiadadamente bajo su ropa, los hombres seguían asediándola con delirio, torturados tal vez por la soledad implacable que enfrentan los asesinos en las horas más negras de la noche.

No obstante, a diferencia de los otros, este pretendiente nuevo respetó su rechazo pero no se fue. Tampoco insistió, sólo empezó a buscarla con la mirada y a llamarla con el silencio. La emboscaba con fantasías que ella casi presenciaba en las miradas furtivas que descubría en él y en el deseo desbocado que no ocultaba, pues era notorio que la deseaba en silencio, en el aire que respiraba y a través de los segundos que derrapaban sobre su aire masculino y mal disimulado. La deseaba más allá de todo tacto, pues ni cuando le declaró su amor le rozó las manos. Era evidente que aquel nuevo pretendiente tenía la cualidad de mostrarle su amor con desdén e indiferencia.

* * *

Le decían el 78 y pertenecía también al Cártel de Juárez.

Fue de los pocos que sobrevivieron a la guerra contra el Cártel de Sinaloa, 10 años antes, y a las ejecuciones masivas que comandaba La Nueva Empresa contra ellos. Y aunque parecía no tener ninguna gracia, era hábil con las armas y sabio en el difícil arte de la espera, además de practicar un insoportable silencio que confundía a la Viuda.

Tenía una personalidad callada, sigilosa, como una serpiente; nunca se le miraba sonreír. No era joven ni viejo, y aunque de pocas palabras, era decidido. Ocasionalmente se encontraban cuando ambos salían a la comisión de un delito o para enfrentar a sus rivales, pero nunca se dirigían la palabra ni se sentaban uno al lado del otro, aun viajando en el mismo vehículo, pues el 78 era orgulloso o terriblemente tímido, y si alguna vez le declaró su amor parecía que no lo volvería a hacer, tal vez por temor a exponerse a otro rechazo o porque no sabía cómo juntar las palabras adecuadas para insistirle de nuevo. O quizá porque conquistarla sería apostar con la muerte. Pero qué le importaba la vida si, al igual que ella, tampoco temía a la muerte.

A pesar de lo anterior, se conformaba con verla de lejos cuando ella no lo miraba. Y aunque ambos sabían que se miraban furtivamente, ninguno se saludaba, ni siquiera de lejos, y era acaso ese deseo obtuso lo que más la atraía, pues no existe amor más intenso que aquel que se practica en la lejanía y en el arrabal del silencio.

El destino quiso juntarlos de nuevo en una ejecución masiva, y tras casi 300 disparos, la muerte de cinco de sus compañeros, la ejecución de ocho contrarios, además de gritos, sangre y horror, terminaron huyendo a gatas en medio de una pausa inusual deltiroteo. En aquella masacre sólo ellos dos sobrevivieron, y entre la adrenalina y las calles oscuras por donde escapaban, no tuvieron de otra que dirigirse la palabra y ser cómplices de aquella fuga interminable. Entregaron las armas en una casa de seguridad y luego de fumarse un par de porros terminaron haciendo el amor en un hotel, retozando las ganas en el placer de ejecutar a ocho contrarios pero sin lamentar la muerte de sus compañeros. Después del sexo no hablaron mucho, pero se sintieron afortunados de haber experimentado la eternidad de un orgasmo después de estar a gatas frente a la muerte.

Quedaron en no volver a verse en el terreno sexual, pero al cabo de varios días y noches de hinchada soledad, se mensajearon y acordaron un nuevo encuentro. Luego de seis horas de sexo desaforado, decidieron verse ocasionalmente. No vivirían juntos, al menos aún no, pero se verían como dos adolescentes lujuriosos cuya única regla era no empantanarse en el lodo incierto del amor. Tampoco se exigirían nada, no habría escenas de celos, ni reclamos, ni compromiso, nada. Sólo sexo. Pero eso no evitó que él se ofreciera a acompañarla a todo sitio a donde fuera para al menos estar cerca. Por eso estaba en la casa de seguridad donde nos vimos con las viudas la primera vez. Y por eso accedió a ser entrevistado la noche siguiente, pues casualidad o no, el 78 fue uno de los sobrevivientes en la guerra contra el Cártel de Sinaloa y ahora peleaba contra La Nueva Empresa. Esto lo hacía imprescindible para explicarnos la guerra de 10 años antes y la violencia actual.

Y aunque la casualidad no existe, era inevitable no notar el amor que la Viuda Negra sentía desde hacía tiempo por el 78. Infructuosamente ella se resistía a reconocerlo, pero era inevitable: cada vez extrañaba más a aquel hombre que se movía como una sombra errante cuando estaba cerca de ella, y entonces la Viuda se repetía una y otra vez que no podía enamorarse de alguien que fuera lo más parecido a un muerto.

Y sin embargo, es a los muertos a quienes más se les llora.

* * *

La noche que entrevistaríamos al 78, la Chica de los accesos sugirió que fuera cerca del aeropuerto. Había una casa de seguridad por aquellos rumbos; aunque más lejana, era más segura. Nosotros, en un afán por no comprometer la entrevista, accedimos. Así había sido desde el inicio, pues como siempre ocurre en ese tipo de coberturas, eran sus tiempos, sus reglas, sus sugerencias. Aunque era imposible no ceder ante sus observaciones cuando el tema era la seguridad, pues estábamos entrando a un mundo clandestino donde ellos navegaban el día y la noche, y al que nosotros queríamos entrar para hacer algo que no debíamos intentar, pero hacíamos lo que fuera para concluir nuestro trabajo.

Desde las 10 de la mañana de aquel 4 de octubre empecé a marcar a la Chica de los accesos para definir hora y lugar del encuentro.

Cuando al fin concretamos la comunicación, la Chica dijo que nos acercáramos a la terminal aérea a eso de las 2:30 de la tarde, allí nos daría nuevas indicaciones sobre adónde dirigirnos.

Como la mayoría de periodistas que vienen a México, llegamos puntuales a la entrada del aeropuerto. Había el tráfico normal y aunque nos mirábamos tan misteriosos como cinco agentes encubiertos, decidimos esperar. Marqué nuevamente a la Chica de los accesos y cuando por fin contestó nos pidió que esperáramos dos horas. El director, pensando que la demora se extendería por más de dos horas, sugirió mover el horario de la entrevista para las cinco de la tarde. La Chica aceptó de inmediato, incluso, propuso que mejor nos viéramos hasta las seis en el mismo sitio. Con ese margen de tiempo podríamos ir a El Paso a recoger un dron que nos faltaba y atender otros asuntos, mientras ellos también ganaban tiempo para analizar estrategias de seguridad con el fin de garantizar que todo saliera bien, para ellos y para nosotros.

Más tranquilos por el tiempo adicional, nos dirigimos al cruce fronterizo del centro de Ciudad Juárez para dejar al director y al fotógrafo en un lugar donde pudieran tomar un Uber a El Paso y recogieran el dron. El chofer, el asistente de cámara y yo volveríamos al hotel en espera del regreso. Tardaron en volver, pero casi a las seis de la tarde ya estaban de vuelta. Y aunque apenas teníamos tiempo para llegar al

aeropuerto, arribamos justo a tiempo a la ubicación que nos dieron para
esperar nuevas instrucciones.

* * *

Fueron puntuales. Por primera y única vez respondieron a la primera
llamada y hasta agregaron que estaban listos. La muerte también es puntual y, a diferencia de ellos, siempre está lista. Sólo llama una vez y no
espera, ni duda, ni pregunta, ni entiende.

En seguida Luego del saludo habitual, la Chica de los accesos nos pidió que
siguiéramos por la misma calzada y en el semáforo siguiente, pasando el
aeropuerto, giraríamos a la izquierda; un par de calles adelante le hablaríamos para recibir instrucciones de nuevo.

El sol en el horizonte bañaba de un tono naranja las casas de aquellos suburbios viejos, nosotros seguíamos sin advertir el peligro. Avanzando en suspenso, como una hoja de árbol que se mece en el aire y no
se decide a caer. Así seguimos circulando por aquellas calles y avenidas
olvidadas por Dios sin que nada interrumpiera nuestros silencios. Cada
uno sumergido en sus pensamientos, preocupaciones o recuerdos. ¿Qué
pasaba por los laberintos de mi mente? Pensaba en mi película. En el
diseño sonoro y en la música. Debía presionar al de efectos visuales para
que enviara el corte final, y al ingeniero de posproducción para que maquilara un DCP. Era tiempo de oro y no podía esperar más si realmente
quería estrenar en marzo de 2020.

En el asiento trasero, el director del proyecto corregía las preguntas
que haría al 78; mientras a lado, el chofer y el asistente de foto buscaban
algún indicio de la Chica, que creíamos aparecería en cualquier momento y en cualquier dirección. El asistente de cámara dijo una broma
para romper la tensión pero sin lograr su efecto. ¿Qué piensa una persona cuando se acerca a una tragedia? Nada. No se prevé ni se anticipa,
mucho menos se siente. Tal vez lo que verdaderamente sientes es una
insólita tensión. Nada más.

Asaltado por un extraño presentimiento de alerta marqué de nuevo
a la Chica para decirle que ya estábamos en el lugar, a la altura de la Central de abasto. Indicó que siguiéramos de frente hasta encontrar otro semáforo, allí doblaríamos a la izquierda, pocas calles adelante ella misma

nos encontraría. Seguimos y efectivamente, tres cuadras después de virar a la izquierda la topamos en la camioneta negra de siempre. Venía en dirección contraria y nosotros nos detuvimos para esperarla. Se dio vuelta en *u* y sin detenerse nos hizo señas para que la siguiéramos.

No supe cuántas vueltas dimos ni en qué momento llegamos, sólo que de pronto nos detuvimos frente a un rústico domicilio de donde salió el Gordo haciendo señas para que nos estacionáramos. Se trataba de un barrio humilde y con casas de asistencia social: sin duda el lugar idóneo para casas de seguridad.

Justo antes de bajarnos la Chica de los accesos me llamó por teléfono para pedirnos discreción, pues frente al domicilio había un negocio con cámaras de seguridad que grababa todo. Pero pasar desapercibidos era casi imposible, pues al menos tres de nosotros parecíamos extranjeros, y con nuestro equipo de cámaras, luces, micrófonos era imposible no llamar la atención. Todavía sin bajarnos de la unidad, el fotógrafo analizó rápido los instrumentos mínimos que llevaría adentro; era inevitable que nadie nos viera.

El director y yo pensábamos que aquello era una exageración, pues ¿cuántas veces se nos había advertido sobre tener discreción? ¡Siempre! Y obedecíamos, sí, pero nunca ocurría nada: porque teníamos suerte, porque funcionaba la estrategia o simplemente porque nunca nos había arañado la tragedia ni la mala suerte. Ciertamente éramos fugitivos del infortunio y no haber vivido un ataque era una bendición, aunque esa ausencia de tragedia acrecentaba nuestra incredulidad de que algo malo pudiera pasar, al grado de pensar que quienes brindan esos accesos exageran y ensanchan su ya enorme paranoia hasta llenarnos de instrucciones que para nosotros son insensatas y sólo desgastan innecesariamente. Por eso no escuchábamos muchas de las recomendaciones, lo cual nos hacía caer en un estado de catalepsia emocional. Pero nunca como en ese momento pudimos estar más equivocados, pues no sólo saboteábamos nuestras propias reglas de seguridad, también pasábamos por alto un gran detalle: estábamos en Ciudad Juárez y allí había una guerra.

* * *

Al entrar al domicilio, un niño de 12 años jugaba en la sala. Nos extrañó ver a un infante entre armas, polvo y plomo, pero no dijimos nada; en primera, porque no teníamos autoridad para cuestionarlos; en segunda, porque en medio de aquel desorden visual tratábamos de deducir cómo meter el resto del equipo sin que los vecinos se dieran cuenta.

Yo no dejaba de pensar en el niño. Era el mismo que había estado la noche anterior en la primera casa de seguridad escuchando los testimonios de la Viuda Negra: su madre, según nos confesó ella misma al término de la entrevista la noche anterior.

La propia mujer explicó que había llevado a su hijo, producto de su primer matrimonio, porque no tenía dónde dejarlo, y aunque no era lo mejor, era lo más adecuado, porque así escucharía cómo es el mundo real.

—Yo le digo que estudie para que no siga mis pasos, pero al final será su decisión, y si él elige entrar a la mafia, que sea para matar a gente de La Nueva Empresa, porque si termina enredándose con ellos, entonces yo como madre tendré que matarlo.

La escena por sí sola resultaba atroz, pues era tanto su odio y dolor, que la mujer parecía decidida al filicidio. Por eso cada vez que podía se lo recordaba. El niño, sin saber por qué, tenía tiempo odiando con todo su corazón a los de La Nueva Empresa. Era un sicario en potencia que, hablando de forma realista, estaría listo en cuatro o cinco años, y acaso su presencia en esa casa de seguridad era parte de un entrenamiento aún no planeado. Curiosamente la madre no estaba ahí. La Chica de los accesos explicó más tarde que la Viuda Negra se encontraba en "comisión", llegaría más tarde; por ello le habría pedido que cuidara al niño. Ciertamente, la Chica no simpatizaba con la presencia del infante en el lugar y por eso antes de iniciar la entrevista le pidió que saliera a jugar a la calle. El niño, no muy convencido, obedeció.

En ese instante entró el Gordo. Había estado afuera vigilando que todo estuviera bien y tras saludarnos brevemente pidió que nos apresuráramos a meter el resto del equipo, pues el solo hecho de estar ahí era peligroso. El asistente de cámara salió rápido por luces, *stands* y tripiés que faltaban; cuando todo estuvo todo listo, salió el 78 de la habitación del fondo. Había estado vigilando la parte trasera de la casa durante todo ese tiempo y al vernos nos saludó lacónicamente, sin decir una palabra más.

Luego de cerciorarse de que ya no saldríamos, cerró con seguro las puertas de entrada y la trasera, se asomó por ventanas para verificar que nadie estuviera husmeando y finalmente caminó hacia nosotros para que le explicáramos detalles sobre la entrevista.

Se movía como una sombra y había una tristeza amarga en su mirada, como si presintiera que algo muy malo iba a pasar. Cerca de él, podía sentirse una fuerte tensión en el ambiente, pero nadie dijo nada, nosotros estábamos ocupados buscando el lugar idóneo para la entrevista. El sitio no se prestaba para mucho, pues la casa no sólo era minúscula, además estaba mal distribuida: la sala medía aproximadamente cinco metros de largo por cuatro de ancho y justo a la derecha de la puerta de entrada había una cocineta de tres por dos metros en la que destacaba un fregadero sencillo lleno de loza sucia, una estufa y un refrigerador. Regresando a la sala, en la parte frontal izquierda, se miraba una cama cubierta con una colcha floreada, ahí descansaban un rifle AR-15 y la pistola *matapolicías* que usaba el Gordo; a la derecha del mueble quedaba un pasillo de acaso un metro de ancho que daba a la habitación del fondo, pero antes pasaba por tres puertas consecutivas, una enseguida de la otra: la primera daba a un baño pequeño, la segunda al cuarto de lavado y una tercera puerta (transversal a las primeras dos, pero paralela a la cabecera de la cama) llevaba a la única habitación del domicilio.

Tratando de ubicar el mejor encuadre en un lugar tan desordenado, el fotógrafo sugirió al director acomodar una silla entre la cama y la puerta del baño para entrevistar al 78, dejando como fondo la puerta abierta del cuarto de lavado, donde apenas se veía una puerta de metal que daba al patio de la casa por la cual entraban varios hálitos de luz a través de un mosquitero de rombos minúsculos. La composición, aunque acertada, era laboriosa; sin embargo, el asistente de cámara no parecía entender de embrollos y rápido se cuadró con las indicaciones del fotógrafo y diligente empezó a iluminar el lugar.

Afuera aguardaba el chofer, para informarnos sobre cualquier movimiento extraño que notara y también para cuidar el equipo que había quedado en el vehículo. En el interior de la casa y ajeno a lo que se avecinaba, el fotógrafo me pidió que me sentara en la silla donde sería la entrevista. Quería checar encuadre, composición e iluminación para identificar los ajustes necesarios. El 78, por su parte, se acomodaba un pasamontañas para cubrirse la cara y proteger su identidad. El director se había sentado en una silla que había instalado al lado derecho de la cámara, justo enseguida de la puerta de entrada, para luego sacar su libreta y revisar las preguntas que haría.

Extrañamente, el asistente de cámara que ya había iluminado el lugar y estaba por poner el micrófono inalámbrico al 78 envió un mensaje al chofer para preguntarle si todo estaba bien afuera. Todo tenía que estar bien, porque en el momento en que algo estuviera mal, su obligación era informarnos. ¿Fue una pregunta o una premonición?

Adentro todo estaba casi listo y el 78 se acercó para que le cediera el asiento. Lo hice porque así se requería: la realidad es que aquella vieja silla de patas oxidadas era el asiento de la muerte. Pero entonces nadie lo sabía. Pienso que aunque le hubieran advertido al 78 sobre esa realidad, igual se habría sentado, pues para él todo lo relacionado con augurios y predicciones eran anuncios baratos que, según decían quienes lo conocían, sólo confunden a la gente.

A punto de iniciar la entrevista y casi para despejar la sala, el Gordo tomó la *matapolicías* y la Chica de los accesos el AR-15, luego pasamos a la habitación. Necesitábamos hablar para discutir el arribo del cargamento de armas y el clavo de droga que sus jefes mandarían a Estados Unidos. El Gordo se fajó la pistola a la cintura mientras la Chica colocó el rifle sobre un viejo colchón que yacía en el suelo y agregó que todo estaba en su lugar: teníamos el permiso del Jefe y podríamos grabar el clavo el fin de semana. En cuanto a las armas, esperaban un cargamento para el próximo lunes, pero nadie sabía hora ni lugar a donde llegaría, lo que sí sabían era que recibirían AK-47, AR-15 y armas cortas. La guerra con La Nueva Empresa había evolucionado y necesitaban armarse hasta los dientes.

De pronto se escuchó un sonido metálico que venía de la sala, como si una de las lámparas se hubiera caído. Una rápida confusión nos asaltó. Nos miramos a los ojos con equivocada simpatía y de inmediato se escuchó un segundo golpe, éste todavía más fuerte; justo empezábamos a caminar hacia la sala para ver qué pasaba cuando intempestivamente una ráfaga de disparos tronó con furia donde estaban mis compañeros, se escucharon gritos de terror que decían "¡no, no, no!" y más disparos, como si los agresores hubieran entrado a la sala a ejecutarlos.

El Gordo, por instinto, se agachó hasta hacer una especie de genuflexión; sacó su pistola, cortó cartucho y empezó a disparar a diestra y siniestra hacia la sala, donde estarían los atacantes, pero también donde se encontraban mis compañeros. Yo estaba paralizado, incrédulo ante el ataque y por consiguiente, incapaz de reaccionar, sólo pensaba que si los agresores estaban dentro de la casa y habían disparado a mis compañeros, en cualquier momento entrarían a la habitación y nos ejecutarían a todos.

Aterrado buscaba con la vista un arma o algo para defenderme, pero no encontraba nada. El Gordo permanecía acurrucado en la esquina del cuarto y desde allí disparaba, consciente de que en cualquier momento lo podrían alcanzar las balas hasta despedazarlo y luego entrarían los sicarios a matarnos a todos.

La Chica a su vez se había tirado al piso para cubrirse de los tiros, sólo hasta entonces reaccioné y me lancé al suelo boca bajo mientras, tal vez por instinto o por temor, me llevé brazos y manos a la cabeza. No sé por qué cerré los ojos en un afán por no mirar lo que estaba pasando, pero también en espera de lo peor; en silencio empecé a orar, a rogar a Dios que no me pasara nada, pero también que mis compañeros estuvieran bien, aunque los gritos sugerían lo contrario.

Los disparos, más de 50, seguían tronando; indeciso y temeroso abrí de nuevo los ojos para enfrentar la realidad, para buscar entre las cosas un arma adicional y tener algo con qué defenderme, pero sólo quedaba el AR-15 al otro lado del cuarto, justo al lado de la Chica que seguía tirada en el suelo cubriéndose de los disparos. El Gordo había agotado sus municiones y empezaba a cambiar el cargador de su arma cuando un balazo lo impactó en el hombro izquierdo y lo estrelló contra la pared para luego caer al suelo, fue quizá lo mejor porque de inmediato otros cuatro disparos se impactaron exactamente donde estaba. En ese momento supe que sería cuestión de segundos para que todo acabara. Los disparos cesaron por unos instantes, la Chica de los accesos tomó el AR-15 que tenía al lado e incorporándose ligeramente sobre sus rodillas empezó a disparar hacia la ventana, muy cerca de donde se encontraba el Gordo y donde varios sicarios armados empezaban a asomarse dispuestos a liquidarnos. El Gordo, mientras tanto, terminó de insertar el cargador en su pistola y desde el suelo siguió disparando hacia el frente hasta agotar nuevamente sus municiones. De pronto todo quedó sumergido en un silencio tan profundo que hasta pude escuchar los latidos de mi corazón. El silencio fue corrompido por el intenso resoplar del Gordo, que debido al impacto recibido respiraba agitado. Sangraba y trataba de detener la hemorragia en su hombro, aunque era más fuerte la adrenalina y permanecía alerta ante cualquier sonido que escuchara.

Yo, creyendo que todo había acabado, me incorporé y rápidamente corrí a la sala a buscar a mis compañeros. Temía lo peor y apenas entré me di cuenta que no estaba muy lejos de la realidad: había sangre por todas partes. El director, el fotógrafo y el asistente de cámara yacían en el suelo boca abajo, todos abrazados pero sin moverse. No se veían heridos y aunque parecían no respirar, al menos no sangraban. Los llamé por sus nombres preguntando si estaban bien. El director, con una expresión de pavor en el rostro, se volvió a mí y con la cabeza negó haber sido herido. A su lado el fotógrafo y el asistente de cámara también se volvieron e igualmente negaron estar heridos. ¡Gracias a Dios estaban vivos! Repentinamente, una nueva ráfaga volvió a escucharse y yo alcancé a oír los zumbidos de las balas rozarme la cabeza, aterrorizado me tiré al piso. Los disparos seguían y empecé a gatear hasta el baño de la casa tratando de ponerme a salvo. Respiraba hondo y temblaba de terror pensando que los agresores habían regresado para matarnos a todos. Incapaz de carburar ideas, saqué mi teléfono y marqué el 911, cuando la Chica y el Gordo salieron de la habitación gritando que debíamos irnos mientras injuriaban a los agresores. Todo eran voces que se interponían con los ecos de las palabras mezcladas intermitentemente en una exasperación angustiante, de alarma. Al verme con el teléfono en la mano me pidieron que no llamara a nadie porque todo podría empeorar. Confundido e incapaz de negar la petición, interrumpí la llamada mientras ellos, envueltos en gritos, prisas y desesperación, insistían en irnos de la casa. Pero yo no asimilaba sus palabras, no entendía lo que decían pues supongo que en ese momento me sumergía en un profundo abismo de temor que me impedía reaccionar. Por eso no quería salir de aquel espacio; por eso aquel *shock* que me impedía moverme, incluso hablar, pues no lograba asimilar lo que pasaba. La Chica y el Gordo siguieron hacia la salida y luego volvieron todavía más turbados que antes, fue entonces que las voces empezaron a desvanecerse en medio de un extraño zumbido. Ellos en cambio caminaban de un lado a otro como en cámara lenta y tras varios segundos todo empezó a hundirse en un silencio mortal, un surrealismo espantoso.

Nuevamente maqué al 911 para reportar la emergencia. Temblaba. Un segundo, luego otro y otro, hasta que finalmente respondió una operadora a quien de inmediato pedí que nos enviaran ayuda, habíamos sido víctimas de un atentado. La operadora me pidió dirección del incidente o al menos el nombre de la colonia donde nos encontrábamos, pero no supe contestar. Estábamos cerca del aeropuerto, era todo lo que sabía y no podía precisar calles, colonia ni código postal, nada.

—Hay un expendio de cerveza enfrente de nosotros —le dije, pero no fue suficiente.

Ella señaló que ya habían reportado un tiroteo en la colonia Valle de los Olivos, y si era ahí donde nos encontrábamos, pronto llegaría la policía. Yo estaba desesperado, y tras aclararle que éramos prensa internacional, le exigí de nuevo que enviara ayuda lo más pronto posible. La operadora me pidió que me calmara y que no saliera, pues la policía ya estaba en camino. Quedé a la espera. Parapetado en aquel baño siniestro y sometido a un terrible silencio, empecé a escuchar los latidos de mi corazón. De nuevo pensé en mis compañeros. Según yo seguían tirados en la sala de la casa, boca abajo y en espera de que llegara la ayuda. Lo mejor era esperar, pero al mismo tiempo esperar era peligroso porque los asesinos podían regresar y en el instante que llegaran nos matarían a todos, sin darnos oportunidad a nada. Por instinto tomé el tubo de la cortina del baño y apretándolo con ambas manos, como si fuera un bate, esperé a los agresores: si volvían me defendería hasta el final, hasta venderles cara mi vida. Y sin embargo, era inevitable no sentir miedo. Por más entrenado que creía estar, la realidad es que nunca se está entrenado para una situación así. Y sentía miedo a la espera. Y miedo a la muerte. Miedo a las balas atravesando la carne. Miedo a dejar mi película inconclusa y que nadie luchara por ella.

Y mientras todos esos pensamientos me atormentaban, escuchaba el silencio. Y escuchaba el insoportable zumbido agudo que se oye cuando no se escucha nada pero al mismo tiempo se oye casi todo: los autos moviéndose a lo lejos, los insectos sobrevolando el jardín marchito de la casa, los latidos suaves de mi corazón temblando por todo y hasta la adrenalina segregada por todo mi cuerpo. Y sin embargo, pronto debía terminar todo esto. Para bien, o para mal, pero debía acabarse aquello.

A lo lejos escuché varios autos acercarse y nuevamente supuse que los agresores estaban de regreso. Apreté el tubo con más fuerza y empecé a respirar hondo. Se detuvieron afuera de la casa. Sería cuestión de segundos para que los asesinos entraran.

¿Era la hora de la muerte? Pronto, muy pronto lo habría de descubrir. Los segundos corrían despacio, como caracoles moviéndose lentos por la tierra afilada del monte. Yo esperaba a que entraran, esperaba los gritos, los disparos, la violencia y una muerte rápida y voraz. Soltaría un último golpazo y sería lo último que haría. De pronto el reflejo rítmico de una cadena de luces azules y rojas empezó a danzar sobre la pared de la sala: ¡Era la policía! Solté el tubo y despacio, con mucha cautela, salí del baño. ¿Estábamos a salvo?

Al salir, la sala se veía peor que la vez anterior, esta vez no sólo era la sangre derramada por todas partes, sino las marcas de los disparos en la pared, los *stands* de las luces abatidos sobre los muros, las lámparas acribilladas, la colcha en la cama toda reburujada, la sangre salpicada como en el cuadro más rojo y horrorosamente lánguido jamás visto, pero lo peor era que ya no estaban mis compañeros. ¿Los habrían secuestrado?

Nuevamente el temor me invadió. Empecé a caminar despacio hacia la salida, entre los reflejos azules y rojos de las torretas que cada vez eran más intensos; chocando la mirada con aquel desastre febril, descubrí la libreta del director tirada en el suelo, abierta y con las hojas de papel dobladas por las pisadas de quienes huyeron corriendo encima de ella y las grandes gotas de sangre cubriendo las preguntas que no alcanzaron a formularse, en tanto las luces policiacas seguían danzando incansables encima de todo.

Era un escenario brutal. Los ojos vidriosos, las manos temblorosas y yo deseando que aquello fuera sólo una pesadilla; pero no lo era, todo era espantosamente real.

En ese momento entró un policía municipal sosteniendo un rifle en las manos, en cuanto me vio me encañonó de inmediato, yo levanté las manos y le dije que era periodista, pero él, sin dejar de apuntarme, me preguntó a qué bando pertenecía. Yo insistí que era periodista y que habíamos estado en medio de un fuego cruzado, pero el policía parecía no escuchar y seguía preguntándome dónde estaban mis cómplices. Todavía en *shock* por lo vivido, insistí que era periodista y que entrevistábamos a un grupo de sicarios cuando la balacera ocurrió, hasta intenté sacar mi credencial de reportero para acreditar mi identidad, pero él me gritó que no me moviera, porque si lo hacía, dispararía, así que ya no me moví. El uniformado se acercó, me esposó con las manos a la espalda y sin importarle que fuera periodista, ni víctima me sometió, pues en ese momento era sólo un sospechoso. Me condujo a la calle donde había más de ocho patrullas con sus torretas encendidas, más municipales hablando por radio, una ambulancia y los vecinos mirándome con curiosidad y murmurando que yo era un asesino.

Fui conducido a una patrulla y el policía me encerró en el asiento trasero en espera de que llegaran los detectives de homicidios. Yo pedí que al menos me permitieran hacer una llamada, pero el policía seguía sin escucharme. Luego de tomar mi nombre y dirección, se acercó un policía del estado para preguntarme qué había ocurrido.

—Soy periodista, estábamos entrevistando a un grupo de sicarios cuando… nos atacaron.

—¿Y venías solo o dónde están tus compañeros? —preguntó.

Yo no respondí. Miré temeroso en todas las direcciones en busca de ellos, pero no los encontré por ninguna parte. Miraba a los policías rodeando el lugar, a las patrullas afuera de la casa, la cinta amarilla instalada, a tres paramédicos observándome mientras esperaban al lado de la ambulancia, a más curiosos llegar y cuchichear sobre lo ocurrido, a las sombras de la noche llenar el lugar… pero no veía a mis compañeros.

—No sé… No sé dónde están —respondí derrotado.

Tomaron mi credencial de elector y yo aproveché para entregarles mi gafete de prensa. El agente del estado miró mis documentos con atención. Yo seguía buscando a mis compañeros con la mirada. Tenía miedo de que los agresores se los hubieran llevado. El policía del estado preguntó para quién era el documental, yo respondí: "Para National Geographic". Quedó un momento pensativo y yo aproveché su ofuscación para decir que el día anterior habíamos entrevistado al procurador de la zona norte de Chihuahua.

Me miró a los ojos y yo le sostuve la mirada también. Pedí que me permitiera hacer una llamada para que todo se aclarara y el agente del estado ordenó al municipal que me quitara las esposas, y aunque éste se resistió, al final tuvo que cuadrarse porque para entonces yo estaba en poder de la fiscalía del estado.

Llamé a los teléfonos de cada uno de mis compañeros, pero nadie respondió. Volví a marcar, pero nada. Mi temor y confusión crecieron. Marqué al vocero de la fiscalía pero seguía sin tener contactar a nadie. Era como si todos se hubieran puesto de acuerdo para no responder. Finalmente llamé a la única persona que me contestaría: Andrés Villareal.

Luego de explicarle lo sucedido, me pidió que me calmara mientras buscaba ayuda y en unos minutos me regresaría la llamada.

Una mujer policía se acercó al lugar y tras secretear algo con su compañero pidió que la acompañara, era necesario resguardarme en lo que llegaban los de homicidios.

La seguí entre el tumulto de miradas. Entonces tuve una extraña sensación, como si no fuera yo quien caminara, sino una copia mía. Como cuando se sueña estar en un lugar y de repente estás en otro sitio. Inmerso en un delirio, me abrí paso entre policías y curiosos que me miraban a lo lejos: entre la oscuridad oblicua de la noche, la luz pobre y sucia de las lámparas, el pensamiento extraviado por todo lo ocurrido, la calma trastornada, la interrogante vapuleada, la intriga terrible de no saber en dónde estaban mis compañeros, si vivos o muertos. Más lejos aún, o quizá más cerca, el sonido de sirenas surcaba el momento terrible de mi confusión.

Pasamos de pronto por la parte lateral de la vivienda, donde estaría estacionado nuestro vehículo: ya no estaba ahí. La casa, situada en una esquina del vecindario, parecía un domicilio abandonado, y al avanzar un poco más, miré en el patio algo que me heló el corazón: un hombre muerto tirado boca abajo.

Agaché el rostro rápido para no ver de quién se trataba y con la mirada baja seguí caminando, no quería identificar el cadáver. No quería que fuera el chofer, ni ninguno de mis compañeros, ni siquiera las personas que habíamos entrevistado. No quería esa realidad. Pero esa realidad siempre estaría ahí y tarde o temprano me emboscaría. Sucumbí decidido a la curiosidad y entonces volví el rostro hacia la escena del crimen, pero ya no alcancé a ver el cadáver, una pared se había atravesado entre nosotros.

Por fin llegamos a una camioneta de la policía del estado, allí un agente estaba sentado al volante. Aunque la unidad carecía de insignias de la fiscalía, sin algo que la identificara como vehículo oficial, la mujer policía me pidió ingresar al asiento trasero y yo obedecí. Ya no temía. Si me iban a matar, lo podían hacer en cualquier momento y con absoluta impunidad. Estaba solo. No sería difícil acabar conmigo, bastaba con conducir a una zona despoblada y ahí terminar el trabajo. Una llamada en mi teléfono me cortó de tajo aquellos pensamientos, haciéndome brincar en el asiento; era el vocero de la fiscalía regresándome la llamada. Me saludó con afecto, pero en cuanto le expliqué lo ocurrido, le cambió el tono en la voz y dijo que, aunque estaba enterado de la balacera, desconocía que nosotros estuviéramos ahí. Preguntó por mis compañeros y yo respondí que no sabía, que quizá los habrían tomado los agresores. Se alarmó aún más y me pidió que lo esperara unos minutos, debía notificar al fiscal sobre lo ocurrido.

El corazón empezó a temblarme con angustia. No dejaba de pensar en mis compañeros. La mujer policía señaló que era imperante localizarlos y que siguiera insistiendo, pero justo en ese instante la batería de mi teléfono murió. Era el peor momento para que ocurriera, aunque a veces las cosas ocurren en los peores momentos.

* * *

Consiguieron un cargador, conecté el teléfono unos minutos y apenas tenía el tres por ciento de carga cuando encendí el aparato para marcar de nuevo. Escuchaba que entraba la llamada pero nadie respondía. Aturdido por la desesperación, llamé a Washington para ver si en la oficina de NatGeo tenía más suerte. Cuando la productora en línea que monitoreaba nuestra cobertura contestó le solté de golpe la noticia:

—Sufrimos un atentado… Estuvimos involucrados en una balacera y no sé lo qué pasó con el resto del equipo, tal vez los secuestraron o se los llevaron, no lo sé —dije a quemarropa.

La noticia no pareció alarmarla y sólo dijo que ya estaban enterados de todo y que tenían rato tratando de localizarme para saber si estaba bien, pero mi teléfono estaba apagado. Yo no tenía interés en notificarles cómo estaba yo, ¡quería saber cómo estaban mis compañeros! Sólo hasta entonces dijo que todos estaban bien, que lograron salir del domicilio y estaban vivos.

—El director está herido pero no es nada serio; recibió un tiro en la pierna y en estos momentos ya se encuentra recibiendo atención médica…

No supe qué más dijo, dejé de escucharla porque poco a poco sus palabras empezaron a desvanecerse en ecos distantes que lentamente se perdían entre las luces azules y rojas de las torretas y se intercalaban con los latidos de mi corazón maltrecho, para luego ser sometidas por las ganas infinitas de llorar de alegría y al mismo tiempo llorar de tristeza, y en medio del llanto recostarme en el asiento trasero de aquella patrulla para dormir plácidamente y así ocultar el llanto que intentaba contener, pues realmente estuvimos muy cerca de ya no ser, de no estar y de no hablar. La productora alcanzó a arrancarme de aquella melancolía al sugerirme que llamara al chofer para que fuera por mí, pues era el único de nosotros que estaba cerca. Casi por inercia lo llamé de inmediato para pedirle que me sacara de aquel lugar infernal antes de que el suelo se abriera y me tragara. Llegó a los pocos minutos, pero en lugar de llevarme a donde estaban nuestros compañeros nos condujeron a ambos a la fiscalía para rendir nuestra declaración. Ahí pasamos más de tres horas recordando los suburbios de lo ocurrido, detallando cada momento vivido en un gigantesco vaivén de pedradas que iban y venían, con sonidos e imágenes relampagueantes, hasta que por fin nos llevaron al hospital donde atendían al director.

En el trayecto mirábamos en silencio las calles conocidas de Ciudad Juárez, que entonces nos resultaban infinitamente desconocidas. Viajábamos en un convoy de cinco vehículos de la fiscalía, formado exclusivamente para nuestra seguridad. Pero más que sentirnos seguros, sentíamos melancolía. Yo pensaba en mis padres, en mis hermanos, en Carmen, en mis amigos… Mientras tanto, la policía seguía escoltándonos al hospital y sin abandonarnos en esa falsa desolación, pues sin duda nuestros agresores estarían reportando nuestros movimientos desde las sombras. Por eso no nos deteníamos en semáforos en rojo ni en los altos ornamentales que sólo adornan la ciudad y se interponían en nuestra ruta, pues el peligro era un color intermitente que estaba en cualquier lugar, ése era el motivo por el cual una patrulla de tránsito municipal nos abría paso por donde cruzábamos.

Cuando arribamos al hospital, el sitio estaba atiborrado de policías del estado. Ubicados en sitios estratégicos, algunos a la distancia y otros en las entradas, el nosocomio estaba prácticamente sitiado, pero aun así el temor y la incertidumbre persistían. Por eso bajamos con cautela. Fue un gran alivio encontrarnos con el fotógrafo y el asistente de cámara, quienes sabían de nuestra llegada; al vernos nos dimos un abrazo fraternal e inevitablemente sentí unas ganas inmensas de llorar, pues habíamos salido con vida del ataque: las palabras no salían, eran interrumpidas por un grueso nudo en la garganta.

—¡Pensamos que estabas muerto! —dijo finalmente el asistente de cámara.

Yo sólo tragué saliva. En el fondo sabía que aún no podía morir, y sin embargo ¡la muerte nos había arañado el alma y la piel! El fotógrafo me extendió entonces una botella de whiskey, yo la empiné y di un trago largo, tristemente amargo, pues por obra divina logramos salir ilesos de aquel enfrentamiento. No me cansaré de decirlo: fue Dios quien intervino para que nada nos pasara y no la suerte, como muchos sugirieron.

Pasé después a ver al director al cuarto de hospital. Lo encontré recostado en su cama, envuelto por un profundo olor a etanol y sumergido en un tremendo silencio; tenía la pierna derecha vendada y apenas estaba cubierto por una delgada sábana blanca. Al igual que el resto de nosotros, seguía sin asimilar lo ocurrido, todo había pasado tan rápido y a la vez tan lento, como una sinfonía macabra tocada en cámara lenta. Lo abracé con afecto y con la más grande alegría que puede dar la vida, pues sobrevivimos para contarlo.

Finalmente el director lamentó lo ocurrido y el haberse ido sin saber a ciencia cierta qué había pasado conmigo. Pero yo no me sentía agraviado. Ciertamente se fueron y me dejaron, pero yo mejor que nadie sabía que cuando se está de frente a la muerte, a todos nos gana el instinto de sobrevivencia, por eso salieron de aquella escena mortal. De mi parte no había reclamos, pues entendí la situación, tal vez yo hubiera hecho lo mismo. Y no obstante, algo en lo que todos coincidimos es que pudo ser mucho peor, pues estuvimos bajo una lluvia de más de 150 disparos que parecían interminables, y ninguno de nosotros resultó fatalmente herido: era un milagro.

Pero no todos corrimos con la misma suerte: el 78 recibió los primeros disparos que entraron a la casa y muy probablemente los mismos disparos que salvaron al resto del equipo, pues aquel pistolero había sido el escudo que nos obsequió un poco de tiempo para que todos se tiraran al suelo. Esa circunstancia le costó la vida.

Enterarme de aquello me hizo suspirar hondo, pues de alguna manera me sentía responsable de su muerte, ya que estaba ahí por nosotros, aunque nosotros también estábamos ahí por él. ¿Era mi culpa? Y si lo era, cómo prever un ataque de esa naturaleza que no tiene ni principio ni fin. Habíamos hecho ese tipo de entrevistas tantas veces y nunca vivimos un ataque similar. Sí, me habían encañonado, habían golpeado a uno de mis reporteros, me habían amenazado de muerte, pero vivir los disparos, los gritos, la sangre y la muerte era diferente. Entonces ya no fue un mito la posibilidad de ser atacados, sino una realidad. Dos personas muertas comprobaban lo anterior: el 78 y uno de los agresores de quien nunca supimos su nombre.

El sonido de la sangre

Cuando los sicarios llegaron, corrieron hacia la parte trasera de la casa con la intención de entrar al domicilio. Fueron sigilosos y tenían el factor sorpresa a su favor, por eso no batallaron en someter a nuestro chofer, mientras el resto se brincó la barda del patio posterior para luego rodear la vivienda, mientras los más agresivos se acomodaron al lado de puertas y ventanas, no sólo para evitar que alguien escapara, sino para preparar bien el cuadro y en el momento indicado tumbar a culatazos la puerta para entrar y ejecutar a quien estuviera adentro.

El chofer, consciente de lo inevitable, preguntó al pistolero que lo sometía si podía irse, pero éste le respondió que nadie se movería de ahí hasta que todo acabara. El chofer no necesitaba ser adivino para saber que una vez que mataran a todos, lo matarían a él también para luego irse como llegaron.

Nosotros, en tanto, permanecíamos adentro ajenos a lo que acontecía. Ya estábamos por iniciar la entrevista que nunca ocurrió, cuando los sicarios golpearon con sus rifles la puerta del patio tratando de derribarla, pero al no lograrlo empezaron a disparar desde afuera a diestra y siniestra.

Sentado frente a la cámara, pero dando la espalda a la puerta del patio, el 78 no tuvo tiempo de defenderse, ni siquiera de reaccionar: un par de disparos le perforaron la espalda y lo lanzaron al suelo con una cruel brutalidad. Todo lo demás ocurrió con tremenda violencia, como dije, más de 150 disparos, incluyendo los hechos por el Gordo y por la Chica, gracias a que repelieron la agresión, lograron que los contrarios recularan, de lo contrario habrían entrado por nosotros. Hubo a continuación gritos, sangre, terror y una fuerte desorientación, pues en nuestras mentes los balazos se extendieron durante varios minutos, cuando en realidad el incidente no duró más de 60 segundos.

Cuando los disparos se calmaron, hubo un silencio ligero que me hizo pensar que todo había terminado. Principiante en atentados de muerte, me incorporé desconcertado para correr hacia mis compañeros: gran error, lo que en realidad ocurrió fue que los sicarios recargaban sus armas y justo al terminar volvieron a disparar contra nosotros. Yo, pensando que los sicarios habían regresado, sentí los disparos rozarme las orejas y me lancé al suelo, entonces me arrastré hasta el baño de la casa tratando de ponerme a salvo.

Segundos más tarde (o acaso centésimas de segundo), salió la Chica y detrás de ella el Gordo, quienes empezaron a maldecir a los contrarios, a lamentar el ataque, a injuriar a la suerte mientras caminaban de un lado a otro buscando las llaves de la camioneta, o tal vez tratando de auxiliar al 78, que había resultado herido de muerte.

Indistintamente, todo quedó absorbido por un silencio insoportable. Entonces yo no sabía pero justo en medio de aquellos gritos y espantos, sacaron al 78 y al resto de mis compañeros para huir del lugar.

* * *

Iban a toda velocidad por aquellos suburbios, pues aunque no sabían si los seguían, la lógica dictaba que debían alejarse lo más que pudieran. Y si los seguían tenían que estar listos para repeler el ataque para que no los sorprendieran de nuevo como en la casa de seguridad, sino que esta vez pelearían hasta el final.

La Chica de los accesos, alerta hasta la admiración, conducía vertiginosamente la camioneta, al lado de ella estaba el Gordo con el AR-15 listo para accionarlo en el momento en que se atravesara un auto. Entonces no lo pensaría dos veces para jalar el gatillo y rociarlos a tiros hasta matarlos a todos, o hasta que se le acabaran los tiros, o hasta ser destrozado a balazos.

Los caminos de terracería los hacían dar tumbos mientras la oscuridad acogía al mundo en su manto infinito; conscientes de que la muerte podía estar en todo vehículo, todos los carros que circulaban cerca de ellos eran posibles enemigos, por eso el Gordo mantenía el dedo en el gatillo, mientras su otro brazo sostenía el cuerpo del arma. Aunque estaba herido, no le importaba. Y si lo mataban, vendería cara su muerte.

En los asientos traseros, mientras tanto, el 78 no dejaba de sangrar, lastimosamente repetía tres palabras que nunca olvidarían mis compañeros: "No puedo respirar, no puedo respirar, no puedo respirar", decía.

A su lado, inmersos en la adrenalina y con la presencia latente de la muerte, el director, el fotógrafo y el asistente de cámara trataban de consolarlo pero no podían; por otra parte, debían lidiar con la hemorragia en la pierna del director, que aunque no le impactó la arteria femoral, no dejaba de sangrar. Le apretaban la herida con las manos buscando detener la hemorragia, pero era imposible, la sangre brotaba entre los dedos como si fuera un manantial interminable de flores rojas.

El fotógrafo concluyó que si querían minimizar un nuevo ataque, debían bajarse del vehículo lo más pronto posible, porque si eran perseguidos o estaban siendo cazados, sería cuestión de tiempo para que los atoraran y entonces ya nada los salvaría.

A su lado, el 78 gritaba con sus últimas fuerzas: "No puedo respirar, veo todo oscuro, ¡todo está oscuro!", insistía.

—Es el gallito que se fumó en la tarde lo que no lo deja ver —lo animaba el Gordo, luego le pedía que aguantara, que estaban yendo hacia un hospital.

Pero era inútil: aunque el 78 no sangraba con la misma intensidad que el director, su estado era crítico, pues los disparos le habían destrozado los pulmones; por eso no podía respirar.

La camioneta, mientras tanto, viraba a gran velocidad por calles desconocidas en un intento infructuoso por salir ilesos de aquella colonia, pues no sólo trataban de escapar, sino de tomar atajos para burlar a quienes los cazaban. Y aunque ni los gritos ni la confusión paraban, el director fue quien finalmente alzó la voz para pedir a los pistoleros que los bajaran en cualquier sitio, pues por motivos de seguridad no podían seguir con ellos.

Confundida por la herida del director o por temor a que los toparan y mataran a todos, la Chica de pronto bajó la velocidad y se orilló en una de las aceras para detener el vehículo; el director, el fotógrafo y el asistente de cámara bajaron de inmediato. Ni siquiera se despidieron, porque justo entonces la camioneta partió a gran velocidad hasta perderse entre los caminos polvorientos de la noche.

De rodillas uno y en cuclillas otro, el asistente de cámara y el fotógrafo hacían malabares para sostener al director en posición horizontal, pues a pesar de los esfuerzos no lograban contener la hemorragia. Aunado a eso, debían permanecer alertas, pues no sabían si los contrarios los buscaban también a ellos, y si así era, cómo identificarlos si ni siquiera los conocían ni conocían el auto en que viajaban, por eso todo vehículo que pasaba junto a ellos podría ser de los agresores.

Era urgente pedir ayuda y para eso tenían que hacerse visibles, de modo que no sabían qué era más peligroso, si pedir auxilio y arriesgarse a un nuevo ataque o permanecer ocultos viendo al director desangrarse.

Luego de varios segundos y mil preguntas sin respuesta, sacaron sus celulares para buscar ayuda, pero misteriosamente ninguno de los teléfonos parecía estar funcionando. Sería la zona, la mala suerte o los nervios, pero nadie tenía señal.

Desesperados decidieron arriesgar el todo por el todo y empezaron a pedir ayuda a los autos que pasaban. Pero nadie se detenía, por temor, desconfianza o seguridad, lo cierto es que cada conductor pasaba de largo y hasta aceleraba en cuanto los veía. Llamaron a transeúntes para pedir un teléfono para hacer una llamada o al menos para implorar que reportaran una emergencia, pero en cuanto los veían ensangrentados, todo mundo les huía.

—No queremos problemas —les decían y corrían despavoridos.

Mientras tanto, el fotógrafo y el asistente de cámara continuaban presionando la herida, pues a pesar del tiempo transcurrido, la hemorragia no se detenía. El director empezaba a quejarse del dolor, que le punzaba hasta el alma pero aun así buscaba en todas direcciones un vestigio que pudiera sugerir ayuda: en los autos que pasaban cerca sin detenerse, en los transeúntes que insensibles les sacaban la vuelta, en los empleados de los diferentes negocios que desde lejos o cerca los miraban pero se negaban a brindar ayuda. Supieron entonces que estaban solos y que si lograban salir de aquello sería por méritos propios, nadie los apoyaría. Consciente de esa realidad, el asistente de cámara corrió a una farmacia que estaba a pocos metros, pero el encargado en cuanto lo miró acercarse cerró las puertas, se parapetó al otro lado del escaparate mientras lo miraba en posición marcial y le gritaba que se fuera pues "no quería problemas".

Pero la esperanza nunca muere, tan sólo cae en un estado de extraña catalepsia. Quedó demostrado esa noche: justo cuando todo estaba perdido, una mujer detuvo su coche al lado de ellos y entonces el mundo se iluminó. El asistente de cámara, único mexicano en el lugar, se incorporó y con nuevo aliento explicó a la mujer en perfecto español lo que había ocurrido. Había urgencia en sus palabras, pero tuvo la inteligencia para detallarle con atolondrada precisión que eran periodistas internacionales que habían sufrido un atentado y necesitaban llevar al director a un hospital, pues se estaba desangrando. La mujer dudó unos segundos e irremediablemente pensó en las consecuencias, pero justo antes de negarles la ayuda tuvo una revelación o acaso se miró reflejada en ellos, o quizá sólo tuvo compasión, el caso fue que aquella joven mostró el rasgo de humanidad que nadie más tuvo.

Fue en ese momento que la puerta de la minivan del lado de ellos se abrió y los tres se miraron a los ojos; como pudieron entraron al interior del vehículo para luego irse a un hospital.

LADO A LADO

Llegaron al nosocomio más cercano e ingresaron de inmediato al quirófano al director. Tenía la bala incrustada en la pierna y, según se nos explicó momentos después, le fracturó el fémur, por eso no dejaba de sangrar. Lo recostaron en una de las camas y rápido lograron controlarle la hemorragia.

Los doctores procedieron a limpiarle la herida, entonces algo poderoso llamó su atención: al lado suyo otros médicos trataban de salvarle la vida al 78.

¿Tan pequeño era el mundo y tan extraña la realidad?

Era una ironía cruel, pues minutos antes el director y el 78 estuvieron frente a frente, tratando de iniciar la entrevista, y media hora más tarde permanecían recostados uno al lado del otro en el cuarto de un hospital, pero en el caso del 78, trataban de salvarle la vida.

Así era el oficio del periodista: vivir esas raras coincidencias que marcan el oficio, entre la desolación y la tragedia de un cuarto de hospital.

De pronto y de forma paulatina, a aquel hombre de mirada triste y figura lánguida, a quien los médicos trataban de reanimar, poco a poco se le fue escapando la vida. ¿A cuántas personas habría matado para finalmente terminar ahí? ¿A cuántos habría herido? Ahora le tocaba a él, pues en esta vida el que a plomo mata, a plomo muere. Y sin embargo, qué difícil es la muerte cuando se vive tan de cerca. Y es triste porque, como periodista, nunca se desea la muerte de nadie. Ni al más cruel de los sicarios. Pero en tales condiciones ¿qué más se puede hacer? Finalmente su estadía en aquella cama de hospital era consecuencia de un destino que él nunca quiso, y no obstante, él mismo lo eligió, día tras día, tiro tras tiro. Y saberlo era amargo.

De pronto los médicos dejaron de insistir y derrotados lo cubrieron de pies a cabeza con una sábana blanca. El cuerpo yacía inerte. Comentaron algo que el director no alcanzó a oír y callados se apartaron. Intrigado, el director preguntó el estado de su vecino.

"Acaba de morir", le dijeron.

Entonces caminaron lejos hasta perderse por los pasillos del nosocomio.

El director, por su parte, sintió un duro golpe en los riñones, un silencio abismal y un temor glacial recorrerle la espalda, los omóplatos, el tuétano de los omóplatos.

Afuera, en la sala de espera del hospital, el fotógrafo y el asistente de cámara no la estaban pasando bien, pues cuando el director ingresó a quirófano, fueron abordados por dos agentes del departamento de homicidios de la fiscalía del estado para preguntarles qué había pasado. Ellos dijeron la verdad: somos periodistas y sufrimos un atentado.

Ambos policías se miraron a los ojos. Preguntaron si conocían al herido a balazos que habían ingresado antes del llegar al hospital. El fotógrafo y el asistente, que ya habían visto a la Viuda Negra arribar al hospital, dijeron que no sabían de qué hablaban. Los de homicidios fueron más específicos y sacaron entonces un micrófono inalámbrico todo ensangrentado que llevaban en una bolsa de plástico: el mismo que habían puesto los documentalistas al 78 una media hora antes.

—Lo traía puesto —dijeron.

El director de fotografía y el asistente ya no pudieron negarlo, no tuvieron de otra que reconocer que, efectivamente, era el mismo sicario al que iban a entrevistar.

Sería una broma del destino o una suerte terrible, pero justo cuando les explicaban que tendrían que declarar lo ocurrido, vieron a lo lejos cómo un doctor salió de la sala de quirófano para dirigirse a la Viuda Negra; algo le dijo que la cimbró de pies a cabeza y la hizo caer en un llanto de dolor e incredulidad.

No era necesario escuchar la noticia para concluir que el 78 había fallecido.

Otro policía se acercó al fotógrafo y al asistente para confirmar la muerte del 78, notificando que era obligatorio que rindieran su declaración, pues ya no se trataba de un atentado, sino de dos homicidios: del 78 y de un hombre de unos 40 años, muerto durante el enfrentamiento.

—Lo reportaron hace cinco minutos —señaló uno de los agentes.

El fotógrafo y el asistente de cámara pensaron que el fallecido podría ser yo y rápido intentaron llamarme, pero la llamada no entró. Recordaron entonces al chofer y concluyeron que quizás era él; le marcaron pero tampoco respondió. Sucumbieron poco a poco en una desesperación terrible y por varios minutos vivieron momentos de incertidumbre que los llenó de aflicción.

Nuevamente los agentes de homicidios insistieron que debían declarar, pero el fotógrafo y el asistente de cámara les pidieron esperar, al menos hasta que apareciéramos nosotros. Fue cuando el fotógrafo recibió una llamada de Washington, de la productora en línea, para indicarle que el chofer había aparecido, pero que no sabían nada de mí. Inevitablemente pensaron que quizá yo era la persona fallecida.

Volvieron a marcarme a mi teléfono, pero nada. Entonces marcaron al chofer y esta vez sí respondió.

—¿Dónde estás?

—¡En una gasolinera, cerca de la casa donde fue la balacera! —respondió.

—¿Y el *Fixer?*

—No sé.

Después cayeron en un intersticio brutal, pues aunque ya había aparecido el chofer, aún no tenían noticias de mí. Por razones obvias, la posibilidad de que yo fuera la persona muerta en la escena del crimen era cada vez más latente. El sólo pensarlo era terrible. Pero eran las consecuencias de estar en el lugar y con la gente equivocada; sobre todo, eran los gajes de ser *Fixer.*

Hoy que lo veo a la distancia, si yo hubiera muerto en aquel enfrentamiento habría sido una carga insoportable para mis compañeros; de igual manera, si uno de ellos hubiera perecido, yo habría cargado con el peso inconcebible de esa muerte, pues sobre mí que caería toda la responsabilidad concerniente a la seguridad, era "el Jesús personal".

No fue el caso. Sin embargo, existió un peso terrible que al final fue cargado por cada uno de nosotros: la muerte del 78 y el recuerdo voraz de aquella voz diciendo: "¡No puedo respirar, empiezo a ver todo oscuro".

* * *

Cuando por fin estuve ante mis compañeros les expliqué cómo me parapeté en el baño de la casa hasta que llegó la policía y que no pude comunicarme porque se descargó el celular. Conseguí un cargador con uno de los policías y con poca carga llamé a Washington. Fue la productora en línea quien me dijo que el chofer estaba cerca de donde yo estaba, que lo contactara para que pasara por mí. Pero los agentes de homicidios nos retuvieron, antes debíamos rendir nuestra declaración preparatoria en la fiscalía del estado.

Como hicieron con mis compañeros, a mí también me amagaron de mil formas para que revelara mis fuentes, pues a diferencia del resto de ellos, yo sí conocía nombres, números de teléfono y hasta apodos de los contactos que nos proporcionaron los accesos.

—¿Por qué sólo él tiene esa información? —preguntaron los agentes al fotógrafo.

—Porque él es *Fixer.*

Era un crédito que los detectives nunca habían escuchado, por eso les explicaron que un *Fixer* es la persona que conecta y arregla todo para que documentalistas extranjeros vengan a México a grabar, esto incluye conectarlos con gente del crimen organizado en México. Por eso los de homicidios se fueron contra mí como perros de ataque cuando supieron que yo había hecho la conexión. Querían saberlo todo: nombres, apellidos de quien nos abrió el acceso, incluso domicilio y hasta edad de mis contactos, pues según ellos, el plan era dar con los responsables y resolver los dos homicidios.

Pero yo sabía que eso no iba a pasar y desde un inicio les dije a los detectives que no revelaría ningún tipo de información de quién o quiénes me brindaron el acceso, pues no sólo se trataba de una cuestión de ética, sino también de seguridad.

No les gustó mi negativa y trataron de intimidarme: dijeron que me encerrarían por obstrucción en la investigación, me mandarían a una cárcel de máxima seguridad y me sentenciarían a varios años en prisión.

Sólo agaché la cabeza. Me podían intimidar lo que quisieran, me podían encerrar de por vida, pero no iba a poner en riesgo la integridad de quienes me conectaron con aquella célula criminal, pues irían de inmediato por mi contacto, luego con los pistoleros y justo ahí se pondría en riesgo la vida de esa persona.

—¡La vamos a proteger! —insistió un agente.

Pero yo no creía (y sigo sin creer) en el sistema de protección de testigos dentro del sistema mexicano, por eso los retaba a que me encerraran de por vida, porque de mi boca no saldría información de ninguno de mis contactos.

Lo mismo les dije a los detectives que me abordaron en el hospital, justo después de verme con el director.

Cortante, me aparté de ellos para evitar su hostigamiento; justo entonces miré a la Viuda. Tal vez sintió el peso de mi mirada sobre su espalda o fue sólo coincidencia, pero ella volteó y me vio, tenía los ojos vidriosos por el llanto. Me acerqué a ella, quería llorar pero se contenía. Tal vez no quería que la vieran así y trataba de ocultar el dolor, pero era inútil, la barbilla le temblaba; agachaba de pronto la mirada para no doblegarse, hasta que las lágrimas la traicionaron y lloró amargamente.

—Yo lo quería —dijo casi sin hablar.

La abracé con una ternura casi paternal, quise decirle algo para consolarla pero no pude. ¿Cómo se consuela a una mujer a la que le matan a todo hombre de quien se enamora? ¿Cómo se mantiene intacta la ilusión cuando el corazón, ya miserable, está cada vez más roto? ¿Y cómo detener las lágrimas que imparables ruedan desde el otro lado de la mirada?

Los asesinos también lloran y su llanto es tan amargo como el de los demás. Y justo entendí por qué aquella mujer había envejecido tan joven. Ya no tenía motivación para vivir, estaba llena de odio y si no se suicidaba era para vivir un poco más y al menos matar a los asesinos de sus hombres.

Por eso llegó armada al hospital, pues tenía la esperanza de ver a alguno de los contras indagando quién era el muerto. Si lo encontraba, no le importaría que estuviera rodeada de estatales, sacaría su Glock 5.7 fajada en la cintura y la descargaría en el enemigo.

—Hay mujeres que no se cansan de pedir justicia cuando les matan a sus hombres, yo tampoco me voy a cansar de hacerme justicia con una de éstas —decía mientras tocaba el arma oculta en su cintura.

Casi al despedirnos, la Viuda dijo que al 78 no lo mató ningún contra como todos creen, pues el asesino sólo jaló el gatillo; quien verdaderamente mató a aquel hombre fue ella por enamorarse de él: "Por eso la muerte me lo arrebató y no por otra cosa".

Ésa fue la última vez que la vi, pocos meses después la mató a balazos gente de La Nueva Empresa. La muerte finalmente le cumplió su capricho, quedó sólo su hijo de 12 años, quien quizás esperaría el tiempo suficiente para vengar la muerte de su madre.

Al día siguiente salimos de Ciudad Juárez para jamás volver. Por un tiempo seguí en contacto con quien me brindó los accesos, hasta que un día, sin previo aviso, cortó la comunicación. Nunca supe si la mataron o si sólo decidió alejarse, el caso fue que nunca volví a hablar con esa persona.

Por mi parte, aquel día determiné no trabajar más como *Fixer*. Lo había visto y vivido todo, y sin duda aquél era un aviso. Pero aún no tenía el suficiente dinero para distribuir mi película. No podía parar. Al menos no en ese momento.

EN BUSCA DE OTRA REALIDAD

El incidente en Ciudad Juárez hizo replantearme mi labor como *Fixer*. De pronto sentí cómo, desde hacía años, transitaba los caminos de la muerte y siempre había salido ileso. Porque aunque como periodista —y más aún como *Fixer*— siempre supe que un ataque armado era una posibilidad, el que no ocurriera hacía que la posibilidad perdiera peso.

Pero después de aquella balacera todo cambió. Por primera vez tuve miedo y durante días me resistí a salir de casa. Debía pensar muchas cosas: si realmente quería continuar como *Fixer* debía superar el trauma del atentado. Sólo así aspiraría a terminar la película. Pero no sería fácil olvidar el incidente. Lo supe cuando estando en casa de un amigo en la Ciudad de México la lavadora en el cuarto de servicio se activó de repente, haciendo un sonido estrepitoso, como si estuvieran pateando la puerta. Intempestivamente pegué un brinco para ponerme de pie, mientras con las piernas flexionadas y ligeramente encorvado me alisté para tirarme al suelo. Con la respiración agitada miraba en todas las direcciones, ¡pensaba que unos pistoleros trataban de entrar a la casa para asesinarnos a todos! Mi amigo y su mujer, que habían ido a la cocina por una limonada, regresaron a la sala e intrigados me miraron en mi posición marcial. Nunca les expliqué el porqué de esa postura, pero para mí la presencia de sicarios era algo perenne

De noche, inútilmente trataba de conciliar el sueño, imaginaba cómo la sangre brotaba a borbotones de una herida de bala en alguien que nunca podría identificar.

Pero no debía resignarme a mi condena. Resignarme era caer en un laberinto de sombras y derrotas. Por eso quería propiciar un escape que me salvara de mis pensamientos. Tomaba mi bicicleta y recorría calles y avenidas entre el tráfico de la gran ciudad, y en medio de aquel delirio en movimiento, pedaleaba con fuerza y sin descanso hasta casi vomitar las tripas. Quería desaparecer, pues creía que por mi culpa habían matado al 78.

Al borde de la locura, supe que la única opción de superar aquellos pensamientos era escribir lo vivido. Sería mi catarsis. Además, debía ocuparme con otra asignación. Tomaría una oferta de trabajo que semanas antes me había hecho Mariana van Zeller sobre tráfico de fentanilo. Pero antes ella quería saber cómo me sentía. Yo no sabía cómo me sentía, y supongo que eso le preocupaba. Consciente de que necesitaba tiempo, sugirió postergar el proyecto, pero yo me opuse a su petición. Necesitaba superar el trauma y la única forma era enfrentando a mis demonios; estar de nuevo entre narcos y gente armada, ponerme a prueba hasta enterrar esa idea absurda de que gente armada vendría a matarme. Ésa sería mi prueba.

Después de todo, había arriesgado tanto, hasta la vida, para financiar y sacar adelante *Antes que amanezca* y no pensaba detenerme. No mientras la película no estuviera en cartelera. Detenerme significaba traicionar la promesa a mis padres, a don Rogelio Guerra, a mis actores y a quienes habían confiado en mí. Así fue como me reencontré con mi labor como *Fixer*.

En medio de mis planes, seguí construyendo los sueños de otros directores y productores que lograron realizar sus proyectos gracias a los accesos que pude abrir. Pero aquel placer de antaño por sacar adelante cada nuevo proyecto empezó a envejecer. El triunfo era cada vez más rancio, pues al final era siempre lo mismo.

Sentí de pronto que mi labor como *Fixer* poco a poco llegaba a su fin. Me había dado tanto ser *Fixer* y saber que me apartaría me provocaba un fuerte dejo de nostalgia. Las esperas, los pleitos, los corajes, alegrías, comidas y cenas en restaurantes donde bromeábamos, o cuando nos llenábamos del silencio que hacía parecer que estábamos molestos, o cada triunfo o cada derrota, era una gran experiencia que pronto llegaría a su fin.

Haciendo un análisis preciso de cada peligro enfrentado como *Fixer*, de haber muerto en cualquiera de esos ataques y peligros, nadie hubiera sacado adelante mi película. Hubiera quedado enlatada para siempre. Y sin embargo, siempre pude regresar, pues estaba escrito que un día la concluiría.

El resultado final de mi película fue decente, aunque me quedé con esa espina de haberla mejorado. Supongo que, dado el presupuesto que tenía, fue lo mejor que pude hacer; se lo hice saber a los cines, con quienes negocié el estreno para finales de septiembre de 2020. Pero se atravesó la pandemia por Coronavirus y retrasó mis planes un año más. Mientras escribo estas líneas aún enfrento esta nueva espera, pues no atravesé tanto peligro para quedarme a mitad de camino. No obstante, durante todo este tiempo he seguido trabajando como *Fixer*, pues necesito recursos para enfrentarme con las grandes distribuidoras cuando llegue el momento. Y ha sido durante esta pandemia que he encontrado un nuevo sentido a la vida: ahora tengo una familia.

Luego de la soledad y el trabajo constantes, logré entenderme con Carmen Aida. No sólo era mi amiga, sentía por ella un sentimiento más profundo que el amor y un día le propuse venir a la Ciudad de México a vivir conmigo. Justo cuando pensaba que todo era maravilloso, inmejorable, una noticia me sorprendió en medio de tanta espera. Sucedió una noche de tantas, tras mi regreso de salir a correr. Carmen me recibió con una noticia que cambiaría mi forma de ver la vida.

—Te enviaron una carta —me dijo mientras me extendía una papel doblado en cuatro partes.

Extrañado tomé la carta, preguntándome quién había podido enviarme una misiva a este domicilio, pues nadie sabía dónde vivía. Empecé a leer, era una nota diciéndome que ¡esperábamos un bebé!

Es difícil describir la emoción de la paternidad. Emoción que se confunde con un manojo de nervios, con ilusión, con alegría, con esperanza. Era ésa la familia que me encomendó mi madre. Concluí que aquél era el verdadero motivo por el cual sobreviví a tantos peligros. Más que sacar adelante mi película, era mi destino crear una familia. Con ello cumplía uno de los últimos deseos de mi madre.

La noticia del embarazo era un verdadero triunfo.

Sigo trabajando como *Fixer*, pero hoy soy más selectivo. Poco a poco aprendo a analizar con más cuidado el peligro antes de aceptar el trabajo, pues la noticia de Carmen me ha hecho ver la vida con otra perspectiva.

Aún queda la promesa hecha a mis padres: estrenar la película. Hoy sé que ocurrirá. Y, como siempre ha sido, mi corazón sigue fijo en retomar mi carrera como director de cine.

El Fixer de Miguel Ángel Vega
se terminó de imprimir en febrero de 2021
en los talleres de
Litográfica Ingramex, S.A. de C.V.
Centeno 162-1, Col. Granjas Esmeralda, C.P. 09810
Ciudad de México.